동아시아 영화도시를 걷는 여성들

동아시아 영화도시를 걷는 여성들

지은이	남승석
펴낸이	조정환
책임운영	신은주
편집	김정연
디자인	조문영
홍보	김하은
프리뷰	박동수·박소연
초판 인쇄	2023년 8월 28일
초판 발행	2023년 8월 30일
종이	타라유통
인쇄	예원프린팅
라미네이팅	금성산업
제본	제이앤디바인텍
ISBN	978-89-6195-328-3 03680
도서분류	1. 인문학 2. 영화비평 3. 미학 4. 동아시아 5. 젠더연구
값	20,000원
펴낸곳	도서출판 갈무리
등록일	1994. 3. 3.
등록번호	제17-0161호
주소	서울 마포구 동교로18길 9-13 2층
전화	02-325-1485
팩스	070-4275-0674
웹사이트	www.galmuri.co.kr
이메일	galmuri94@gmail.com

이 책은 아모레퍼시픽재단의 연구 지원을 받아 출판되었습니다.

일러두기

1. 인명, 지명, 도서 제목, 영화 제목 등 고유명사의 원어는 내용을 이해하는
   데 꼭 필요한 경우를 제외하고는 본문에서 원어를 병기하지 않고
   찾아보기에 수록한다.
2. 외래어로 굳어진 외국어는 표준 표기대로 하고, 기타 고유명사나
   음역하는 외국어는 발음에 가장 가깝게 표기한다.
3. 영상, 그림, 노래 등 그 밖의 예술작품 제목을 표시할 때 꺾쇠(< >)를
   사용한다.

차례

들어가며   6

〈 1부 • 동아시아 영화도시를 걷는 여성들 〉

1장 • 여성과 도시 및 예술의 관계   21
'여성 산책자'에 대한 고찰   21
'산책자' 개념의 원천에서 다시 '여성 산책자' 개념으로   29
그라디바 효과의 탈영토적 성격   43
『그라디바』에 대한 정신분석학적 고찰   47

2장 • 영화도시의 거리를 걷는 여성들   52
사진과 영화에서의 산책자 이미지   52
몸짓 : 걷는 행위와 시각의 분열   63
여성 산책 : 공공 영역에서의 여성 주체성   69
그라디바와 관련된 영화들   72
여성의 몸과 몸짓에 대한 페미니즘 이론들   83
동아시아 영화 속 소도구와 몸짓   90

〈 2부 • 한국, 홍콩, 대만, 중국, 일본의 〉
영화도시 속 여성들

3장 • <엽기적인 그녀> : 서울의 그녀, 전지현   99
<엽기적인 그녀>의 개요와 위상 및 구조   99
서울의 그녀(전지현)의 몸짓과 젠더적 공격성   112
주인공의 도시산책과 타인의 다양한 걸음걸이   133

4장 • <화양연화> : 홍콩의 수리첸, 장만옥　141

<화양연화>의 개요와 위상 및 구조　141

수리첸(장만옥)의 걷기와 수행적 풍경　150

중국 여성의 걷기에 대한 탐미적 형상화　160

5장 • <밀레니엄 맘보> : 타이베이의 비키, 서기　168

<밀레니엄 맘보>의 개요와 위상 및 구조　168

비키(서기)의 걷기와 수행적 풍경　173

대만 근대화를 형상화하는 여성 산책자　180

6장 • <여름궁전> : 베이징의 유홍, 학뢰　192

<여름궁전>의 개요와 위상 및 구조　192

낭만적인 걷기와 여성 산책자 유홍(학뢰)　204

베이징 천안문에서의 집단의 걷기　216

7장 • <아사코> : 도쿄의 아사코, 카라타 에리카　223

<아사코>의 동일본대지진 이전과 이후의 청춘 군상들　223

아사코(카라타 에리카)의 걷기와 수행적 풍경　229

오프닝, 귀환, 엔딩 시퀀스에서 아사코의 걷기　237

나오며　255

참고문헌　268

그림 목록과 출처　277

인명 찾아보기　279

영화 찾아보기　283

2000년대 이후 동아시아에서 제작된 로맨스 영화들 속에서 여성들이 다섯 개의 도시를 당당하게 가로지른다. 우리는 이 여성들과 함께 이 시대의 트라우마가 퇴적된 도시 풍경을 바라볼 것이다. 이를 위해서 '여성 산책자 그라디바' 개념을 정립하며, 영화와 영상문화의 예술철학적 함의를 탐구하고 아시아의 미의 단초를 구축한다. 이 책은 영화 속에서 여성들이 도시를 걷는 모습을 살펴볼 것이다. 몸짓의 한 형태인 걷기를 통해 그 여성들의 수행적 감성을 복원하고자 한다.

우리는 유튜브 쇼츠와 틱톡 영상의 몸짓들에 감탄하곤 한다. 흥미롭게도 이러한 짧은 영상들의 영향으로 시청자에게 발생하는 틱장애 같은 증상을 설명하기 위해서 19세기에 처음 보고된 투레트 증후군Tourette syndrome이 다시 주목받고 있다. 투레트 증후군은 신경학적인 질병의 일종으로 순간적으로 어떤 행동을 반복하면서 틱장애와 같은 경련을 일으키는 것이 특징이다. 조르조 아감벤은 투레트 증후군을 영화 탄생의 근원적인 요소로 설명한다.[1] 아감벤은 "영화의 중심은 이미지가 아니라

---

1. 조르조 아감벤, 『목적 없는 수단』, 김상운·양창렬 옮김, 난장, 2009, 61~62쪽.

몸짓에 있으므로, 영화는 본질적으로 윤리와 정치 분야에 속한다. 따라서 단순히 미학 분야에 속하는 것이 아니다."[2]라고 주장한다. 이 책은 이러한 아감벤의 영화철학적 맥락에 기반하여 2000년 이후 동아시아 영화들에서 나타나는 젠더적 몸짓의 사회적 함의를 고찰한다.

먼저 도시의 거리를 걷는 여성에 관한 선행연구를 살펴보자. 1990년대에 들어서면서 동아시아는 전례 없는 공간적 문제에 직면했다. 뉴 밀레니엄 이후 동아시아의 국가와 도시 들은 급변하는 상황을 경험했다. 중국은 1989년 천안문 사태 이후 1992년 경제 개방을 통해 급속한 정치·문화·경제 성장을 달성하고, 2008년 베이징 올림픽을 성공적으로 개최하며 세계 초강대국으로 올라섰다. 이러한 과정 중에 아편전쟁 이후 155년 동안 영국의 통치를 받아 온 홍콩은 1997년 중국에 반환되며 급격한 사회·경제체제의 변화를 겪게 되었다. 2019~2020년에 있었던 홍콩 시위는 이로 인한 홍콩 시민들의 상실감과 좌절을 대변한다. 한편, 대만은 홍콩의 중국 반환과 중국의 정치·경제적 성장 속에서 친중 세력과 반중 세력으로 나뉘어 대립하는 상황이다. 하지만 이런 혼란 속에서도 모순적으로 대만의 경제·문화적 영향력은 강화되고 있다. 또 한국은 1997년 IMF 외환위기를 겪은 뒤에도 뉴 밀레니엄 이후 홍콩이 영위해 온 아시

---

2. 같은 책, 67쪽.

아 문화 중심의 위상을 흡수하며 한류의 흐름을 만들어 왔다. 일본은 동아시아의 정치, 문화, 경제 분야에서 차지하던 압도적 우위를 중국과 한국에게 넘겨주었다. 요약하자면, 동아시아 국가의 도시들은 식민지 시대와 독립 이후의 압축적 근대화, 즉 경이로운 경제발전을 이룩한 산업화의 결실을 경험하였다. 하지만 이러한 근대화의 과정에서 우리는 초국가적 경제 위기와 코로나 팬데믹, 자연재해를 겪으며 민주화의 성취와 퇴행의 기로에 직면하게 되었다.

이 책은 동아시아 영화 속 여성 캐릭터들의 걷기와 몸짓의 영상미학적 가치를 탐구한다. 이 탐구의 시발점은 1980년대 중국영화 〈부용진〉 Hibiscus Town, 芙蓉鎮, 1986이다. 이 영화는 문화대혁명 시기[3] 중국인의 삶과 가치를 골목 걷기와 인물의 몸짓으로 형상화한다. 이 작품은 도시의 골목길을 청소하는 오금과 진서전의 젠더적 몸짓을 기반으로 문화대혁명의 트라우마적 기억을 표현한다. 어려운 상황 속에서도 춤을 추듯 청소를 하는 이들의 걸음과 몸짓은 역사적 사건을 겪은 개인의 기억 저장소로 작용한다. 영상문화 연구에서 인물의 몸짓은 역사적 사건에

---

3. 문화대혁명은 1966년 5월부터 1976년 12월까지 중화인민공화국에서 일어났으며 공식 명칭은 무산계급문화대혁명이고 약칭은 문화혁명이다. 사회, 문화, 정치상의 끔찍한 파괴를 초래했고 대약진 운동과 함께 중국 현대사에서 가장 비극적인 사건이다. 대약진 운동은 마오쩌둥 주도하에 1958년부터 1960년 초 사이에 일어난 노동력 집중화 산업의 추진을 통한 경제성장운동이다. 이 비극적인 사건은 장예모(張藝謀) 감독의 〈인생〉(1994)에서 극적으로 표현되었다.

대한 문화적 기억의 촉매제로 여겨지기도 한다.

2000년 이후 동아시아의 서울, 홍콩, 타이베이, 베이징, 도쿄 등의 도시를 배경으로 한 영화들은, 화려한 도시 이미지를 보여주는 듯한 외관 속에, 압축적 근대화로 인한 개인들의 비극적인 트라우마가 축적된 상황을 드러낸다. '동아시아 영화도시'라는 개념은 여러 세대에 걸친 사람들이 거주하며 만들어 낸 사회와 개인의 상반되고 모순된 이중적 속성을 보여주는 반영체이다.

'동아시아 영화도시' 분석은 이질적인 시간의 흔적이 퇴적된 특정한 공간에 새로운 내용물이 채워지는 과정을 드러낸다. 그리고 이 공간은 한때 아무것도 없었던 빈 공간이었으며 앞으로 언제가 다시 빈 공간이 될 것이라는 성찰적인 각성을 관객에게 요구한다. 이러한 분석의 목적은 영화를 고통의 세계사를 형상화하는 예술작품으로 간주하면서, 소멸과 생성의 과정을 통해 원천으로 발원하는 자연사를 영화 분석으로써 재현하는 것이다. 여기에서 '자연사' 개념은 벤야민을 참조한다.

뉴 밀레니엄 이후의 동아시아 영화에서는 특히 여성 산책자가 두드러지는 캐릭터로 등장한다. 이는 1980년대와 1990년대의 일본과 홍콩 영화에만 국한되지 않고, 동아시아 영화의 일반적인 경향이다. 이 책은 '여성 산책자 그라디바'flâneuse gradiva 개념을 동아시아 영화적 지도그리기의 관점으로 살펴본다.

이러한 논의에는 여성의 의식 흐름과 트라우마적 기억을 경험하고 상상하는 과정이 포함된다. 배우는 도시와 전원을 가로

지르며 풍경은 여성 배우의 의식으로 파고들어 감수성을 촉발하고 생성한다. 이는 걷기를 통한 도시 경관의 탐구와 여성 배우의 감수성이 구성하는 아시아 미학 개념과 관련이 있다.

영화배우, 특히 스타 배우의 연기와 그것의 효과는 관객 모두가 인지하는 것일 뿐만 아니라, 영화와 영상 미디어 연구 분야의 주제 중 하나임이 분명하다. 그러나 이는 사실 학술 방법론으로 설명하기가 어려운 연구 문제이다. 연기를 개념화하기 어려운 이유는 다음 세 가지 측면 때문이다. 첫째, 감독의 입장, 배우의 입장, 관객의 입장이 서로 다르며, 각 입장에 따라 초점이 변화한다. 둘째, 실제 배우의 몸 및 목소리와 매체 기술의 감각적 측면으로 매개된 몸 및 목소리에는 차이가 있다. 셋째, 개별 배우의 연기의 변화 양상은 내러티브와 형식에서 전체적으로 분산된다.

카메라는 배우와 그/그녀가 위치한 주변 환경의 요소들을 함께 포착하며, 배우는 주변 환경을 거치는 소리와 이미지에 반응해 연기를 수행한다. 연기는 가상의 세계를 재현하는 배우들의 관계 속에서 가상의 자질들을 상호 보완하는 행위이다.[4]

감수성이라는 개념은 이 논의에서 두 가지 의미로 사용된다. 첫 번째 의미는 영화 속에서 배우는 극 중 인물이 가로지르

---

4. 남승석, 「일본 에코시네마의 도시산보녀」, 『아시아영화연구』 14권 1호, 2021, 192쪽.

는 자연의 무대화를 수행적 감수성을 통해서 구성하고 체험한
다는 것이다. 두 번째 의미는 감독이 영화적 재료를 활용하여
이러한 배우의 체험을 영화라는 예술매체 특유의 감각으로 통
합한다는 것이다. 그리하여 감수성은 영화의 풍경을 통해 개인
적·주제적·윤리적 내용들을 드러내는 영상미학적 장치로 기능
한다. 이 두 가지 의미는 서로 상호 침범하며, 타자에서 자아로,
다시 자아에서 타자로 변환하는 과정을 반복한다.

책의 1부에서는 '그라디바'와 '산책자'라는 개념을 젠더적 인
식의 새로운 틀로 상정하고 이를 토대로 논의를 진행한다. 그
리고 이러한 새로운 인식론적 개념 도식의 가능성을 고찰하며,
동아시아 도시에서 산책하는 여성의 수행적 풍경에 대해 논의
하며, 동아시아 영상문화에 대한 논의를 확장한다.

그라디바는 도시의 이질적인 시간, 즉 아크로니시티achronic-
ity와 연관되어 있다. 아크로니시티는 도시의 비정상적인 측면
이나 역사의 단면을 의미한다.[5] 이는 도시의 요소 중에서 이질
적인 시간성이 서로 겹쳐 시간·공간·문화의 측면에서 복합적
인 도시적 실체를 형성하는 것을 의미한다.[6] 따라서 아크로니
시티는 도시를 이해하는 데서 중요한 개념 중 하나이다. 아크로
니시티를 사용해 도시를 논의할 때 아나크로니즘anachronism과

---

5. Kaith Moxey, *Visual Time*, Duke University Press, 2013, p. 42.
6. 남승석, 「〈별새〉, 1994년 서울과 폐허의 풍경」, 『한국영상학회논문집』 20권
   2호, 2022, 29쪽.

구분하는 것이 중요하다. 아나크로니즘은 시대착오라는 의미를 가지며 정확한 의미는 어떤 시대적 맥락이나 역사적인 상황과 어긋나는 것을 말한다.7 과거의 것이 현재나 미래에 사용되는 것을 말하며, 과거의 옷을 입고 현대 서울을 산책하는 것이나 로봇이 고대 그리스 시대에 나타나는 것 등이 이에 해당한다. 이는 코미디 같은 문화적 영역에서 재미 요소나 강한 인상을 주는 역할을 할 수 있다. 그러나 역사적인 연구나 문화연구에서는 정확성을 해치는 요소로 간주된다.

그라디바는 도시의 다양성으로부터 생겨나는 판타스마고리아fantasmagoria와도 관련이 있다. 판타스마고리아는 초현실적이거나 환상적인 이미지 혹은 연상을 일으키는 경험을 의미한다. 이 개념은 도시의 매력이나 환상성뿐만 아니라, 영화나 문학, 미술 등 예술 형태에서 관람자나 독자에게 새로운 시각적·감각적 체험을 제공하는 방식을 설명한다. 판타스마고리아의 효과는 현실과 환상의 경계를 흐리게 하여 현실에서 벗어난 듯한 꿈같은 분위기를 조성한다. 이런 개념은 산책자, 특히 여성 산책자의 이미지를 통해 관객의 환상을 설명하는 유용한 도구이다.

그라디바는 지그문트 프로이트가 망상delusion을 설명하기 위해 빌헬름 옌센의 소설 『그라디바』를 사례로 든 데서 유래한

---

7. Moxey, *Visual Time*, p. 42.

다. 소설의 주인공인 하놀트는 독특하게 걷고 있는 여인의 부조를 보고 그것을 '그라디바'라고 부르는데 그 의미는 '걷고 있는 여성'The woman who walks이다.8

동아시아 국가는 아직도 식민지 시대 이후의 지정학적 상황, 즉 '네스팅 오리엔탈리즘'과 같은 권력 담론으로 설명되곤 한다.9 네스팅 오리엔탈리즘은 발칸 반도와 서유럽의 관계를 설명하는 정치철학적 개념이다. 이러한 틀은 특히 발칸 반도에서 특정한 지역이 얼마나 서구화되었는지를 구분하는 데 사용된다. 이는 권력이 어떻게 구조화되는지를 보여주는 지정학적 이론이다.10 이런 이해의 방식을 통해 우리는 동아시아 국가들과 그 국가들 내의 도시들이 어떻게 근대화(산업화와 민주화)되었는지 구별하고, 도시 사이와 지역 사이의 차이를 인식한다. 이런 차이는 근대화의 진행 정도에 따른 문명화의 우위를 설명하는 데 사용된다. 대중영화는 도시와 시골 사이의 차이와 국가 간, 도시 간, 지역 간의 근대화 차이를 휴머니즘적 서사로 통합하려는 경향이 있다.

2부에서는 전지현, 장만옥, 유홍, 서기, 카라타 에리카 등 동

---

8. Sigmund Freud, "Delusions and Dreams in Jensen's Gradiva," *Standard edition of the complete psychological works of Sigmund Freud*, Vol. 9, Horgarth Press, 1907[1906], p. 19.

9. 오승은, 「악순환의 고리?」, 『세계 역사와 문화 연구』, 30, 2014, 163~181쪽.

10. Milica Bakić-Hayden, "Nesting Orientalisms," *Slavic Review*, Vol. 54, No. 4, 1995, pp. 917~918.

아시아를 대표하는 여성 배우들을 산책자로서 도해하여 1990년대부터 2010년대까지 서울, 베이징, 도쿄, 타이베이, 홍콩 등의 영화도시들에서 여성들이 젠더적으로 어떻게 형상화되는지를 탐구한다. 아시아의 미를 탐색하기 위해 선택된 대표 영화들은 〈엽기적인 그녀〉2001, 〈화양연화〉2000, 〈밀레니엄 맘보〉2001, 〈여름궁전〉2006, 〈아사코〉2018이다. 우리는 이 영화들의 주인공을 연기하는 여성 배우들, 즉 여성산책자들과 함께 각각의 동아시아 도시의 거리를 가로지른다.

영화를 통해 보여지는 이 여성 산책자는 한편으로는 영화 속 인물, 또 다른 한편으로는 그 인물을 연기하는 배우로 이해된다. 이를 위해 영화는 두 가지 단위로 분석된다. 첫째, 영화는 '군중의 여성'에 대한 기록으로서 도시와 인간을 젠더적 관점에서 탐구하고 기록한 아카이브로 간주된다. 둘째, 영화는 사회적 상황을 기록하는 아카이브의 차원을 넘어 자연사가 퇴적된 예술작품으로 간주된다. 이런 맥락에서 영화의 여성 캐릭터는 현대적 의미의 산책자로서, (무)의식적으로 역사를 서술하는 '관찰자-주체'이다.

그래서 아시아의 다섯 도시에서 산책하는 다섯 명의 여성 배우는 한편으로는 '보여지는 이'인 동시에 다른 한편으로는 '보는 이'인 존재이다. 즉, 우리는 이들을 '피관찰자'인 동시에 '관찰자-주체'인 존재로 보아 이것들이 상호 연관되어 있는 '수행적 풍경'을 탐색하고자 한다. 그리고 이러한 여성의 걷기를 통해서 한 사람(배우)의 정체성이 다른 사람(관객)에게 어떤 영향을 미치는지 고찰해 보고자 한다. 영화 속의 여성, 여성 배우는 또한 아스팔트, 벽돌, 돌과 마찬가지로 도시와 관련이 있는 영화도시의 한 인물이다. 그리고 관객은 그들을 통해서 새로운 시대의 가능성을 여는 몸짓을 지각한다. 여성 산책자로서의 여성 배우는 영화도시의 젠더화된 새로운 서사적 지도들을 그리며 아틀라스에 영화적 지도를 추가한다. 이들이 수행하는 몸짓은 사회적 상호작용의 지도일 뿐만 아니라 신화, 기억, 판타지, 욕망의 지도이기도 하다. 우리는 젠더화된 지도를 창조하는 여성 배우의 걷기를 고찰하고 이를 토대로 수행적 풍경을 살펴볼 것이다.

「들어가며」에서는 연구 배경과 목적을 소개한다. 새로운 인식론과 개념들의 탐색을 통해 아시아 공동체, 민족 같은 집단성이 다층적으로 작동하는 방식을 영상문화연구를 통해 파악한다. 극 중 인물을 연기하는 여성은 아시아의 영화도시를 가로지른다. 예를 들면, 2·28 사건의 타이베이, IMF 외환위기의 서울, 6·4 천안문 사건의 베이징, 동일본대지진의 도쿄, 중국으로 반환되는 홍콩 등이다.

1장 「여성과 도시 및 예술의 관계」에서는 영화도시의 재현이 동아시아의 압축적 근대화 경험을 어떻게 제시하는지 여성의 도시의식을 중심으로 탐색한다. 공간담론 및 영상문화의 접점인 '여성 산책자 그라디바' 개념을 제안하고 이를 통해서 그 시대의 감정구조에 관한 영화적 지도의 도식적 모델을 구축한다.

2장 「영화도시의 거리를 걷는 여성들」에서는 로맨스/멜로드라마 장르영화 속 국가적 트라우마를 형상화하는 '영화도시의 거리를 걷는 여성들'을 살펴본다. 동아시아 도시들은 대중의 기억을 형성하는 공간으로, 국가적 트라우마와 재해의 사건을 관통하는 개인들의 고통이 퇴적되어 있다.

3장에서 다루는 곽재용 감독의 〈엽기적인 그녀〉2001는 엉뚱하고 극도로 이중적인 성격의 공격적인 여성 그녀(전지현)와 순진한 남성 견우(차태현)의 로맨스를 다룬 로맨틱 코미디이다. 〈엽기적인 그녀〉는 흘러간 상업영화로만 논의되고 있지만, 세계에 한류를 촉발한 작품이며 아시아 여성의 몸짓을 복장 전도를 통해 형상화한다. 여기에서 그녀(전지현)는 뉴 밀레니엄의 새로운 여성 존재를 촉발하며 압축적 근대화 이후 여성 몸짓의 문화 기억을 재현한다.

4장에서는 홍콩 뉴웨이브 왕가위 감독의 〈화양연화〉2000를 살펴본다. 이 영화에서 수리첸(장만옥)의 걸음은 슬로 모션 slow motion으로 포착된다. '화양연화'는 인생의 가장 아름다운 순간을 의미하며, 홍콩의 가장 순수했던 시간을 상징한다. 〈화양연화〉에서 수리첸의 헤어스타일, 의상, 걸음걸이는 1960년대 홍콩의 관습을 상징하며, 중국의 원형적인 멜로드라마 장르영화 〈작은 마을의 봄〉1948를 오마주한 것이다. 수리첸의 걸음은 과거 홍콩의 은밀하고 부드러운 지도그리기를 보여주는 듯하다.

5장에서 다루는 대만 뉴웨이브 허우 샤오시엔 감독의 〈밀레니엄 맘보〉2001는 동아시아에 강력한 영향을 끼친 대만 뉴웨이브(80/90년대)와 대만 청춘멜로물(2000/10년대)의 경계선에 위치한다. 2000~2010년대 대만은 경제적으로 압축적 근대화를 완수했다. 그러나 대만은 중국과의 통일 문제와 관련해서 미래에 대한 두려움을 가지고 있으며 동시에 대만 국민의 정체성 문제를 끊임없이 직면하고 있다. 이런 맥락에서 5장은 〈밀레니엄 맘보〉를 중심으로 살펴보되, 〈애정만세〉와 〈밀레니엄 맘보〉를 비교 분석하면서 2000년대 대만인의 정체성을 고찰한다.

6장에서는 〈여름궁전〉2006을 중심으로 살펴본다. 이 영화는 천안문 사태 전후 청년들의 행동을 극적으로 형상화하여, 급변한 중국 현대사 속에서 집단 기억과 주관적 감정의 접점에 있는 국가 폭력의 문제를 고찰한다. 〈여름궁전〉은 천안문 사태라는 주요 사건을 소재로 중국의 6세대 감독 로우예가 자신의 트라우마를 형상화한 작품이다. 중국에서 독일로 이동하는 영화 속 인물의 여정은 중국 내부와 그 너머를 연결하는 광범위한 지도를 그리며, 국가 간의 연결성을 드러내고 있다.

7장에서는 〈아사코〉2018를 통해 2011년 동일본 대지진 이후 2010년대 일본 청년들의 집단기억을 개별적인 주관적인 감정을 통해서 고찰한다. 류스케 감독은 초기 동일본 대지진에 대한 다큐멘터리를 만들었다. 〈아사코〉는 도쿄, 오사카, 센다이 세 도시를 가로지르는 아사코(카라타 에리카)의 실존적인 걸음을 매개로 하여 동일본 대지진의 스펙터클을 전면화하기보다는 대지진 이후 상처받고 불안에 빠진 청년들의 내면적 균열을 형상화한다.

마지막으로 「나오며」에서는 이 책의 전반적인 내용을 정리하고, 동아시아 도시를 걷는 여성들이 그 지역의 급격한 산업화와 정치적 변화, 그리고 여성의 역할과 지위 변화를 어떻게 반영하는지 논의한다. 동아시아의 급격한 변화 그리고 영화가 그 변화를 어떻게 형상화하는지를 동아시아 도시를 걷는 여성의 시선을 통해 고찰한다.

1부
동아시아 영화도시를 걷는 여성들

1장 • 여성과 도시 및 예술의 관계
2장 • 영화도시의 거리를 걷는 여성들

1장에서는 '여성 산책자 그라디바' 개념을
인식론적 도식으로 제안한다. 먼저 '여성 산
책자' 개념의 가능성을 '산책자' 개념과 함
께 고찰하고, 이어서 '그라디바'에 관해 살
펴본다. 2장에서는 '여성 산책자 그라디바'
를 영화의 탄생부터 최근까지 도시와 전원
을 걷는 극 중 인물이자, 이를 연기하는 배
우로 간주한다. 그리고 '관찰자 - 주체'이자
'피관찰자 - 객체'라는 양가적 성향에 관해
살펴본다.

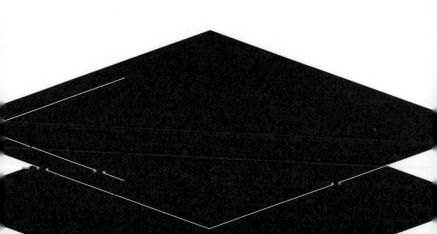

1장

여성과 도시 및 예술의 관계

'여성 산책자'에 대한 고찰

19세기 유럽 도시에서 혼자 걷는 여성은 여가, 노동, 쇼핑 등 다양한 목적으로 이동하고 있었을 것이다. 20세기 후반에 들어서 19세기의 도시 '여성 산책자'와 관련된 논의를 촉발한 학자로는 자넷 울프, 그리셀다 폴락, 데보라 파슨스, 엘리자베스 윌슨 등이 있다.

'여성 산책자'라는 의미의 '플라뇌즈'flâneuse 개념에 주목해보자. '여성 산책자'는 일반적인 거리보행자는 아니다. 그리고 단순히 샤를 보들레르의 산책자flâneur를 여성 버전으로 옮긴 개념도 아니다. '여성 산책자' 개념은 서구 유럽에서는 1980/1990년대에 이미 활발히 논의되었고, 2000년대 이후 압축적 근대화를 이룩한 동아시아에서 뒤늦게 다양한 논의 속에서 개념화 과정을 거치고 있다. 그리고 기존의 산책자 개념은 현재 가상 현실의 디지털 트윈 속 메타버스에서 여전히 주요한 개념으로 사용되고 있다. 메타버스에서의 디지털 휴먼은 가상현실과 인공지능 기술을 통해 창조된 에이전트agent이다. 이들은 인간이 아바타avatar를 이용해서 구현하는 존재와 대등하게 현존한다. 나아가 포스트휴먼 담론에서도 새로운 산책자 담론이 나타나고 있으며, 또 페미니스트 도시사회학자들은 여성 주체의 역사를 발굴하는 것과 관련하여 '여성 산책자'에 관심을 가져왔다.[1]

'여성 산책자' 개념을 본격적으로 논의하기에 앞서 '도시산책'과 '산책자' 개념과 관련된 학술 개념들의 궤적을 살펴보자.

'도시산책' 이론 관련 선행연구는 다섯 가지로 구분할 수 있다. 첫째, 19세기 파리의 건축물인 아케이드와 그 공간의 산책자에 초점을 두어 모더니티와 도시를 실천적으로 조명한 연구이다. 둘째, 20세기 도시를 가로질러 걷는 정치적 추동과 관련된 연구로, 국제 상황주의자들의 '표류'derivé 같은 전복적 실천과 예술작품들에 대한 연구이다. 셋째, 심리지리학에는 '관찰자-주체'이자 서술자로서의 걷는 사람에 기반을 둔 문학, 영상, 예술에 대한 비평 및 문화연구가 있다. 넷째, 지리적 공간에 대한 연구를 통합하는 문학 분석 및 이론인 지오크리티시즘geocriticism과 문학과 환경 사이의 연결에 대한 학제 간 연구로서의

---

1. Patrice Petro, "Feminism and Film History," *Camera Obscura* 22, 1990, pp. 8~27.

생태비평ecocriticism을 접목하여 이론의 확장을 꾀하는 실천이 있다. 다섯째, 산책자 개념이 적용된 도시계획과 정책 및 그에 대한 실천이다. 이에 더하여 도시산책 관련 주제를 연구하는 학자들은 각 주제를 독립적으로 연구하기도 하지만, 종종 두 개 이상의 주제를 교차하여 학제적으로 연구하는 경향이 있다.

대표적인 여성 도시산책자 연구자로는 울프, 폴락, 파슨스, 윌슨 등이 있는데, 이들은 도시 문화에 페미니즘적 관점으로 접근하는 연구자들이다. 이들은 근대 도시의 '관찰자-주체'로서의 여성의 시선이 억압되거나 사실과 다르게 해석되어 왔다고 비판한다. 또 여성의 '도시 의식'이 어떻게 부재했는지 혹은 부재한 것처럼 비평되어 왔는지, 그리고 그것이 자본주의 체제의 소비사회와 연관된 방식이 무엇이었는지를 논의해 왔다.[2]

자넷 울프는 「비가시적인 여성 산책자」에서 19세기 유럽 도시의 공적 영역에서 여성 산책자가 부재했다고 주장한다.[3] 울프에 따르면 당시 유럽의 도시에서 공적/사적 시공간의 분리가 심화되었고, 그에 따라 여성이 도시 거리와 환락의 장소에 존재하는 것만으로도 불안감을 초래했다. 여성들은 그러한 공간에 있다는 이유만으로 평판이 떨어졌다. 울프에 따르면 산책자 개념은 여성에 대한 남성의 관음증적 지배력을 재현하는 데 일조한

---

2. 손영주, 「현대 도시와 두 겹의 응시」, 『안과밖』, 34, 2013, 34~35쪽.

3. Janet Wolff, "The Invisible Flâneuse," in *Feminine Sentences*, University of California Press, 1990, pp. 34~50.

다. 이러한 맥락에서 산책자 개념은 젠더화되어 있으며, 울프는 산책자의 자유는 남성의 독점적인 자유라고 본다. 울프는 여성 산책자가 비가시적이었다고 주장한다. 일부 여성에게 '남성적인 공적 영역'에 대한 접근이 허용되었지만, 여성이 거리를 걷는 것이 극단적으로 제한되었다고 역설한다.[4]

자넷 울프는 여성이 공적 영역에서 완전히 배제되었다고 주장하며, 이는 19세기의 파리와 런던에서 유곽이나 창가 따위가 늘어선 거리를 산책하고 관찰하는 것이 전적으로 남성의 경험이었던 산책자 개념에 의해 특히 강조된다. 울프에 따르면, 부르주아 여성이 아무리 배가 고프다 하더라도 시간이 늦어진 오후에는 거리에 있는 식당에 혼자 들어가 식사하는 것은 상상조차 하기 어려운 일이었다. 만약 여성이 식당에 들어갔다면, 그녀는 그곳에 있는 모든 이들의 시선을 끌게 되어, 그 자체가 일종의 시각적 볼거리가 되었을 것이다.[5]

〈그림 1〉의 위쪽은 에두아르 마네의 〈풀밭 위의 점심식사〉[1863]이며 아래쪽은 카사트의 〈침대 위의 아침식사〉[1897]이다. 그리셀다 폴락은 이 두 작품에서 드러나는 서로 다른 시선을 설명하였다.

그리셀다 폴락은 중산층 여성의 도시 공간에 대한 접근이

---

4. 같은 글, p. 37.
5. 같은 책, p. 69.

그림 1. △ 마네의 〈풀밭 위의 점심식사〉, ▽ 카사트의 〈침대 위의 아침식사〉

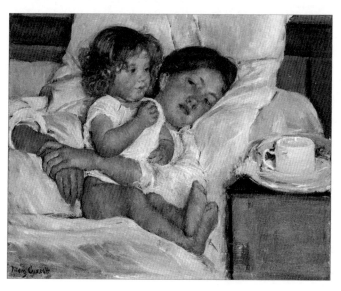

어떻게 제한되었는지를 서술한다.[6] 19세기 후반의 프랑스 화가 베르트 모리조와 메리 카사트 같은 여성들은 남성 화가가 자주 그렸던 카페 같은 장소 대신 가정 일상의 장면을 포착해 그렸다. 그러나 폴락에 따르면 이런 식의 설명은 19세기 이데올로기의 공적/사적 영역 분할을 과장하는 것일 뿐이다. 실제로 사적 영역은 남성의 영역이기도 했기 때문이다.[7] 빅토리아 시대 가정의 실내는 남성의 편의와 휴식을 최우선으로 하여 구성되었다. 이 맥락에서 페미니스트들은 사적 영역이 여성의 직장이었으며 피난처가 아니었다고 주장한다. 특히 부르주아 가정은 노동계급 여성과 여성 하인에게 안전하지 않았다. 빅토리아 시대의 가정에서 하녀들은 위해를 가하는 남성과 끊임없이 마주쳤고 성폭력이 빈번했다.

폴락은 시각 문화 및 예술의 역사와 관련하여 젠더 기반의 시선을 통해 모더니티와 여성성의 공간을 이해하려 했다. 그녀는 19세기 파리의 예술가들이 대체로 남성 중심의 관찰자–주체이자 재현–주체라고 주장한다.[8] 이들은 파리의 곳곳을 누비며 그것을 시각화했다. 예를 들면 에두아르 마네는 세계를 있는 그대로 재현하고자 했으며, 그의 대상은 종종 파리의 여성 노동자들이거나 화류계 여성의 섹슈얼리티였다.[9] 마네 같은 남성 화

---

6. Griselda Pollock, *Vision and Difference*, Routledge, 1988, pp. 74~79.

7. 같은 곳.

8. 같은 책, pp. 72~74.

가들이 관찰하고 묘사한 장소는 종종 퇴폐적이고 향락적인 행위가 통용되는 공공장소였으며, 중산층 여성들은 이러한 장소에서 엄격하게 배제되었다.

폴락은 보들레르가 강조한 예술가의 속성이 남성적 경험에 기반을 둔 것이라고 비판한다. 그리고 산책자의 응시가 도시에서 자유롭게 바라보고 감상하고 소유하는 남성적 섹슈얼리티를 표현하고 재생산한다고 역설한다.[10] 반면, 19세기 파리의 여성 예술가를 폴락은 낮에는 정원 같은 공공장소, 밤에는 오페라 극장처럼 한정된 장소를 찾는 소박한 관찰자–주체, 즉 젠더적 재현–주체로 간주한다. 예를 들면, 카사트의 회화가 여성과 어린이가 등장하는 친밀하고 가정적인 장면을 묘사한 것에 주목한다. 폴락은 전통적인 젠더 역할에 도전하고 페미니스트 담론에 기여하는 방법을 고려하여 성별과 예술의 맥락에서 카사트의 회화를 해석하였다. 카사트는 여성의 경험과 관계, 특히 어머니와 자녀의 유대를 묘사한 것이다. 폴락은 카사트의 시점이 남성 시선의 대상으로만 여성을 묘사하는 시선을 어떻게 교란하는지를 고찰했다. 카사트는 수동적 대상으로서의 여성에 대한 전통적인 서사에 도전하며, 여성을 가정 영역의 능동적 참여자로 그렸으며, 관찰자–주체로서의 여성의 존재를 보여주었다.

---

9. 같은 곳.
10. 같은 책, p. 79.

데보라 파슨스는 대도시의 거리 걷기와 관련해서 산책자는 역사적 인물일 뿐만 아니라 현대 예술가의 특징적인 관점에 대한 비판적 은유라고 지적한다.[11] 그녀는 울프와 폴락이 여성 산책자의 부재를 주장하면서 산책자의 본질적인 모순성을 간과했다고 비판한다. 이러한 입장에 따르면, 도시를 관찰하는 활동은 남성만의 것이 아니었으며, 여성 미학적 관점에서의 도시 산책이 선험적으로 불가능하다고 주장하는 것은 울프와 폴락의 주장이 빈틈을 보이는 부분이다. 울프가 부르주아 여성의 도시 산책을 사적 영역에 한정해 설명하는 것은 오류라는 주장이다.[12]

파슨스의 주장은 다음과 같은 두 가지 점에 근거한다. 첫 번째는 도시산책자 개념이 필연적으로 남성 권위의 모델을 반영한다기보다는, 그 자체로 젠더적 모호성을 내포하고 있어서 남성 권위에 대항하는 대안적 성좌의 지위를 차지하고 있다는 점이다. 두 번째는 19세기 여성 산책자가 도시를 관찰하는 주체인 산책자와 정말 다른 것인지에 대한 의문이다. 그래서 도시 관찰자-주체에 대한 대안적인 도식을 구축하기 위해서는 산책자라는 관찰자 주체에 대한 고정된 초점에서 벗어나야 한다고 파슨

---

11. Deborah L. Parsons, *Streetwalking the Metropolis*, Oxford University Press, 2000, pp. 2~3.

12. Elizabeth Wilson, *The Contradictions of Culture*, SAGE Publications Ltd., 2001, p. 72.

스는 주장한다.[13]

'산책자' 개념의 원천에서 다시 '여성 산책자' 개념으로

여성 산책자의 원천은 에드거 앨런 포우의 「군중 속의 남자」[1840]에서 '그'가 도시의 밤거리를 걸으며 바라본 여성들을 다음과 같이 서술한 것에서 찾을 수 있다.

길고 지루한 일을 마치고 집으로 돌아가는 초라한 젊은 여성들은 악당들이 흘겨보자, 분개한다기보다는 눈물 어린 모습으로 움츠러들었다. 그들은 악당들과 직접 맞닥뜨린다 해도 피할 수 없었다. 이 도시에는 모든 나이의, 모든 종류의 여성들이 있었다. 전성기의 아름다움을 지닌 여성들. 치장과 허식으로 더러워진 늙은 여성들. 악덕과 열정에 불타는 어린 여성들. 일그러진 얼굴빛의 술에 취한 여성들. 허풍의 감각적인 입술을 숨긴 여성들.[14]

'그'가 밤거리에서 관찰한 여성들을 서술하는 이유는 불면증으로 인한 밤의 공허함을 채우기 위함이다. 그리고 '그'는 그 자신

---

13. 같은 곳.
14. 에드거 앨런 포, 『에드거 앨런 포 소설 전집 최신 원전 완역본[전5권]』, 바른번역 옮김, 코너스톤, 2015.

이 본 것 중 가장 자신의 호기심을 불러일으키는 것을 일기에 기록한다.

보들레르는 『악의 꽃』 1857에 수록된 「지나가는 어느 여성에게」에서 산책하는 여성에게 다음과 같은 찬사를 보낸다.

민첩하고 고상하게, 그녀 다리는 마치 조각상 같다.
나는 마셨다, 넋 나간 사람처럼 몸을 떨며,
태풍 품은 납빛 하늘 같은 그녀 눈 속에서
매혹적인 감미로움과 목숨 앗아갈 듯한 즐거움을.[15]

그러나 시인은 이러한 순간적 마주침을 친밀한 관계로 나아가는 만남으로 간주하지는 않는다. 그가 눈 맞춘 여성은 거리를 걸으며 지나가는 여성이다. 그녀는 보들레르 시선의 객체이자 식물 채집의 대상이다. 벤야민은 보들레르의 이 작품을 대도시 속의 산책자가 피사체에 투사하는 욕망을 드러낸 작품으로 분석한다.[16]

파슨스는 벤야민이 초현실주의 방법론을 동원하고 다양한 인식론적·시각적 은유를 활용하는, 모더니티와 도시의 역사가라고 역설한다. 또 벤야민의 패러다임이 부르주아 산책자와 넝

---

15. 샤를 보들레르, 『악의 꽃』, 윤영애 옮김, 문학과지성사, 2021.
16. Walter Benjamin, *Illuminations*, Schocken Books, 1969, pp. 168~70.

마주의(수집가)에 기반한다고 지적한다.[17] 벤야민은 19세기 파리와 베를린, 모스크바 등의 도시에 대한 연구에서 초현실주의 연구방법을 비판적으로 사용하고 있다. 파슨스는 이러한 벤야민의 도시 연구방법을 여성과 관련된 도덕과 규제 담론의 비판적 시발점으로 간주하고 있다.

최근에는 도시산책flânerie의 관행이 점점 더 중요해지고 세분화되고 있다. 오늘날 우리는 관광에 대한 산책자와 여성의 서로 다른 접근 방식을 구분할 수 있다.[18] 남성이 지배를 바탕으로 도시를 탐험하는 반면, 여성은 민감하고 개방적인 태도를 갖추고 있다. 따라서 도시의 거리에서 여성의 걷기는 정치적 스펙트럼을 가로지르는 수행적 도시 인식이 아니라, 다른 여성의 존재를 가정하고 그녀 자신에 대한 현존을 의식하는 이중적인 감수성을 반영하는 경향이 있다.

19세기 서유럽의 도시는 문자와 시각 매체의 무한한 재현 방식과 그에 따른 공적 세계와 의식의 변화로 구성되었다. 예를 들면 도시를 도시계획 또는 역사 서술에 관한 인구통계학, 경제학, 건축학 정보들로 재현하고 기록할 수 있다. 이러한 재현은 본질적으로 공적 세계와 그것을 둘러싼 의식의 변화와 결부된 것이었다. 문자(와 음성)언어를 활용해 도시를 서사적으로 재현

---

17. Parsons, *Streetwalking the Metropolis*.
18. Betsy Wearing and Stephen Wearing, *Refocussing the Tourist Experience*, Vol. 15, Issue 4, 1996, pp. 229~243.

할 뿐만 아니라 몸짓 같은 비언어 소통을 빌려 시각적으로 재현할 수도 있다. 이는 도시의 외면과 내면, 즉 도시의 '몸'과 '영혼'을 전제로 이룩한 형상화일 것이다. 우리는 도시를 재현한 영화들을 통해서, 영화적 지도가 도시의 사회적이고 정신적인 일상 구조를 표상하며 또 역으로 그것에 직접적인 영향을 미친다는 것을 구체적으로 깨닫고 있다.

발터 벤야민은 1927년에서 1940년 사이에 쓴 『아케이드 프로젝트』에서 19세기 파리의 파사주Passage에 대한 연구를 체계화하기 위해 20세기 초반 당시 잔존하던 파사주라는 공간에 주목한다. 벤야민은 파사주를 관찰하는 작가, 시인, 지식인 등을 '산책자'라는 개념으로 범주화하였다.[19] 파리의 파사주는 지붕으로 덮인 쇼핑 아케이드로 19세기 전반 프랑스 파리에 세워지기 시작한 초기 형태의 쇼핑 거리이다. 이 공간은 보들레르의 파리에 대한 분석에서 발터 벤야민이 영감을 얻어, 자신의 베를린과 모스크바 거주 경험에 기반하여 19세기 파리의 거리를 학술적으로 재구성한 것이다.

벤야민은 산책자의 존재와 역할을 범죄자의 도시를 읽는 탐정의 능력과 범죄 현장의 실마리를 찾는 탐정의 감각에 비유하여 설명한다. 여기서 산책자는 19세기 후반부터 군중 사이를 걸으며 사람들의 행동을 비판적으로 관찰하는 이들을 지칭한다.

---

19. Walter Benjamin, *The Arcades Project*, Harvard University Press, 1999, p. 451.

보들레르의 산책자 개념은 포우의 단편소설과 관련된다. 포우의 「군중 속의 남자」는 보들레르가 도시에서의 만남의 경험을 위한 패러다임을 제시하는 데 영감을 준다. 보들레르의 설명에 따르면 예술가는 도시의 거리에서 군중을 관찰하는 고립된 존재면서도 동시에 그 자신 역시 군중 속의 남자일 수 있는 양가성을 띤다.

구체적인 논의를 하기 전에 「군중 속의 남자」에서 산책자의 존재와 특징을 살펴보자. 이 단편소설의 서술자인 '그'와 군중의 괴상한 '노인'은 모두 일종의 산책자이다. 이들은 바라보는 관찰자–주체인 동시에 보여지는 피관찰자–객체로서 주체와 객체 사이 그 경계의 자질을 갖고 있다. '노인'은 뚜렷한 목적지가 없이 쉴 새 없이 움직이며, 마치 '노인'이 옷 속에 품은 다이아몬드와 단도처럼 활력과 어두움을 동시에 갖고 있다. 그리고 이를 바라보는 '그'는 군중을 관찰하고 이를 수많은 군집으로 분류하고 그런 과정에서 개별적인 한 인물을 발견하여 추적하는 존재이다. '그'는 모더니티 시대의 도시와 거리 속 군중의 모습을 분류하고 범주화하는 관찰자–주체로서의 산책자이다. '그'는 개인과 군중 사이를 오가며 자신의 필요와 욕망에 따라 의식적으로 여러 역할을 수행한다. 산책자 '그' 혹은 '남자'는 바라보는 관찰자이면서 동시에 보이는 피관찰자로서 아이러니하게 도시의 거리에서 나타나는 존재이며, 또 군중 속으로 사라지는 존재이기도 하다.

벤야민은 산책자와 그의 응시를 시사적으로 논의하며 대도시의 삶을 경험의 빈곤과 아우라의 상실로 특징짓는다. 이러한 경험을 보들레르의 산책자 개념에 비춰 보면 거리에서 "누군가를 본다는 것은 우리의 시선이 응시의 대상에 의해 되돌아올 것이라는 암묵적 기대를 수반한다"[20]고 이해할 수 있다. 벤야민의 아케이드 프로젝트는 벤야민 자신이 산책자가 되어 도시 전체를 관찰하고 재현하는 강박적인 시도이다. 이런 벤야민의 시도는 판타스마고리아의 판타지에 침투하려는 초현실주의적 욕망이며 사실주의적으로 도시의 파편을 재획득하는 모순적인 프로젝트이다.

20세기 초반 벤야민은 초현실주의를 "새로운 산책의 예술"the new art of strolling로 기술하고 "거리는 걷는 사람을 사라진 시간으로 이끈다"고 말한다.[21] 초현실주의는 일상 속 도시 풍경인 건물 옥상, 피뢰침, 배수로, 베란다, 풍향계, 치장된 벽토에서 영감을 얻은 도시의 미학이다.[22] 초현실주의자는 불편하게도 과거가 반복해서 등장하는 현재의 도시를 방황하는 자연스러운 산책자처럼 보일 것이다. 루이 아라공은 『파리의 농부』1926를

20. Walter Benjamin, "Some Motifs on Baudelaire," *Illuminations*, Schocken Books, 1968, p. 188.

21. Benjamin, *The Arcades Project*, p. 524.

22. Walter Benjamin, "Surrealism," *One Way Street and Other Writings*, Verso, 1992, p. 228.

통해 아케이드에 대한 이론적 비판을 제기했다. 벤야민은 아라공의 이 작업을 초현실주의 문학의 발흥으로 해석하고 주목한다. 하지만 여기서 주의할 지점은 벤야민이 초현실주의자들과 유사한 모티브나 테마로 작업했지만, 감각적 탐구를 위한 꿈과 각성에 대한 믿음과는 오히려 거리를 두었다는 것이다.[23]

벤야민은 산책자가 넝마주의(수집가)의 아케이드라는 통행로 안으로 들어와 모더니티의 통행로와 함께 퇴화된 것으로 간주한다. 벤야민의 프로젝트는 한편으로는 도시와 상품 세계에 퇴적해 있는 현대 신화를 포착하는 초현실주의적 접근을 기반으로 한다. 그리고 다른 한편으로는 사회주의, 즉 맑스주의의 역사적·유물론적 접근을 시도하고 있다. 그래서 벤야민의 프로젝트는 초현실주의와 유물론이라는 서로 이질적인 두 가지 방법론의 조합인 것이다. 산책자는 사회학적 분석의 주체일 뿐만 아니라 대상으로도 여겨질 수 있다.[24] 따라서 산책자는 도시계획과 연구를 수행하고 도시의 변화들을 이해하기 위해 살펴봐야 할 중요한 인물이다.

프랑스어 산책자 flâneur의 어원을 살펴보자. 스칸디나비아어로 '플라나'flana라는 용어는 '어지럽게 달리다'라는 뜻을 가지며, 『19세기 라로스 백과사전』에 따르면 '플라네르'flâneur는 빈둥거

---

23. Parsons, *Streetwalking the Metropolis*, p. 10.
24. Giampaolo Nuvolati, "The Flaneur and the City," *Sociology, Aesthetics and the City*, Pisa University Press, 2011.

리며 시간을 보내는 사람 또는 게으름뱅이를 의미한다.[25] 이탈리아어로 '파 플라넬라'far flanella는 '목적지 없이 걸어 다니기'를 의미하며, 부랑자나 홍등가를 배회하는 사람들을 가리킨다. 산책이라는 의미의 프랑스어 '플라네리'flânerie는 특정 시간과 장소에 속한 인물이 수행하는 활동이다. 산책자는 도시의 문학, 사회학, 예술의 배경이 되는 시공간을 관찰하고 그것을 표상하는, 대도시의 행위자이다.

산책자의 시각적 재현을 통해 모순어법으로 형상화된 미술사의 사례로서 에드가 드가가 19세기 후반 파리의 매춘부를 재현하여 윤락가 여성의 누드화를 재해석하는 시도를 들 수 있다.[26] 특히 이는 공창제도로부터 비밀 매춘의 확장으로 이행하는 시대의 "대도시 프라뇌르의 예술", 즉 대도시산책자의 예술로 규정되곤 한다. 많은 학자들은 드가가 여성의 몸을 이상화해 온 기존 서구 누드화의 고전적 규범을 타파하여 전복적으로 전유하는 것에 주목한다. 이러한 작품은 성적 차이와 계급적 억압을 극명하게 드러내는 매춘부의 나체를 표현하여 남성 플라뇌르의 현대적 스펙터클을 재현한다. 드가가 표현한 매춘부의 육체는 이율배반적으로 형상화된다. 일례로 매춘부의 육체

---

25. Pierre Larousse, *Grand Dictionnaire universel du XIX sieiècle*, vol. 3, Paris, 1867, p. 436.

26. 신혜경, 「드가의 윤락가 모노타입 근대적 플라뇌르와 여성 누드」, 『미학』 70집, 2012, 75~111쪽.

는 동물적 타자를 반영하면서도 다른 한편으로는 쾌락에 능동적으로 반응하는 존재로 표현되고 있다.

지암파오로 누볼라티는 산책자는 모순된 인물이며, 이를 모순어법 집합을 사용하여 설명할 수 있다고 본다. 〈표 1〉에서 보이듯이 누볼라티는 산책자를 푸에르[소년]puer면서 세넥스[노인]senex인 것으로, 산책자의 모순어법을 설명하는 것이다. 예를 들어서 소년은 호기심이 많고 순진하며 도시에서 종종 길을 잃는 존재이다. 반면 노인은 도시를 분석하고 이해하기 위해 지혜

산책자(flâneur)의 모순어법(oxymora)	
푸에르[소년](puer)	세넥스[노인](senex)
혼자서	군중 속에서
바쁨	게으름
창조적임	관객
반역의/독창적	소비자와 생산자
창의적임	리얼리즘
공적 장소들과의 병합	사적 삶과의 병합
사회체제에 대한 비승인	정치적 (무관심)
도시의 자유	미로
미학적 관심	윤리적 참여
적극적으로 뛰어듦	분리됨

표 1. 산책자의 모순어법에 대한 사례들(Nuvolati, 2014)

와 자제력을 발휘하는 존재이다. 산책자는 군중 속에 숨어 있을 때는 혼자 있기에 우울하며, 외부와 접촉할 때는 모습을 독자적으로 드러내며 각성해 있다.

영국 작가 버지니아 울프의 소설 「거리 출몰하기 : 런던 모험」1927은 침잠과 각성이 상호작용하는 이러한 혼합 상태를 보여주는 문학의 사례이다. 이 작품에서는 런던을 바라보는 '거대한 눈'의 시점이 핵심을 차지한다. 화자는 겨울의 황혼을 맞으며 런던 거리를 걸으면서 상상력을 발휘해 사람들의 마음에 수행적으로 침투한다. 화자는 다양한 도시-거주자들과 그들의 공간을 고찰한다. 근대의 여성은 문명을 상징하는 도시 속에서 역설적으로 문명사회의 타자라는 자의식에 눈뜨게 되고, 이로써 지배질서에 대한 비판적 시선을 획득한다. 이방인으로서의 시선은 사회에서 소외된 다른 타자들을 향한 공감과 동일시를 수반한다.

파슨스는 이러한 의식의 전개 양상에서 작품 속 화자가 유령처럼 현실과 안전한 거리를 유지하려는 작가의 입장을 드러낸다고 주장한다.[27] 「거리 출몰하기 : 런던 모험」은 독특한 에세이이다. 출몰하기haunting라는 낱말은 특정 장소를 자주 방문한다는 의미뿐만 아니라 유령이 특정 장소에서 출몰한다는 뜻도 가진다. 소설의 서술자는 산책자로서 런던을 걸으면서 자신이

---

27. Parsons, *Streetwalking the Metropolis*, p. 125.

지배체제의 '바깥'에 있다는 것 못지않게 자신이 지배체제 '안'에 있음을 자각한다. 화자들의 시선은 미묘하게 다른 두 자의식이 교차하는 가운데 극화된다. 거대한 눈은 「거리 출몰하기」에서 런던을 보는 창문이 아니라 산책자 자신의 눈이다. 울프는 산책자의 눈을 극화함으로써 독자에게 양방향으로 세상을 바라보는 방식을 제안한다. '거대한 눈'enormous eye은 자신 안에 갇혀 있는 에고이스트와는 다른 것이다. 내면으로 침잠하면서도 때로는 대중과 동화하는 존재로, 이는 포우의 「군중 속의 남자」와 유사하다고 파슨스는 주장한다.[28]

　그러나 현대의 거대도시에서는 여성이 자신이 초현실적인 존재로서의 산책자라는 점을 입증하기 위해 더는 노력할 필요가 없을 수도 있다. 그렇다면 남성 산책자/여성 산책자를 둘러싼 논쟁은 오해에서 비롯된 불필요한 것이라고 볼 수 있다. 산책자를 남성으로만 해석하는 것은 잘못이지만, 젠더적인 존재로서 산책자를 만들어 내는 것이 꼭 필요한 일일까? 여성이 도시의 보행자이자 관찰자-주체로서 도시를 인식하고, 의식적으로 인식하고 표현한다는 점은 너무나 당연하다. 산책자 개념에서 여성이 배제되었다고 해서, 그 단어에서 남성을 배제하는 것은 마찬가지로 불합리하며 이는 선험적으로도 가능하지 않다.

　이러한 상호배제를 극복하기 위해서 이 책은 초현실주의의

---

28. 같은 책, p. 26.

개념인 '그라디바'를 선택하였다. 왜냐하면 "초현실주의는 여성에 대한 남성적 고정관념에 가중치를 둔 틀 내에서 사유되었음에도 여성이 대안적인 성별과 감각적 질서를 상상하도록 도왔다."[29]는 의의가 있기 때문이다.

로런 엘킨은 『도시를 걷는 여자들』에서 '여성 산책자'의 걷기와 글쓰기가 주관성의 실천이라고 주장한다.[30] 엘킨은 파리, 런던, 뉴욕, 도쿄, 베네치아 등의 대도시에서 도시산책 사례들을 찾는다. 엘킨에 따르면, 남성 산책자와 달리 극소수의 여성들만이 대도시를 자유롭게 걸어 다니는 특권을 누릴 수 있다. 글쓰기 영역에서 여성 산책자는 '도시산책'flânerie이라는 도시 서술 전략에 참여하는 여성 예술가이다. 엘킨은 이런 독창적인 글쓰기를 통해서 여성 예술가들이 도시의 거리를 거닐며, 그 안에서 관습적인 굴레를 전복하고 여성의 '도시 의식'과 표현을 수행하는 방식을 고찰한다. 엘킨이 주장하는 20세기의 여성 산책자는 군중 속의 익명성을 즐기며 침잠해 있다가 윤리적인 응시의 대상을 발견하면 과감하게 그를 쫓아 시선을 유지하는 근대적 사고 원형을 젠더적으로 확장한 존재이다.

파슨스는 매혹과 혐오라는 양가적 감정을 가지고 대도시 군중, 혹은 군중의 메타포로 여성을 환원하고 억압하며 배제해

---

29. Constance Classen, *The Color of Angels*, Routledge, 2002. p. 137.
30. 로런 엘킨, 『도시를 걷는 여자들』, 홍한별 옮김, 반비, 2020.

온 사회를 비판하였다. 그리고 여성을 소외계층을 포용하는 '도시 의식'을 가진 존재로 정의했다.[31]

19세기 말, 부르주아 여성은 유럽 도시에서 사회적 관습의 구속을 벗어나, 자유롭게 거리를 걸을 수 있게 되었다. 그러나 이들의 산책은 쇼핑에 한정된 특권적인 자유였다. 백화점은 당시 보호자 없이도 여성들이 안전하게 이용할 수 있는 피난처였다. 이처럼 비록 그들이 가진 자유가 한정적이었다 하더라도, 그들은 여성 산책자라고 불릴 충분한 자격이 있었다.[32] 그러나 그들의 도시산책은 목적과 일정에 구애를 받았기 때문에 목적 없이 자유롭게 산책하는 산책자의 '도시 의식'에는 근접할 수 없었다. 쇼핑이 제한적이었던 빈민가의 여성은 도시상점에서 일하지 않는 이상 특히 도시산책과 거리가 멀었다. 부르주아 여성의 산책과 쇼핑은 도시 공간의 광대한 지형에 비하면 상당히 한정적이었다.[33] 결국, 소비 행위는 자본주의의 풍경 안에서 여성 도시산책의 잠재력이 의도적으로 제한되고 축소된 결과이다.

19세기 유럽 도시의 여성 산책자는 과거 프롤레타리아 여성들이 도시 거리에 출현했던 방식을 따랐다. 여성 노동자들은 자

---

31. Parsons, *Streetwalking the Metropolis*, pp. 40~41.

32. Anne Friedberg, *Window Shopping*, University of California Press, 1993, pp. 32~37.

33. Anne Friedberg, "Les Flâneurs Du Mal(l)," *PMLA* 106, no. 3. 1991. p. 422.

신의 욕망보다는 목적을 위해 거리에 출현했다. 이때 거리는 노동자가 이동하는 장소 전환의 공간으로 제시되었고, 여성 노동자들은 아케이드의 거리를 걷는 동안 상상력을 발휘하기보다는 심부름을 이행했다. 더욱이 그들은 자유롭게 부유하는 경험이 아니라, 자녀를 데리러 집으로 가거나 일을 하러 직장으로 이동했다.

도시 연구자들은 근대 도시의 출현을 중심으로 하는 모더니티 담론에서 여성의 '도시 의식'과 경험이 특정한 방식으로 억압되거나 왜곡되었다고 주장한다. 그들은 여성이 남성과는 다르게, 때로는 남성보다 더 비판적인 인식의 주체임을 강조한다.

비평가 자넷 울프와 그리셀다 폴락은 여성에게는 남성과 달리 도시를 자유롭게 거닐며 관찰하는 행위 자체가 완전히 불가능했다고 주장한다. 하지만 데보라 L. 파슨스는 이러한 주장이 도시 속 여성의 존재와 역할을 실제보다 지나치게 축소해 논의해온 성차별적인 담론을 반복하고 있다고 비판한다. 파슨스는 버지니아 울프의 작품에서 런던의 군중 속 여성의 관점에 주목한다. 그리고 도시를 걸으며 주위의 낯선 사람들과 공감하고 동일시되는 여성의 도시 의식에 주목하며, 울프의 도시의식을 지오크리티시즘으로 분석하고 설명한다.[34]

---

34. Parsons, *Streetwalking the Metropolis*, pp. 7~8.

그라디바 효과의 탈영토적 성격

이제 걷는 여성의 이미지와 관련하여 20세기 초반 정신분석학의 발전과 함께 주목받았던 소설 『그라디바』를 살펴보자. 『그라디바』는 1902년 『빈Wien 신문』에 연재되었던 빌헬름 옌센 1837-1911의 소설이며 부제는 '폼페이 환상곡'이다. 이는 화산 폭발로 인해 재로 뒤덮인 폼페이 도시를 발굴하는 고고학과 같은 서사임을 암시하는 것이다. 소설에서 고고학자가 된 노베르트 하놀트는 어린 시절 친구였던 조에 베르트강의 걷는 모습에 매혹되지만, 그녀 자체는 잊어버리고 오직 그녀의 걸음걸이에만 애착을 보인다. 결국, 하놀트는 로마의 한 박물관에 전시된 걷고 있는 한 여성의 얕은 부조상에 집착하게 된다.

그림 2. ◁ 부조 조형물 〈그라디바〉의 일부 △ '걸을 때의 발모양' 부분

〈그림 2〉는 부조 조형물 〈그라디바〉와 그것의 '걸을 때의 발 모양' 부분이다. 이 조형물은 돋을새김으로 장식된 박물관에서 볼 수 있으며, 세 명의 여성이 걸어가는 모습을 표현했다. 기원전 4세기 그리스 원본 또는 로마 시대의 유물에서 파생되었다. 이 여성 세 명은 여신으로 아름다움, 기쁨, 춤과 노래를 관장하는 '카리스(그라케스)'Graces이다. 그라디바는 소설, 영화, 게임, 예술에서 조형적으로 차용되고 있다. 그리고 꿈과 망상 및 현실 사이에서 정신분학적인 논의를 위해 사용되는 개념이기도 하다. 프로이트에게 그라디바는 하놀트가 잊어버린 어린 시절에 관한 기억을 되찾는 과정에서 귀환하는 억압된 것의 알레고리이다.[35] 하놀트의 기억을 되살리기 위해 노력하는 조에가 환자의 억압된 무의식을 드러내는 정신분석가와 같은 역할을 한다. 프로이트는 이 부분에 주목하고 정신분석에 대한 알레고리로 작품을 읽어낸다.[36]

기존의 그라디바 연구는 정신분석학에서의 연구와 알레고리로서의 연구를 중심으로 진행되어 왔다. 하지만 우리의 접근 방식은 이 연구들을 바탕으로 그라디바의 알레고리를 새롭게 조명하고, 더 나아가 그라디바를 여성 산책자에 대한 예술 철학적 연구로 확장하려는 것이다.

---

35. Wright, *Psychoanalytic Criticism*, p. 114.
36. 같은 책, p. 30.

그라디바의 혁명적인 요소는 탈영토화deterritorialization이다. 사실 발의 움직임이 꼭 여자의 것이어야 할 필요는 없다. 왜냐하면 그라디바는 아직 개인이 되지 않은 단일체를 나타내는 고유명사로, 성·특질·종족이 상호 교류하는 움직이는 영역을 의미하기 때문이다. 프로이트는 발이 오이디푸스 발전 단계 중에서 생식기로 넘어가는 것을 막는 페티시적 고착이라고 보았다.

반면 실베르 로트랭제는 발의 움직임을 그라디바의 주요 특성으로 인식하며, 이를 고착의 정반대로 간주한다.[37] 로트랭제에 따르면, 하놀트의 시도는 오이디푸스적 가족 구속에서 벗어나려는 것이다. 그의 여행은 가족과 문화의 억압에서 해방되는 것을 의미하며, 성 사이의 교류가 환상의 중심 요소가 된다. 로트랭제는 조에를 억압 주체로 보고, 그녀가 하놀트를 분석하고 치료함으로써 오이디푸스적 무의식을 반오이디푸스적인 생산적 무의식으로 이끈다고 주장한다. 이처럼 극 중 주요 인물의 망상은 현실로부터 도피하는 것만이 아니라 연상에 의한 상상력과도 관련된다.[38]

하놀트는 〈그라디바〉 부조에서 '걸을 때의 발 모양' 부분의 발 자체에 집중하기보다는 발의 움직임에 집착한다. 이것은 욕망의 움직임, 즉 리비도의 흐름을 나타낸다. 이렇게 해석하면,

37. Sylvère Lotringer, "The Fiction of Analysis," *Semiotext(e)* 2(3) 1977, p. 177.
38. 같은 책.

하놀트의 여행은 가족의 억압과 성별 구분 문화로부터의 해방을 의미하는 구원의 경험이 된다. 그리고 그의 어린 시절의 연인인 조에는 '걷는 여인'이 되는 것이다. 이런 해석은, 망상이 현실로부터의 도피가 아니라 새로운 인식론적 도식을 창출하는 인간의 여섯 번째 감각을 일깨우는 것이라는 분열분석 비평가의 견해와도 일치한다.

프로이트는 옌센의 『그라디바』에 나타난 망상과 꿈을 설명하는 과정에서 (역-)환각(negative-) hallucination이라는 개념을 제시한다.[39] '망상'은 병적으로 생긴 잘못된 판단이나 확신으로 인한 사고의 이상 현상이다. '환각'은 그것에 대응하는 어떤 자극도 대상도 없음에도 불구하고, 즉 세상에 부재함에도 마치 실재하는 것처럼 지각하는 것이다. 반대로 '역-환각'은 실재하는 것을 보지 못하는 것을 의미한다. 소설 『그라디바』에서 고고학자 하놀트는 '환각'으로 인해 특정한 걸음걸이로 걷는 그리스 부조 그라디바에 집착한다. 그리고 하놀트가 실제로 살아 있는 여성인 베르트강을 볼 수 없게 되는 것은 '역-환각'인 것이다. "'역-환각'의 재능을 부여받은 하놀트는 실제로 존재하는 사람을 보지 못하고 알아볼 수 없는 사람이다."[40]

---

39. Freud, "Delusions and Dreams in Jensen's Gradiva," p. 67.
40. 같은 곳.

『그라디바』에 대한 정신분석학적 고찰

옌센의 소설 『그라디바』는 고고학자 하놀트의 꿈과 망상의 이야기이다. 하놀트는 걷는 부조 속의 소녀 '그라디바'를 꿈에서 보고 그녀를 찾아 폼페이로 간다. 하놀트는 베르트강이 그가 어린 시절 사랑했던 여성이었으며 그가 그녀의 걸음걸이를 얼마나 좋아했는지 깨닫지 못한다.

엘리자베스 라이트는 프로이트의 그라디바 분석의 요점을 네 가지로 요약한다.[41] 첫째, 프로이트는 고고학자의 직업과 무의식적 유년기를 연결하며, 정신분석과 고고학적 발굴 작업을 비유적으로 연관시킨다.[42] 둘째, 프로이트는 『그라디바』를 통해 억압된 것이 반드시, 또 주목할 만한 방식으로 되돌아온다고 강조한다.[43] 셋째, 프로이트는 꿈이 의미를 가지며, 그것은 해석될 수 있고, 꿈꾼 사람의 소망이 현실의 한 부분이 될 수 있다고 주장한다. 프로이트는 하놀트의 꿈속 여성이 동시대에 그와 같은 도시에 살고 있다고 해석한다.[44] 넷째, 프로이트는 문학과 정신분석의 유사성에 주목한다. 그는 모든 말이 타협의 산물이라는 전제하에, 증상으로서의 말은 언어를 전략적으로 사용하

---

41. Wright, *Psychoanalytic Criticism*, pp. 30~33.

42. 같은 책, p. 115.

43. Freud, "Delusions and Dreams in Jensen's Gradiva," p. 35

44. 같은 글, p. 58.

는 작가의 기술과 유사하다고 주장한다.

프로이트의 『그라디바』 분석이 제공하는 통찰은 정신분석 비평의 발전에 기여하며, 작가·등장인물·독자의 심리를 분석하는 도구로 사용되었다. 이는 관객이 극 중 인물의 억압된 기억을 파헤치는 고고학자의 위치에 서게 한다.

비평가이자 소설가 D. H. 로렌스는 이러한 통찰을 분석과 창조의 도구로 사용했다. 로렌스는 프로이트의 정신분석 이론으로 환원되는 것을 거부하면서도 『정신분석과 무의식』과 『무의식의 환상』 등 두 권의 저작에서 정신분석에 대해 각별한 관심을 드러낸다.[45] 로렌스는 억압된 욕망을 되돌려주는 청교도적 양심을 탐구하였고, 이를 그의 소설 『채털리 부인의 사랑』의 주인공들의 관계 구축에 적용했다. 이 작품에서 청교도적 양심은 인물들의 갈등을 일으키고 성장과 변화를 촉진한다. 이처럼 프로이트의 『그라디바』 분석은 로렌스와 이후 정신분석 비평가들에게 영감을 주며, 문학 작품 속 인물들의 심리와 사회 문제를 분석하고 창조하는 데 도움이 되었다.

프로이트의 『그라디바』 분석은 고전 정신분석 비평뿐만 아니라 구조주의 정신분석 비평에도 영향을 미쳤다. 『그라디바』에서의 꿈분석을 통해 프로이트가 발견한 압축condensation과 전치displacement는 무의식의 형성물들을 구성하는 원리로서, 로만

---

45. 허원, 「나르시시즘적 나레이터」, 『영학논집』, 28호, 56쪽.

야콥슨과 자크 라캉을 통해 은유와 환유로 재해석되었다. 압축은 은유의 특성인 중첩된 기표들의 구조이고, 전치는 환유처럼 의미의 이동을 나타낸다. 따라서 프로이트가 무의식으로 지칭한 꿈, 자유연상, 말실수, 증상은 언어의 조직원리인 은유와 환유에 의해 형성된다고 볼 수 있다.

라캉은 "무의식은 언어와 같은 구조로 이루어져 있다"고 설명했다.[46] 또한, 라캉은 『그라디바』 분석에서 프로이트가 주장한 "억압된 것, 즉 무의식은 반드시 되돌아온다"는 사실을 새롭게 공식화했다. 라캉에 따르면, 무의식은 인칭, 특히 일인칭 속에서 발언된 담화이다. 이것은 의식으로 되돌아가는 도중 검열 작업을 통해 변형을 겪게 된다. 무의식 수준에서 언어가 어떻게 작용하는지는 알 수 없다. 무의식적인 언어는 은유와 환유를 통해, 의식적 언어로 되돌아가는 과정을 통해서만 이해할 수 있다. 그 결과 무의식은 자신의 메시지를 거꾸로 다시 내게로 보내는 나 자신의 타자가 된다.

들뢰즈와 가타리의 분열분석은 프로이트의 오이디푸스화된 무의식 개념을 거부하고, 대신 몸의 움직임과 욕망에 초점을 맞춘다. 이들의 주요 작품 중 하나인 『안티 오이디푸스』에서, 들뢰즈와 가타리는 프로이트의 『그라디바』 분석에 대해 새로운

---

46. Jacques Lacan, *Le Séminaire de Jacques Lacan III*, Editions du Seuil, 1981, p. 135.

해석을 제시한다. 이들은 프로이트가 『그라디바』에서 보여준 모험성을 인정하면서도, 하놀트가 정신분석을 통해 치유된다는 주장에 동의하지 않는다. 대신, 이들은 하놀트의 욕망과 몸의 움직임에 집중하여 분열분석의 기초를 마련하고, 개인의 정신과 사회적 과정 사이의 상호작용에 집중하며, 정신분석이 오이디푸스 콤플렉스에 지나치게 의존해 개인의 내면세계를 단순화한다고 비판한다. 이에 반해 분열분석은 개인의 욕망과 경험을 더욱 복잡하게 이해하려고 시도한다. 요약하자면, 이들의 분열분석은 정신분석의 오이디푸스 중심적 접근을 거부하고, 대신 몸의 움직임과 욕망의 다양성을 인정하는 방식으로 프로이트의 『그라디바』 분석을 재해석한다. 이를 통해 이들은 정신분석의 한계를 지적하고, 그 대안으로서 분열분석을 제안한다.

실베르 로트랭제는 「분석의 허구」에서 들뢰즈와 가타리의 아이디어를 발전시킨다. 그는 『그라디바』의 혁명적인 측면이 프로이트로부터 유발되는 것인지 아니면 옌센으로부터 유발되는 것인지에 대해 답한다.[47] 여기서 혁명적인 측면은 프로이트가 억압된 콤플렉스의 회귀로 본 그라디바식 걸음걸이였다. 하지만 로트랭제의 글에는 하놀트가 왜 여성에 대한 억압된 콤플렉스를 가졌는지에 대한 설명이 없다. 로트랭제의 논점은 하놀트의 그라디바식 걸음걸이에 대한 관심이 여성의 발에 대한 페티

---

47. Lotringer, "The Fiction of Analysis," p. 173

시즘에서 기인한 것이 아니라는 것이다. 그라디바의 매력은 자유로운 걸음걸이, 육체의 움직임, 특정한 목적을 향한 걸음걸이에 있다. 하놀트의 기분 상승은 억압된 것의 회귀가 아니라 가족을 벗어나려는 욕망에서 비롯된다. 폼페이의 연인들에 대한 그의 증오는, 오이디푸스적 세계를 벗어나 사회적 영역으로 나아가려는 욕망에서 기인한다. 고고학적 발굴 작업이 하놀트의 억압된 어린 시절을 발굴하는 은유일 필요는 없다. 지식에 대한 사랑이 오이디푸스적인 성적 욕망일 필요도 없다.[48]

---

48. 같은 책.

2장

영화도시의 거리를 걷는 여성들

사진과 영화에서의 산책자 이미지

2장은 그라디바에 대한 고고학자 하놀트의 애착처럼, 걷는 여성들을 따라가며 영화 도시를 묘사하고 설명할 것이다. 이와 관련해서 도시와 산책자에 관한 벤야민의 논의는 주목할 만하다.

벤야민은 대도시의 삶을 경험의 빈곤과 아우라의 상실로 특징짓는다. 보들레르의 산책자에 대해서 그는 "누군가를 본다는 것은 시선이 응시의 대상에 의해 되돌아올 것이라는 암묵적 기대를 수반한다."고 썼다.[1] 그리고 여기서 우리는 서로 단절되어 고립된 상태의 비인간성을 목도하게 된다. 벤야민은 엥겔스의 런던 묘사를 예로 들며 대도시 군중 가운데서 사적 관심의

---

1. Benjamin, *Illuminations*, p. 188.

영역 안으로 고립된 상태의 비인간성에 주목한다.[2]

영상문화사 최초의 도시 산책자 사진으로 이야기를 시작하자. 1839년 1월, 파리의 과학 아카데미 회원들은 우리가 보는 세상을 말 그대로 변화시킨 독특한 사진 프로세스를 보여주었다. 발명가 루이 다게르는 자신의 발견을 다게레오타이프daguerreotype이라고 불렀다. 1837년에 발명된 다게레오타이프는 피사체를 장시간, 5분 이상 바라본다. 그 장치 안에서는 움직이는 것들이 단지 움직인다는 이유만으로 사라진다. 이를테면 거리를 달리는 수많은 마차들은 단지 움직인다는 이유만으로 이미지에서 사라지게 된다. 장시간의 노출시간 동안 가능한 오래 멈춰 있는 존재만이 〈그림 3〉처럼 이미지로 남게 된다.

그림 3. ◁ 다게레오타이프로 촬영한 〈템플 대로〉(1838) ▷ '최초의 인물' 부분 확대 사진

---

2. 윤미애, 「대도시와 거리 산보자」, 『독어독문학』, 44권 1호, 2003, 402쪽.

〈그림 3〉은 1838년 파리의 5구역과 11구역을 구분하는 '텡플 대로'를 촬영한 다게레오타이프 초기 이미지 중 하나이다. 이 이미지는 마레 거리와 상송 거리가 교차하는 곳에 위치한 350석 규모의 디오라마 빌딩 높은 곳에서 다게르가 촬영한 것이다. 이는 사람을 촬영한 가장 오래된 사진으로 간주된다. 〈텡플 대로〉 사진 왼쪽 아래에 한 남자가 보이는데, 마침 그가 구두를 닦기 위해 5분 가까이 정지해 있던 이 장면이 사진으로 남았다. 하지만 이 '최초의 인물' 부분을 확대해 보면 머리 부분이 명확히 촬영되지 않았음을 알 수 있다. 5분간의 노출 시간 동안 머리가 계속 움직였기 때문인 것으로 보인다. 아무튼 잠시 고정된 포즈로 서 있는 동안 자기도 모르게 다게레오타이프 판에 자기 존재를 기록했다. 거리를 달리는 다른 모든 차량은 5분의 장시간 노출로 인해 이미지에서 사라졌다.

영화가 도래하는 것은 모더니즘적 도시 생활이 움직이는 지각의 무대와 건축의 형태로부터이다. 모션 픽처로서의 영화는 움직이는 도시 문화와 모더니티를 수용하며, 영화의 발명 직전에 나타난 건축적 형태들은 새로운 공간-시각성을 산출하였다. 아케이드, 철도, 백화점, 전시장 등의 구조는 모더니티의 지형도를 구현하였으며, 모두 교차로 같은 장소로서 기능했다. 건축물의 새로운 형식은 공간과 신체의 관계를 변화시켰다. 교차로 구조는 여행 문화의 시대를 불러왔고, 이는 모더니티의 무빙 이미지 발명의 토대가 되었다.

영화적 산책자는 도시를 이해하기 위해 영화적 지도로서 도시를 탐색한다. 그리고 동시에 영화적 지도를 생산한다. 거칠게 요약하면 영화도시는 배우가 도시를 횡단하는 산책을 통해 생산하는 무빙 이미지이다. 이 장에서는 도시산책에 대한 도식을 구축하기 위해서 인문지리학에서 논의되는 대안적 지도 그리기 개념인 서사적 지도를, 영화와 영상문화에서의 '맵핑 충동'mapping impulse과 '부드러운 장소–보기'tender site-seeing 등의 개념과 이론으로 고찰한다. 테레사 카스트로는 영화의 '맵핑 충동'을 특정한 시각적 풍경이 연루된 지도 자체에 관한 것이 아니라 공간이 이해되는 과정에 대한 것으로 정의한다.[3] 이 책은 '부드러운 장소–보기'와 영화적 '맵핑 충동' 개념을 활용해 여성 산책자 개념을 영화적 지도그리기와 관련지어 논의하고자 한다. 줄리아나 브루노는 감정 매핑의 젠더적 개념을 "친밀한 경험의 지도그리기"라고 설명하는 것을 통해서 탐구한다. '부드러운 장소–보기'는 여성 산책자의 시선을 통해 수행되는 사적이며 젠더적인 욕망, 즉 수행적 발화이다. 그리고 그러한 수행적 발화는 도시에서의 친밀한 경험, 즉 감정의 지도그리기를 통해 형상화된 정치적 주장이다.

이어서 19세기 후반과 20세기 초반의 사진, 영화 및 미술사

---

3. Teresa Castro, "Cinema's Mapping Impulse Questioning Visual Culture," *The Cartographic Journal*, Vol. 46, No. 1, 2009. pp. 9~10.

에서 걷기에 관한 이미지를 둘러싼 주요 개념을 살펴보자.

아감벤은 『몸짓에 관한 노트』에서 19세기 말경 서구의 부르주아지는 몸짓을 잃어버렸다고 지적한다. 그리고 아감벤은 상실된 몸짓을 고찰하는 과정에서, 평범한 몸짓 중 하나인 걷기에 관한 과학적 연구로 보행에 관한 질 드 라 투레트의 임상적·생리학적 연구에 주목한다.[4] 아감벤은 영화의 탄생을 상실된 몸짓과 관련지어 파악하고 "영화의 요소는 몸짓이지 이미지가 아니다"라고 역설한다. 이러한 포착은 인간의 움직임, 특히 찰나의 움직임의 특성을 파악하려는 시도로도 볼 수 있다.

다음으로는 투레트 증후군이라는 명칭의 기원으로 여겨지는 투레트의 저서 『보행에 관한 임상적, 생리학적 연구』를 살펴보자. 아감벤이 이를 주목한 이유는 인간의 가장 평범한 몸짓인 보행을 과학적 방법으로 엄밀하게 분석한 최초의 연구였기 때문이다.[5] 투레트의 저술은 걷는 과정에서 강한 틱 증상을 보이는 사람들에 관한 연구이다.[6] 투레트는 『에콜리아와 코프롤라리라를 동반하는 공조운동실조를 특징으로 하는 신경질환에 관한 연구』를 출판하며 투레트 증후군에 대한 임상적 틀을 정립하였다. (발자국 측정) 방법은 일상적인 몸짓과의 거리두기

---

4. Gilles De La Tourette, *Études cliniques et physiologiques sur la marche*, Bureaux de progrès, 1886.

5. 아감벤, 『목적 없는 수단』, 58~59쪽.

6. 같은 책, 61~62쪽.

가 유발하는 경련, 발작성 경기, 부자연스러움의 놀라운 증대를 서술하는 데도 적용되었다. 어느 순간부터 사람이 몸짓에 대한 통제를 상실한 채 격하게 걷고 과장된 몸짓을 하게 됐다는 것이다. 아감벤은 걷기에 관한 투레트의 과학적인 연구가 동시대에 탄생한 영화를 연상시킨다고 쓴다.[7]

자크 오몽은 인간의 움직임을 기록하는 기술로서의 무빙 이미지의 발명을 인류학적 성취로 간주한다. 그는 초기 영화를 그 자체로 '사람을 볼 수 있게 만드는 것'으로 정의하였다.[8] 케이트 인스Kate Ince는 무빙 이미지가 신체와 얼굴로 구성된 인간의 형상을 드러내는 기능을 할 뿐만 아니라, 현대인을 몸짓을 통해 재현하는 기술이라고 설명한다. 이러한 신체와 얼굴의 표현주의적 힘은 영혼의 창문이라고 인스는 설명한다.[9]

에드워드 마이브리지1830-1904는 동물의 움직임을 찍은 사진으로, 인간의 시각으로는 포착할 수 없는 움직임을 분석하는 데 성공했다.[10] 마이브리지가 캘리포니아에서 실험을 진행하고 있을 당시, 거의 동시에 에티엔-쥘 마레1830-1904는 파리에서 다른 유형의 사진 기술을 통해 움직임을 탐구하고 있었다.[11]

7. 같은 책, 62쪽.

8. Jacques Aumont, *L'Invention de la figure humaine*, Cinémathèque française, 1995, p. 7.

9. Kate Ince, *Georges Franju*, Manchester University Press, 2005, p. 101.

10. Brian Clegg, *The Man Who Stopped Time*, Joseph Henry Press, 2007.

11. Marta Braun, *Picturing Time*, The University of Chicago Press, 1992.

마이브리지와 마레는 모두 선구적으로, 움직임에 관한 연구에 사진을 도입했다. 마이브리지는 그의 많은 흥미로운 연구 중에서도 1870년대 후반에 선보인 말의 타임랩스 촬영 사진 시리즈로 가장 잘 알려져 있다. 타임랩스 촬영은 필름 프레임의 캡처 주기를 연속된 프레임의 주기보다 훨씬 더 낮춰 촬영하는 기법이다. 그는 이 기법을 통해 말이 질주하는 특정 순간에 땅에 말의 다리가 닿지 않는다는 것을 효과적으로 증명한 바 있다. 기록된 각 프레임은 말이 일련의 정렬된 카메라에 연결된 전선을 밟았을 때 캡처되었다. 또한, 마이브리지는 카메라를 자동으로 활성화하는 시계 장치를 발명했다.[12] 그러나 당시 필라델피아에서 그의 누드사진들은 금지되었고, 그는 이 사진들이 포르노가 아니라 과학적인 예술작품임을 입증하기 위해 과학자와 지식인 들의 서명을 받아야만 했다. 19세기 말 미국의 보

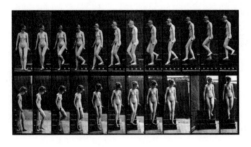

그림 4.
에드워드 마이브리지, 〈계단을 내려가는 여자〉, 1887.

---

12. Phillip Prodger, *Time Stands Still*, Oxford University Press, 2003, p. 188.

수적인 분위기로 인해서 마이브리지는 당시 사람들이 벌거벗고 일상적인 생활을 하는 모습들을 사진으로 찍었다는 이유로 비난받았다.

〈그림 4〉는 에드워드 마이브리지의 〈계단을 내려가는 여자〉[1887]라는 작품이다. 마이브리지의 작품은 저속 촬영인 타임랩스 기법을 활용했기 때문에, 일련의 정지 사진일지라도 피사체의 움직임에 대한 인상을 얻을 수 있었다. 타임랩스 사진은 장면의 이미지를 초당 1프레임으로 캡처한 다음 초당 25프레임으로 재생할 수 있다. 이렇게 하면 일반적으로 사람의 눈에 미묘하고 느리게 나타나는 과정(예: 하늘의 태양과 별의 움직임 또는 식물의 성장)이 두드러진다. 따라서 타임랩스는 스톱 모션 애니메이션과 비슷한 기술이다.[13] 마이브리지는 미국 서부와 중앙아메리카의 풍경을 찍는 사진가로 당시 명성을 누렸지만, 스스로를 풍경 사진작가보다는 인간의 시각적 인식능력의 한계를 넘어서 지각(시각)의 분절화된 단위를 기록하는 예술가로 간주했다. 그의 이러한 성취는 이탈리아의 미래주의와 프랑스의 초현실주의의 발전과 관련된, 인간의 노동과 시공간의 근대적 합리화 과정에 기여한다.

비슷한 시기에 유럽의 사진작가 에티엔 쥘 마레는 이와 유

---

13. Alexander Refsum Jensenius, "Some Video Abstraction Techniques for Displaying Body Movement in Analysis and Performance," *Leonardo* Vol. 46, No. 1, 2013, pp. 53~60.

사한 작업을 조금 다르게 시도한다. 마레는 시간의 사진이라고
불리는, 움직임을 기록하는 동체연속사진술을 연구한 생리학
자이다. 당대의 과학적 성취를 활용한 그의 사진 촬영 기법은
장총 모양의 크로노 사진 총chronophotographic gun이라는 카메라
를 사용한다. 이 카메라에는 하나의 시점에 거의 동시에 일어나
는 움직임을 연속적으로 찍을 수 있는 원형 판이 달려 있다. 그
리하여 마레는 크로노포토그래피 기술, 즉 스트로보포토그래
피strobophotography를 개발했는데, 이는 동일한 사진판에 움직이
는 피사체를 여러 번 노출시키는 기술이다.

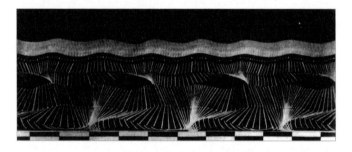

그림 5. 에티엔 쥘 마레, 〈걷는 남자〉, 크로노포토그래피, 1884.

〈그림 5〉는 대표적인 스트로보포토그래피 작품 〈걷는 남
자〉로, 전형적인 크로노포토그래피로 이중인화를 막기 위해
피사체 전체에 검은 옷을 입힌 뒤, 빛을 반사하는 작은 조각을
팔과 다리에 부착한 채 걷는 피사체를 다중 노출로 촬영한 것
이다.[14] 이러한 촬영 장치는 단일 시점으론 볼 수 없는 지각의

범위까지 시간적, 공간적으로 일정 시간의 운동량을 기록하는 이미지를 복원해 냈다. 일정한 시점에서 이미지들을 엄밀한 간격으로 촬영하는 마레의 기법은 마이브리지의 방법보다는 더 과학적이라고 간주할 수 있다. 하지만 시각의 연속과 분절의 관계를 경직되게 표현하여 즉흥성이 떨어진다는 점에서 덜 급진적이라고 할 수도 있다.

인간의 지각 확장의 차원에서, 그리고 영화의 원형인 모션 픽쳐의 탄생이라는 점에서 마이브리지와 마레의 사진들은 대중에게 강한 인상을 남겼을 뿐만 아니라 이후 예술가들에게도 영화적인 것, 즉 무빙 이미지가 얼마나 흥미로운 것인지를 깨닫게 했다.

지금까지 발견된 것 중에서 가장 오래된 영화는 1888년 촬영된 〈라운드헤이 정원 장면〉[1888]으로 보고되고 있다. 루이 에매 오구스탱 르 프랭스는 1881년에 뉴욕에서 애니메이션 사진을 촬영하는 다중렌즈 영화촬영장치를 설계했다. 1886년 르 프랭스는 이 장치에 대한 미국 특허를 신청했고 1887년에 다시 대서양을 건너 유럽으로 돌아와 1888년 영국 리즈에서 단일 유리판에 14개 프레임의 영화를 촬영했다.[15]

---

14. Randolph Blake and Maggie Shiffrar, "Perception of human motion," *Annual Review of Psychology* 58, 2007, pp. 47~53.

15. Irfan Shah, "Louis Le Prince and The Birth of Film in Leeds," 〈Leeds Beckett University Website〉, 2019년 10월 22일 수정, 2023년 8월 10일 접속,

그림 6.
〈라운드헤이 정
원 장면〉

　〈그림 6〉은 기네스북에 남아 있는 가장 오래된 영화인 〈라
운드헤이 정원 장면〉의 20개의 프레임 중 하나이다. 루이 르 프
랭스는 단일 렌즈 카메라와 이스트만의 종이 필름을 사용하여
초당 12프레임으로 2.11초 동안 재생되는 영화를 만들었다. 르
프랭스의 아들 아돌프에 따르면 이 장면은 1888년 10월 14일
영국 요크 카운티의 웨스트 라이딩 지역에 있는 도시 리즈의
라운드헤이에서 촬영되었다. 당시 단일 렌즈가 부착된 마호가
니 촬영상자(카메라) 뒤에서 루이 르 프랭스는 카메라 앞에 있
는 아들 아돌프 르 프랭스, 장인 조셉 휘틀리와 장모 사라 휘틀
리, 지인인 해리엇 하틀리에게 원을 그리며 돌아보라고 하였다.

https://www.leedsbeckett.ac.uk/blogs/leeds-school-of-arts/2019/10/louis-
le-prince-leeds-film/.

영화는 특히 아들 아돌프가 오크우드 그랜지의 정원에서 의식적으로 동작을 과장해서 걸어가는 모습을 전면으로 담았다. 아돌프 옆에는 젊은 여성 핼리엇 하틀리가 움직여 걸으려고 하고 있다. 뒤쪽의 두 노인은 장인과 장모이며, 장모는 뒤를 돌아보고 있고 장인은 뒤돌아 걸으며 코트 자락을 휘날린다. 가장 오래된 영화의 사건은 여성과 남성의 다양한 걸음걸이였다.

몸짓 : 걷는 행위와 시각의 분열

한편 이미지는 (마이브리지의 사진이 그렇듯이) 몸짓의 잠재력을 두 가지 기억으로 보존한다. 하나는 의지적 기억으로 이는 망각되지 않을 때 가능하며 기억하고 있는 것에 한정된 것, 즉 아련한 추억에 상응하는 이미지이다. 다른 하나는 비자발적 기억으로 망각된 것을 불러내는 것이다. 비자발적 기억이 현현할 때 번쩍이는 이미지에 상응하는 초월적인 경험을 하게 된다. 그리고 전자의 기억이 마술적 고립 속에 존재하는 반면, 후자는 그 기억 자체의 범위를 넘어서 그 기억이 일부를 이루는 전체를 가리킨다. 이러한 논의를 바탕으로 하면 영화의 중심은 이미지가 아니게 된다. 몸짓과 관련해 영화는 본질적으로 기억을 둘러싼 윤리와 정치의 문제가 된다.

몸짓은 생산하거나 행하는 것이 아니라 맡고 짊어지는 것이다. 몸짓은 에토스의 영역을 인간의 가장 고유한 영역으로 열어

젖힌다. 그래서 아감벤은 "어떤 방식으로 행동을 맡고 짊어지는 가?"를 묻는다.[16] 이 질문은 다시 말해 "행동은 어떤 방식으로 수행되는가?"이다. 그래서 이는 "단순한 사실은 어떤 방식으로 하나의 사건이 되는가?"이다. 이 질문은 아리스토텔레스가 행위/실천praxis의 유類와 제작/기술poiesis의 유를 구별한 것과 관련이 있다.[17] 아리스토텔레스에게 정치의 목적은 공동체와 개인의 번영이다. 정치학은 그러한 점에서 제작학과 구별된다. 제작학은 직접적으로 공동체와 개인의 번영을 목적으로 하지 않고, 특정한 결과를 목적으로 한다. 가령 조선술은 배라는 결과물, 건축술은 집이라는 결과물, 시학은 관객의 카타르시스라는 결과물을 목적으로 하는 것이다. 그리고 정치학은 다양한 제작학에 질서와 체계를 부여함으로써 공동체와 개인의 번영을 모색한다.[18]

아감벤은 수단 없는 합목적성, 목적과 관련해서만 의미를 갖는 매개성, 목적 없는 수단을 각각 구분한다. 첫째, 춤은 본질적으로 미학적 차원에 속하며 춤 자체가 목적이다. 하지만 춤은 인간의 신체를 매개로 하며 그것은 신체의 움직임이라는 매개적인 성격을 가진다. 그래서 춤은 수단의 차원에서만 몸짓으로 간주될 수 있다. 둘째, 포르노 영화에 등장하는 주인공의 몸

---

16. 아감벤, 『목적없는 수단』, 68쪽.

17. 같은 곳.

18. 아리스토텔레스, 『니코마코스 윤리학』, VI 1140b.

짓은 관객에게 쾌락을 준다는 목적에 종속된 수단이다. 하지만 그 몸짓의 매개성 자체가 수단으로-존재함 속에서 포착되고 중단되는 한에서만 몸짓으로 간주될 수 있다. 이와 달리 무언극(마임)은 목적 없는 순수 수단이 전시하는 몸짓의 매개성을 가장 분명히 보여준다.[19] 이런 식으로 '목적 없는 합목적성'이라는 칸트의 모호한 표현이 비로소 구체적인 의미를 획득하게 된다. "아름다움은, 합목적성이 목적의 표상 없이도 어떤 대상에서 지각되는 한에서, 이 대상의 합목적성의 형식이다."[20] 그리고 "일체의 (객관적인 또는 주관적인) 목적 없이 대상을 표상하면서 주관적 합목적성만이, 따라서 그에 의해 우리에게 대상이 주어지는 표상에 있어 합목적성의 순전한 형식만이, 우리가 그 형식을 의식하는 한에서, 우리가 개념 없이 보편적으로 전달할 수 있는 것이라 판정하는 흡족[만족]을 형성할 수 있으며, 그러니까 취미판단의 규정 근거를 이룰 수 있다".[21] 수단[의 차원]에서 목적 없는 합목적성은 몸짓의 역량이다.[22] 그 역량은 몸짓의 수단으로-존재함 속에서 몸짓을 중단시키고, 그럼으로써만 몸짓을 전시하고 일을 업적으로 만든다.

전위 예술가들은 그라디바와 관련된 다양한 형태의 작품

---

19. 아감벤, 『목적없는 수단』, 70쪽.
20. 임마누엘 칸트, 『판단력 비판』, 백종현 옮김, 아카넷, 2009, 237쪽.
21. 같은 책, 216쪽.
22. 아감벤, 『목적없는 수단』, 71쪽.

들을 제작해 왔다. 특히, 초현실주의와 미래주의 예술가들은 걷는 조형물(이때 젠더는 중요하지 않았다)을 통해 그라디바가 가지는 운동성과 속도감을 회화와 조각으로 재현하였다. 이러한 작품들은 20세기 초에 시각의 해방과 재훈련, 도식화와 관련된 지각적 측면에서 현대예술에 큰 영향을 미쳤다.

〈그림 7〉은 그라디바와 관련이 있는 초현실주의와 미래주의 예술가들의 조형 예술 작품들로, 왼쪽은 뒤샹의 〈계단을 내려오는 누드 No.2〉1912이며, 오른쪽은 보치오니의 〈공간에서 연속성의 한 형태〉1913이다. 이 두 작품은 마이브리지의 〈계단 내려오기와 돌기〉1887 혹은 마레의 〈걷는 남자〉1884를 연상시킨다.

그림 7. ◁ 그라디바 관련 뒤샹의 작품 ▷ 보치오니의 작품

뒤샹과 보치오니의 작품은 걸음걸이 자체와 관련하여 역동성을 보인다. 이는 마이브리지와 마레의 사진들에서 영향을 받은 것이다. 뒤샹과 보치오니의 작품 속에서 걷는 여성의 옷은 목부터 발목까지 과장된 두께의 주름으로 표현된다. 왼발은 앞으로 나아갔고 오른발은 발끝이 가볍게 땅에 닿아 있다. 오른발의 밑창과 발뒤꿈치는 거의 수직으로 들어올렸다. 이는 상체를 조금 앞으로 구부린 채 왼손을 살짝 들어 올려 샌들을 신은 발이 보이는 그라디바의 발동작과 유사하다.

1937년, 초현실주의 시인 앙드레 브레통은 리브 고쉬Rive Gauche에 갤러리 그라디바GRADIVA를 열었다. 마르셀 뒤샹은 그라디바 갤러리의 정문에 이중의 그림자 형태로 그라디바 문 Porte Gradiva을 만들었다. 1939년, 앙드레 마송은 소설『그라디바』와 프로이트의 글을 읽고 〈그라디바〉라는 작품을 그렸다. 마송은 초현실주의의 핵심적인 방법론인 자동기술방법을 통해서 상상력을 최대화하여 〈그라디바〉를 그렸다. 그림의 중앙에 있는 이미지는 꿈 속의 석상이 여성의 몸으로 변하며 진짜 여인으로 변하는 순간을 표현하고 있다.

20세기 현대예술의 시발점이 된 마르셀 뒤샹은 시간의 변화에 따라 움직이는 대상을 관찰하여 움직이는 시각 이미지의 현상을 광학적이고 시각적인 경험으로 탐구했다. 이를 통해 시간과 공간을 동시에 표현하였고, 그 결과 안정감 있는 발걸음과 결합된 '고고학'과 '초현실'의 우아함을 작품 속 여성들에게 선사하였다. 이런 방식으로 뒤샹은 회화의 전통을 극복하고, 다중의 시점으로 시간의 지속과 단절을 인식하는 새로운 방식을 제시하였다.

거의 같은 시기에 이탈리아 미래주의자 보치오니는 속도와 역동성, 신기술 및 기계주의 등의 새로운 움직임에 관심을 기울였다. 미래주의자들은 19세기 초 이탈리아의 기성 미술을 비판하면서 전통적인 예술적 가치와 조형 의식에 대한 집착으로 인해서 오히려 이탈리아 예술이 퇴보했다고 단언한다. 그래서 그들은 사진과 영화 같은 새로운 미디어를 활용하여 시대를 재현하려고 노력하였다. 보치오니의 〈공간에서 연속성의 독특한 형태〉는 마치 로봇이나 우주선처럼 기계적이며 기하학적인 형상으로 나타난다. 이러한 미래주의적 접근법은 이후 이탈리아 디자인 산업에 큰 영향을 미쳤다.

요약하자면, 걷는 행위와 시각의 분열은 속도를 추구하는 초현실주의자나 미래주의자 같은 현대 예술가들에게 과거에는 지각할 수 없었던 시간과 공간의 차원을 탐구하는 중요한 대상이 되었다. 이런 작품들은 그라디바에 대한 그들의 상상력이 낳은 결과라고 할 수 있다. 그들은 그라디바를 인간의 의식과 무의식 사이, 그리고 상상과 현실의 경계에서 의인화된 시대적 알레고리로 간주하였다.

이러한 배경 설명을 바탕으로 이제 우리는 동아시아 영화도시에서의 여성 산책자를 이해하기 위한 인식론적 개념 모델로

'그라디바'flâneuse Gradiva를 제시할 수 있게 된다.

여성 산책 : 공공 영역에서의 여성 주체성

여성 산책자에 대한 20세기의 영화적 표현에 관한 이론적 연구로 앙케 글레버의 저작 『산책의 예술 : 바이마르 공화국 문화에서 산책자와 문학과 영화』가 있다.[23] 글레버는 유럽 도시가 모더니즘의 정점에 달했던 바이마르 공화국(1919~1933) 시기에 제작된 독일 문학과 영화를 논하면서 산책자에 주목한다. 그녀는 산책자와 바이마르 시대의 문학·영화와의 관련성을 분석하는 과정에서, 그리고 특히 공공 영역에서의 여성 주체성을 설명하면서 여성 산책female flânerie을 논의한다. 특히 글레버는 발터 루트만의 영화 〈베를린 : 대도시 교향곡〉1927에서의 남성 산책자와 여성 산책자를 비교하면서 양자의 차이를 강조한다.[24]

〈베를린 : 대도시 교향곡〉에서 묘사된, 상점 쇼윈도 앞에서 쇼핑하는 여성은, 마네킹과의 경쟁에서 자기 이미지를 확인한다. 그러면서 그녀는 상품과 분위기를 반영하는 상점의 이미지 안에서 다른 여성들을 하나의 이미지로 평가한다. 상품가치의 교환을 통해 여성은 상품 판매자와 다른 구매자들의 시선을

---

23. Anne Gleber, *The Art of Taking a Walk*, Princeton University Press, 1999.
24. 같은 책, p. 184.

즉각적으로 인식하고, 그 과정에서 자신의 가치를 경쟁적으로 비교하게 된다. 이러한 상황에서, 상점 쇼윈도를 바라보는 여성의 시선은 그녀 자신이 사라지는 것을 의미한다. 그녀의 이미지는 그녀의 시선이 외부 세계를 만나기도 전에 대상이 되어 유리에 반사되고 무한한 이미지로 굴절된다.

여성 산책의 잠재력은 이러한 상품의 거울 반응에 대한 무한한 굴절로 분절되어 버린다. 이러한 미로에서 벗어나는 유일한 탈출구는 그녀가 자기만의 방식으로 외부 세계를 되찾는 것이다. 이미지와 가치에 대한 상호 텍스트성과 자기반영성은 낯섦uncanny과 어려움에도 불구하고 도시산책을 수행하는 여성의 현존성에 의존하게 된다. 시장의 경쟁과 비교 법칙은 이러한 과정을 거치는 주체 안에서 거부 반응을 유발한다. 그녀가 스스로의 능력으로 능동적인 관객이 되어야만, 여성의 유토피아적 시선은 그녀 자신의 이미지를 초월할 수 있다.

그림 8.
〈베를린:대도시 교향곡〉(1927)의 상점 윈도우와 여성 마네킹

〈그림 8〉은 발터 루트만의 〈베를린:대도시 교향곡〉의 한 장면으로, 백화점과 상점의 윈도를 바라보는 남성과 여성의 뒷모습, 그리고 여성의 의복과 마네킹이 전시된 모습을 보여준다. 여기서 유리창 너머의 여성 마네킹과 유리창에 비친 남성 산책자의 이미지는 쇼핑으로 자기 이미지에 대한 완벽함을 추구하는 여성 산책자의 목적을 드러낸다. 백화점의 산책자와 윈도 쇼핑객은 주로 여성이며 이들은 무심하게 도시를 돌아다니면서도 예리한 시선으로 주변을 관찰하는 식의 도시산책을 하지 않는다. 쇼핑몰은 여성 자의식의 중심지로 기능하며, 그러한 공간은 배회하는 도시산책의 절시증을 차단하려는 여성의 규범적인 이미지로 가득 차 있다.[25] 글레버는 여성이 의류 판매장의 진열창을 응시하는 상황 그 자체를 분석한다.

무성 영화 시대의 〈베를린:대도시 교향곡〉은 베를린을 영화적으로 과시하였다. 이 영화는 관객을 베를린 거리와 수로, 공원, 기차와 엘리베이터, 롤러코스터, 공장, 건물, 카바레, 고층 빌딩 등으로 안내하기 위해 일 년에 걸친 촬영을 1시간 분량으로 압축한 전위적 다큐멘터리로, 1920년대 역동적인 산업화 시대 베를린에서 인간과 기계가 교차하는 경험을 기계 장치의 작동에 맞춰서 포착했다. 특히 글레버는 창문을 응시하는 여성 쇼핑객과 산책자를 통해서 '여성 산책자'가 어떻게 관찰자 주체

---

25. 같은 책.

로서 발견되는지, 그리고 어떻게 그녀의 응시가 그녀 자신에게 돌아오는지에 관해 고민한다.

　여성이 어디를 가고 무엇을 보든지, 이들은 자신의 이미지와 가치를 영구적인 고찰과 평가에 종속시키고 적용하는 (자기-) 비판적 시선으로 세상을 바라보게 된다.[26] 수전 벅모스는 여성은 "스스로를 대상화한다. 그녀는 아무도 보지 않는 상황에서도, 전시되지 않은 상황에서도 자신을 끊임없이 보여지는 존재로서 간주하고 자기 자신의 자유를 방해한다."[27]고 말한 바 있다. 벅모스는 시선에 대한 자기 구속을 통해서 여성이 어떻게 자기 자신의 자유를 스스로 방해하는지를 서술하고 있다. 이러한 맥락에서 여성 산책자가 가지는 기존의 대상화를 묵시적으로 뒤집는 이러한 지각의 행위는 이미지로서의 여성의 배타적 지위에 대한 저항일 수 있다. 그리고 이것은 여성 자신의 응시가 새로운 외부 세계를 열어갈 수 있는 첫걸음임을 표현하는 것이다. 이런 도시 경관을 중심으로 구성된 공간은 또 다른 영역인 영화의 관음증에서 미리 구성되어 있다고 볼 수 있다.

그라디바와 관련된 영화들

---

26. 같은 책.

27. Susan Buck-Morss, "The Flaneur, the Sandwichman and the Whore," *New German Critique*, No. 39, 1986, p. 125.

소설 『그라디바』를 영화화한 작품들을 살펴보자. 우선 이탈리아 배우이자 영화감독인 조르지오 알베르타치[28]의 〈그라디바〉[1970]가 있다. 이 영화에서는 고대 부조 조각 '걷는 여성'을 발굴한 고고학자가 신비한 여성에 대한 꿈을 반복해서 꾸는데 꿈속에서 그는 자신을 피해 달아나는 그녀의 형상을 쫓는다. 영화는 시각적으로는 초현실주의적 기법을 따르며, 구조는 프로이트의 정신분석학을 참조하고 있다.

그라디바와 관련된 다른 영상물로는 레이몽드 카라스코[29]의 1978년 단편영화 〈그라디바 스케치〉[30]가 있다. 카라스코는 〈그라디바 스케치〉에서 그라디바에 대한 프로이트적 정신분석학과 거리를 두고, 그 대신 페미니즘적 시각의 단초를 제안한다. 한 여성이 두 개의 돌 사이를 뱀처럼 한 걸음 한 걸음 나아가는 이미지는 우리를 망상 속에 빠져들게 한다. 여성이 고대의 돌을 밟는 행위를 엄숙한 의식처럼 반복하는 것은 부분이 전체를 나타내는 제유법의 표현이다. 이는 욕망의 물신주의화에 대한 시적 구성으로서 프로이트적인 독해에 역행한다. 여성 발의 우아한 움직임은 남성 욕망에 관한 기표를 넘어서 대상

---

28. 알베르타치는 알랭 로브그리예가 쓴 시네-소설을 원작으로 한 알랭 레네의 〈지난해 마리앵바드에서〉(1961)에 출연하기도 했다.

29. 카라스코는 영화와 인류학을 철학적으로 결합하려 시도했던 철학교수이자 영화감독이었다.

30. Gradiva Esquisse 1 (1978, France, 16mm, 25min) / Filmmakers Raymonde Carasco (France, 1933~2009).

그 자체가 기의로 보이는 것이다.

2006년 프랑스 작가 알랭 로브-그리에가 시네로망을 출판하고 영화로 발표한 것이 〈그라디바가 당신을 부른다〉[2006]이다. 극 중에서 외젠 들라크루아의 작품을 연구하던 주인공 존 로크는 연구를 위해서 모로코 중앙부에 있는 도시 마라케쉬로 간다. 그곳에서 그는 신비한 여성과 마주치게 된다. 그 여성은 그를 유혹하여 미로 같은 거리로 그를 끌고 다니다가 사라진다. 그 뒤 그는 아시아 미술품 중개인을 만나게 되면서 점점 더 알 수 없는 세계로 끌려들어 간다. 여기서 영화의 공간은 인물의 걷기를 따라 보여지는 주변 환경에 대한 지각을 강화시킨다. 관객은 이 영화를 볼 때 시간보다는 공간에 대해 더 강화된 인지 과정으로 인해서 영화적 지도를 인식하게 된다.

이제 여성이 주인공으로 등장하며 여성의 도시의식과 몸짓을 담은 영화들을 살펴보자.

우선 대표적인 작품으로 아녜스 바르다의 〈5시에서 7시까지의 클레오〉[1962]가 있다. 이 작품은 파리를 가로질러 만들어 낸 지도와 같은 영화다. 마치 수 세기에 걸쳐 형성된 파리의 모습을 30분 정도의 시공간 안에 압축해서 보여주려 했던 발터 벤야민의 요구에 대한 응답인 듯하다.[31] 영화는 클레오가 암 진단 결과를 기다리는 동안 도시를 걷는 모습을 중심으로 전개되고

---

31. Benjamin, *The Arcades Project*, p. 83.

있다. 길거리에서 개구리를 먹는 남성을 목격하기도 하고 공원에서 거닐다 알제리에서 휴가를 나온 군인과 만나기도 한다. 그녀가 걷는 행위는 누벨바그의 흐름 속에서 가식적인 자아를 버리고 진정한 자아를 발견하기 위한 몸짓이고 하나의 정체성으로 규정되는 것을 거부하는 실천이다. 결국 클레오가 걷는 행위는 새로운 정체성으로 나아가려는 몸짓으로 볼 수 있다.

도시산책에 대한 예술 영화로는 다음과 같은 작품이 있다. 크리스토퍼 놀란의 독립영화 〈팔로잉〉1998의 주인공인 젊은 작가는 소재를 찾기 위해 낯선 사람을 미행하기 시작하면서 범죄에 휘말리게 된다.[32] 〈팔로잉〉의 주된 소재는 여성에 대한 시각적 포착이며 영화는 그 여성의 도시 속 걸음을 따라 전개된다. 그래서 이 영화는 여성의 걸음과 관련이 있다. 영화에서 주인공이 걷는 것은 하나의 사건이다. 그 사건에는 이유가 있고 시작점과 도착점이 있다.

호세 루이스 게린의 〈실비아의 도시에서〉2007는 포우의 「군중 속의 남자」처럼 한 남성이 노상 카페에서 군중을 관찰하면서 이야기가 시작된다. 첫 장면에서 화가인 주인공은 그릴 대상을 찾아 도시의 여성들을 관찰하고 쫓고 있다. 영화는 남자 주인공이 실비아라는 여성을 찾는 과정과 그를 통한 도시

---

32. 이 영화와 소재 면에서 유사한 작품으로는 소피 칼의 〈베네치아 연작〉(1980)이 있다. 이는 장소 특정적으로 구성된 퍼포먼스로, 파리에서 두 번 마주친 낯선 이를 쫓아 베네치아 여행을 미행한 과정을 사진으로 담아낸 작품이다.

에 관한 탐구로 구성된 앰비언트 시네마33이다. 이 영화는 미행하는 남성의 시점에서 실비아가 걷는 모습을 포착한다. 실비아는 남성이 앉아 있던 카페에서 처음 화면에 등장한 뒤로 스트라스부르를 걸어 다니고, 남성은 그녀를 따라 도시를 걷는다.

이 책은 도시의 거리를 걷는 여성이라는 테마에 집중해 〈작은 마을의 봄〉1948과 〈부용진〉1986에 주목해 보고자 한다. 〈작은 마을의 봄〉이 제작되었던 시점은 1948년 중국의 국공내전이 끝나고 1950년 한국 전쟁이 일어나기 전이다. 〈부용진〉은 시기적으로 중국의 문화혁명(1966~1976년)과 1992년 경제 개방 사이인 1986년에 제작되었다. 그리고 1963년에서 1982년까지의 중국의 작은 마을 부용진을 배경으로 하고 있다. 이 두 작품은 중국 현대사의 전환기이자 과거의 사회적 통념이 무너지고 새로운 시대적 가치가 대두되던 시기, 중국의 한 작은 마을을 배경으로 하는 일종의 원형적인 작품이며, 미학적으로 독특한 위치에 있다는 공통점을 지닌다. 〈작은 마을의 봄〉은 〈부용진〉에 비해서 40여 년 앞서 제작되었음에도 장르적으로는 더 탐미적인 지점이 있다. 이는 중국영화들이 일반적으로 공산주의 영화미학, 곧 사회주의 리얼리즘의 프로파간다 경향을 완전

---

33. 앰비언트 영화(ambient cinema)는 플롯이 구체적이지 않고 객관적이고 친밀한 관점을 통해 캐릭터에 집중하는 것을 특징으로 한다. 관객은 인물이 이동하는 공간 이미지와 디제시스적인 사운드로 구성되는 롱테이크 장면에서 인물의 삶을 인지한다.

히 벗어나기 힘들기 때문인 것으로 보인다.

〈작은 마을의 봄〉은 1946년 전후 봄이 온 중국 남부의 작은 마을을 배경으로 시작한다. 마을의 다이 가문엔 몸이 허약한 다이 리얀(석우)과 그의 아내 주유웬(웨이웨이)이 살고 있다. 어느 날 리얀의 친구 장 지첸(이위)이 의대를 졸업하고 고향으로 돌아와 옛 친구인 리얀을 치료한다. 유웬은 리얀과 결혼하기 전에 지첸과 사랑했던 사이였다. 유웬은 옛 시절 풋풋한 사랑을 나누었던 첫사랑 지첸을 남편의 친구 이상의 감정으로 대하게 된다. 이러한 설정은 무르나우의 〈선라이즈:두 사람의 노래〉의 설정과 유사하다. 무르나우의 영화는 세련된 도시여성이 시골에 와서 시골 남성을 유혹해 그의 아내를 죽이게 하려 하지만 결국 시골 남자가 계획을 수행하지 못하고 뉘우치는 이야기이다. 〈작은 마을의 봄〉에서는 〈선라이즈〉의 젠더적 설정만이 달라진다. 세련된 도시 남성이 시골에 와서 병든 남편을 돌보는 아내를 유혹해 도시로 떠나자고 제안하지만 끝내 그녀는 거절한다.

〈작은 마을의 봄〉의 페이무 감독은 다음과 같은 영상미학을 보여준다. 첫째, 여성의 내적 독백을 오프스크린 음성으로 들려줌으로써 연극무대와 같은 한정된 실내 공간 속에서도 심리적 깊이와 복잡성을 창조해 냈다. 둘째, 감독은 세심한 리허설과 즉흥 연기를 동시에 사용하여 배우들이 역할에 편안히 몰입할 수 있게 했다. 셋째, 경극 무대에서 차용된 몸짓을 연극적인 장면에서 사용하여 중국인의 몸짓을 창조한다. 넷째, 페이무는 롱테이크 미학을 보여주는데, 이는 연극에서 빌려온 요소를 순수한 영화적 스타일로 바꾼 것이다. 다섯째, 배우들의 대사는 최소화되었고 인물들의 복잡한 관계는 절절한 눈빛과 미묘한 몸짓을 통해 표현된다. 여섯째, 장면 사이를 컷 대신 디졸브로 연결하여 영화 속에서 인물들의 로맨틱한 관계가 복잡하게 뒤얽혀 있음을 반영한다.

〈작은 마을의 봄〉에서 의상은 인물의 정체성을 상징하는 운명의 소도구로 사용된다. 남성은 서양 정장을 입으며, 반면에 여성은 중국 전통의상인 치파오를 입는다.

그림 9. 〈작은 마을의 봄〉, 치파오를 입은 유웬과 양복을 입은 지첸

〈그림 9〉의 왼쪽 스틸컷에서 주유웬(웨이웨이)은 장바구니와 약통을 들고 있다. 이는 그녀가 병든 남편의 아내로서 해야할 젠더적 역할을 강조하고 있다. 오른쪽 장면에서 경극의 몸짓은 유웬이 스카프를 착용하거나 스카프를 이용해 얼굴을 가리

며 매혹적인 몸짓을 만들어 낸다. 이들은 각각 중국의 전통의 상인 치파오와 서양 의상인 양복을 입고 있다. 건물들의 폐허 속을 걷고 있는 유웬이 입고 있는 치파오는 여성으로서의 신체성을 강조한다.

이 영화에서 건축, 의상, 소품의 조형적 특징은 탐미적인 스타일이다. 페티시룩의 의상과 크리셰한 소품은 주인공의 정체성과 감정을 드러내고 있다. 이 작품은 왕가위의 〈화양연화〉 같은 작품들에서 나타나는, 자의식을 가진 도시의 관찰자-주체로서의 현대 중국 여성의 원형적인 표준을 제시한다.

다음으로 시에진 감독의 〈부용진〉[1986]은 1970년대까지의 중국 고전영화와 1980년대 초부터의 중국 뉴웨이브 영화를 연결하는 과도기에 탄생하였다. 〈부용진〉은 1963년부터 1982년까지 20여 년 동안 변화하는 공간과 인물들의 모습을 놀라울 정도로 세밀하고 생생한 감정 묘사를 통한 여성의 주관과 자의

그림 10. 〈부용진〉, 골목 청소와 청소 후 서로의 발을 씻어주는 장면

식을 표현하고 있다.

〈그림 10〉은 〈부용진〉에서 주요 인물들이 골목길 청소를 하고 서로 발을 씻어주는 장면이다. 이렇게 영화에서 주인공들은 1960년대 후반 문화대혁명의 인민재판 끝에 골목 청소를 맡게 된다. 참혹한 상황 속에서도 피어나는 그들의 사랑은 거리를 청소하는 반복적인 빗질을 통해서 형상화된다. 그 시대의 감정 구조는 문화대혁명을 이끌던 중국 지도자의 이미지와 더불어 문화대혁명 당시 중국의 작은 도시의 골목길을 청소하던 한 부부의 촉각적 사운드를 통해서 형상화된다. 인물들의 몸짓(표정과 걸음)은 역사적 사건을 겪은 개인이 체화해 낸 기억의 최소 저장소 단위이다. 즉, 배우들의 몸짓은 중국 현대사에 대한 기억의 저장소로 들어가는 문의 열쇠이자 영화적 기억의 촉매제가 된다.

그리고 영화에서 눈, 맷돌, 빗자루, 쌀두부 등의 다양한 소품이 영상미학의 서사 장치로 활용되고 있다. 역사와 기억, 국가와 개인의 접점에서 시에진 감독의 작품들은 사실주의 전통을 이어받으면서도 피할 수 없는 역사적 상황 속에 놓인 개인의 비참한 운명과 끈질긴 생명력을 아름다움과 함께 표현하였다.

영화 속 도시의 거리와 건축물에서의 여성의 걷기는 극 중에서 서사적 장치로 사용될 뿐만 아니라 시대적 배경을 형상화한다. 나루세 미키오의 〈여자가 계단을 오를 때〉[1960]와 이만희의 〈귀로〉[1967]에서 '여성 산책자' 여주인공들의 걷기는 도시와 시대를 건축적으로 형상화할 때 사용되며 그녀의 삶을 그리는 서사적·상징적 장치로서도 사용된다. 게이코가 도쿄 긴자의 밤거리를 걷는 모습이 나오는데 이때의 게이코 야시로(타카미네 히데코)는 그녀의 직업과는 무관하게 산책자로서의 면모를 보여주고 있다. 〈귀로〉에서 아내(문정숙)는 남편의 소설을 신문사에 가져다주기 위해 서울역과 종로의 계단과 육교 위를 젊은 신문 기자와 함께 혹은 그녀 홀로 관통하듯 걷는다.

그림 11. 계단을 오르는 여성, ◁ 〈여자가 계단을 오를 때〉 ▷ 〈귀로〉

〈그림 11〉의 왼쪽 스틸컷은 〈여자가 계단을 오를 때〉의 한 장면이다. 주인공 게이코(다카미네 히데코)는 교통사고로 남편을 잃은 미망인으로, 술을 파는 바의 마담으로 생계를 유지한다. 그녀의 일터는 손님들이 술을 마시는 곳이며 그렇기 때문에 그녀가 손님들에 의해 성적으로 대상화되는 공간이다. 그래서 그곳으로 올라가는 계단은 게이코가 가족을 부양하기 위해 어쩔 수 없이 오르는 전환의 공간이다. 〈여자가 계단을 오를 때〉는 어려운 처지에 있는 게이코가 환경에 굴하지 않고 끝내 품위 있고 고귀한 여성으로서 당당히 자신을 지켜내는 모습을

그려낸다.

〈그림 11〉의 오른쪽은 이만희의 〈귀로〉의 한 장면이다. 여주인공인 아내(문정숙)는 한국 전쟁에서 다리를 잃고 불구가 된 남편 동우(김진규)가 쓴 소설의 원고를 출판사에 전달하는 일을 반복하는 외로운 여성이다. 그녀는 남편을 돌보기 위해 동우의 방으로 연결된 계단을 오르내린다. 어느 날 그녀는 서울 종로에 있는 출판사에 원고를 전달하다가 우연히 강 기자를 알게 된다. 그녀는 남편을 벗어나 강 기자와 함께하고픈 욕망과, 불구의 남편에 대한 연민의 갈림길에서 고민한다. 그런 그녀에게 동우의 방으로 가는 계단은 가부장적 사회가 그녀에 가하는 억압인 동시에 고통을 상징한다. 그녀는 남편의 원고를 출판사에 전달하는 과정에서 서울역, 종로 등 서울의 공간을 걸으며 해방, 자유와 일탈의 순간을 경험하게 된다. 이러한 여성 캐릭터들의 모습은 젠더 수행성의 중요성을 부각하는 한편, 장르 영화에서 여성 산책자의 응시와 몸짓을 통해 개인과 사회, 그리고 성의 교차점을 탐색한다.

다만 이런 연구에서 발생하는 문제점은, 여성 모빌리티의 최소 단위인 걷기에 대한 분석이 미세한 관계에만 집중하게 되는 점이다. 그래서 이 책은 지엽적인 관계 분석을 줄이고 핵심을 강조하려 한다. 이 책은 여성의 걷기가 감성적인 영화적 지도그리기를 수행하는 핵심적인 단초라고 본다.

여성의 몸과 몸짓에 대한 페미니즘 이론들

여성의 몸과 몸짓에 대한 페미니즘 계열의 논의로 다음 두 연구를 살펴보자. 첫째는 산드라 바트키의 여성의 몸에 대한 논의이며 둘째는 아네트 쿤의 성적 위장과 영화에 대한 이론이다.

우선, 바트키는 근대의 '유순한 몸'을 생산해 내는 훈육적 관행에 대한 미셸 푸코의 철학에 기초한다. 그러면서 젠더에 대한 인식에 도전하는 주디스 버틀러의 젠더 수행성 이론을 참조하여 남성의 몸과 여성의 몸 그리고 그들의 몸짓을 비교 논의한다.[34] 바트키는 이를 3단계의 논리적인 과정으로 설명한다. 첫 번째 단계에서 바트키는 푸코가 도구적 육체를 훈육하고 지배하는 기관과 그곳의 제도가 가지는 권력의 메커니즘을 논의하면서 마치 남성과 여성의 육체적 경험이 동일한 것처럼, 근대적 삶의 제도와 동일한 관계를 맺고 있는 것처럼 다룬다고 비판한다. 두 번째 단계에서 바트키는 주디스 버틀러의 이론을 다음처럼 차용한다. 우리는 남자나 여자로 태어나는 것이지 남성이나 여성으로 태어나는 것은 아니므로 여성성은 후천적으로 습득하는 것이다. 그런 만큼 다양한 육체의 양식들을 통해 기존의 성규범을 전복하고 새로운 성규범을 정립해야 한다.[35] 세 번째

---

34. 샌드라 리 바트키, 「푸코, 여성성, 가부장적 권력의 근대화」, 『여성의 몸, 어떻게 읽을 것인가?』, 윤효녕 외 옮김, 한울, 2001, 205쪽.
35. Judith Butler, *Gender Trouble*, Routledge, 1990.

단계에서 바트키는 푸코와 버틀러의 연구에 기반을 두고 여성적인 몸을 만들어 내는 종속의 형식들을 파악하고자 한다. 그래서 남자의 몸보다 더 유순한 여자의 몸을 만들어 내는 훈육적 관행에 대한 젠더적 설명이 필요하다는 점을 탐색한다.

아이리스 영은 몸짓, 자세, 동작과 일반적인 신체 행동에는 중요한 젠더적 차이가 있다고 주장한다. 그녀는 여성이 처신과 활동 공간 면에서 남성보다 훨씬 더 많은 제약을 받고 있다는 점에 주목한다.[36] 그래서 여성은 일정한 공간에 둘러싸여 있다고 상상하고 그 공간을 넘어가기를 주저한다고 지적한다. 이런 관점에서 보면, 여성 캐릭터들의 이동은 제약된 공간을 넘어서려는 시도이자 자유로워지려는 표현이다. 여성의 동작, 몸짓, 자세에는 종종 우아함과 긴장감이 동반되며, 성적 매력을 겸손하게 억제하여 보여주는 것으로 훈육되곤 한다. 이러한 현상은 여성이 몸을 뻗거나 펴는 등의 운동이나 몸의 움직임에 관한 자유로움을 제약하는 것으로부터 나타나게 된다. 이는 몸의 움직임이나 공간의 활용에 제한이 생기게 하며, 때로는 여성을 응시의 대상으로 만드는 결과를 초래한다. 여성에게 공간은 자유롭게 신체적 의도를 실현할 수 있는 들판이 아니라, 오히려 어떤 방식으로든 그들을 가두려는 울타리처럼 느껴질 수 있다. '풀어진' 여성, 즉 이러한 제약과 규칙을 위반하는 여성의 말씨와 행

---

36. Iris Young, "Throwing Like a Girl," *Human Studies* 3, 1980, pp. 137~156.

동 방식은 단정치 못하다고 도덕적 비난을 받는다.

여성의 얼굴은 몸과 마찬가지로 복종의 표정을 짓도록 훈련된다. 남성이 빤히 쳐다보면 여성은 눈길을 돌리거나 아래로 내릴 것이다.[37] 여성의 시선은 보는 이로서의 주권적 지위를 주장하지 못하도록 훈련된다. 여성은 성장 과정에서 보고 싶다고 해서 무엇이든지 또 누구든지 가리지 않고 쳐다보는 '헤픈' 여성이 되지 않기 위해 대담하고 분방하게 주시하지 말라고 배운다. 여성은 또 남성보다 더 많이 미소 짓도록 훈련받는다. 다른 문제에서도 그렇지만 미소의 경제에서도 여성이 착취당하는 것은 분명하다. 여성은 돌려받는 양보다 더 많은 미소를 주기 때문이다. 미소 유발에 관한 연구에서 한 연구자는 여성의 미소 응답률이 93%인 데 비해서 남성의 경우는 67%에 불과하다는 것을 밝혀냈다.[38] 여성이 종사하는 직종들에서 우아함, 복종심, 봉사정신은 하는 일의 일부가 된다. 그래서 어떤 기분인지와 상관없이 일하는 동안은 미소를 짓고 있어야만 한다.[39] 여성적인 동작, 몸짓, 자세는 긴장감과 아울러서 우아함을, 그리고 겸손으로 억제된 어느 정도의 성적 매력을 보여주어야 한다.[40]

아네트 쿤은 저서 『이미지의 힘 : 재현과 섹슈얼리티』에서

37. 바트키, 「푸코, 여성성, 가부장적 권력의 근대화」, 216쪽.
38. Nancy Henley, *Body Politics*, Prentice-Hall, 1977, p. 176.
39. Arlie Hochschild, *The Manged Heart*, University of California Press, 1983.
40. 바트키, 「푸코, 여성성, 가부장적 권력의 근대화」.

복장 전도transvestism에 대해 언급하며, 이는 연기와 젠더정체성 구축 그리고 성적 차이라는 두 가지 담론을 결합한다고 주장한다.[41] 행위-주체는 일상생활 속의 젠더정체성을 이해할 때만 연기를 구체적으로 수행할 수 있다. 연기는 시각적인 피사체로서의 배우가 타인에게 보이고자 하는 의도를 품고 하는 행동이다.[42] 배우의 역할은 연기자의 '진정한 자아'를 가면 안에 숨기고 다른 사람인 듯 행동하는 것이다. 위장은 가면이며, 많은 연기학교에서는 관객이 연기에 속으면 속을수록 더 훌륭한 연기라고 가르친다. 연기는 허구적으로 취한 페르소나와 진정한 자아 사이의 거리를 유지하면서 주체를 구축하는데, 그 주체는 역할과 자아의 차이에 의해 고정되면서 역설적으로 그와 동시에 연기 행위 자체에서 비롯한 여러 의문을 불러일으킨다. 왜냐하면 '진정한 자아'와 달리 연기는 변화하는 자아의 가능성, 주체의 유동성을 제공하기 때문이다. 젠더정체성과 성적 차이에 관한 담론은 생물학적 성, 사회적 젠더, 성적 동일성, 성적 대상 선택을 둘러싼 다양한 개념을 한데 묶는다. 이것을 젠더정체성 개념으로 통합하는 것은 역사에 근거를 둔 이념적 프로젝트이며, 그 것의 최종 목표는 이성적이고 정립된 정체성을 인간 주체가 지닌 단일하고 당연한 고정된 속성으로 설정하는 것이었다. 이러

---

41. 아네트 쿤, 『이미지의 힘』, 이형식 옮김, 동문선, 2001, 70~71쪽.
42. 같은 책, 73쪽.

한 프로젝트 내에서 모든 인간은 일반적으로 젠더를 기준으로 구분되어 있으며, 인식과 섹슈얼리티에 대한 담론을 촉발하게 된다.

더구나 이념적으로 보면, 젠더의 정체성은 절대적이며 인간 주체의 근원에 위치한다. 젠더는 결정적으로 우리를 규정하며, 따라서 젠더에 의해 구분되지 않은 주체는 인간이라고 볼 수 없다. 다시 말해, 인간은 젠더로 구분되는 주체다. 이로 인해 고정된 주체와 젠더로 구분된 주체는 이념적으로 동일한 것처럼 보인다. 복장 전도는 퍼포먼스와 젠더정체성의 다양한 의미를 특정하게 작동시키며 재구축하는 역할을 한다. 이러한 의미는 수많은 축을 가로질러 종종 상반되는 방식으로 나타난다.

복장 전도에는 본질적으로 의복이 포함되어 있으며, 의복 자체가 의미를 지닌다. 그중에서도 가장 두드러지는 의미는 문화적 젠더에 대한 것이다. 우리 사회를 비롯한 많은 사회에서 의복은 젠더를 드러내며 착용자의 정체성과 성적 차이를 표현한다. 그러나 이처럼 의복을 개인의 젠더정체성과 동일시하고, 자아와 동일시하는 것은 모순의 지뢰밭으로 뛰어드는 것이다.

의복은 젠더정체성의 고정된 표시가 아니라, 착용자의 자아를 위장하거나 변형하거나 심지어 재구축할 가능성을 가진다. 의복은 가장하는 능력이 있으며, 의상은 마스크가 될 수 있다. 다시 말해, 의복은 퍼포먼스를 가능케 하는 도구다. 변화 가능한 페르소나의 수단이며, 심지어 그것의 실체이기도 하다. 의복이 주체의 이념적 고정성을 전복할 위험이 있는 퍼포먼스의 일부라면, 의복이 전통적으로 의미하던 젠더정체성도 쉽게 변할 수 있다는 결론이 나온다. 옷을 바꾸는 것은 마치 자신을 바꾸는 것이다. 옷을 바꾸면 성sex을 바꿀 수 있다. 의복으로 재현되는 고정된 주체와 젠더정체성이 의복에 의해 위협받을 수 있다는 사실은, 사회가 왜 특정 종류의 복장 전도를 금지하고 다른 복장을 통제했는지를 효과적으로 설명한다. 퍼포먼스 면에서 의복은 가시적인 외양(의복의 의미), 그리고 보이지 않지만 외양보다 더 '진정한 것'이라고 여겨지는 실체(진정한 본성을 의복 아래에 숨긴 사람의 젠더) 사이의 유희를 설정한다.

이처럼 외양과 실체의 이중성을 표현하는 데 있어서 가장 중요한 것은 육체의 근본주의, 기본적인 진실의 최종 중재자로 기능하는 육체적 특성에 대한 어필이다. 일상적인 상황에서 그렇게 해서도 안 되고 많은 사람이 그리하지도 않겠지만 의복은 진실을 드러내기보다 감출 수 있다.[43] 의복은 육체와 의상, '진정한' 자아와 그 위의 가면, 고정된 이념적 젠더와 위장된 페르소나 사이에 거리가 있을 수 있음을 끊임없이 보여준다. 그러한 잠재력을 실현하는 목적의 복장 전도는 이러한 거리를 이용하며, 성적인 위장을 젠더정체성의 고정성과 유동성에 대한 유희로 구축한다. 댄디즘은 멋쟁이를 의미하는 댄디dandy에서 유래

---

43. 같은 책, 76쪽.

한 말로 세련된 복장과 몸가짐으로 일반인에 대한 정신적 우월을 과시하는 태도를 의미한다. 댄디는 육체적 외모, 세련된 언어 및 여유로운 취미에 특히 중점을 두고 자신에게 집중하며 타인에게 무심한 태도를 보이는 사람이다.

성적 차이를 드러내는 방식에서 복장 전도와 댄디즘은 다르지만, 둘 다 의복의 퍼포먼스 측면을 강조하며 아이러니를 작동시킨다. 댄디의 존재에 함축된 아이러니는 관찰자로부터 고의로 거리를 두는 잠재적 효과를 가진다. 젠더화된 육체와 의복 사이의 유희를 통해, 복장 전도는 또한 자기 참조적 공간을 만든다. 이는 복장 전도가 이데올로기에 의해 얽혀있는 육체, 젠더, 성, 정체성, 그리고 주체를 아이러니하게 비꼬고 있다는 것을 보여준다. 복장 전도는 이념의 특정한 표현으로서, 문화적으로 이미 명백한 젠더 구축물의 중심성을 강조하고, 그것을 구축하는 과정에서 젠더정체성을 표시하는 것에 대해 논평한다. 즉, 복장 전도는 젠더적 구축물을 전복하고, 동시에 그것이 관습으로서 존재하는 위치에 대해 아이러니한 평가를 한다.

복장 전도는 젠더정체성의 인위성을 강조하며, 이를 통해 그 정체성을 낯설게 하고 '이상하게 보이도록' 하는 잠재력을 가진다. 이러한 방식으로 복장 전도는 성적 차이라는 우리 문화에서 가장 분명하고 자연스러워 보이는 현상을 낯설게 만드는 힘을 가진다. 그러나 이 잠재력이 실제로 항상 실현되는 것은 아니다. 복장 전도가 성적 차이를 낯설게 하는 가능성이 어떤 경우에는 실현되고, 어떤 경우에는 통제되는지는 그것이 재현되는 맥락을 검토하고, 복장 전도 텍스트가 의미를 형성하는 방식을 통해 연구하는 것이 중요하다. 극영화에서 복장 전도는 일반적으로 젠더정체성의 고정성 여부와 관련되며 이를 서사의 주요 문제로 취급한다. 하지만 이러한 텍스트 내에서 성적 차이의 이념적 고정성이 필연적으로 도전받는 것은 아니다. 이는 서사의 구조와 흐름, 시점 등 다양한 텍스트와 콘텍스트 요소를 고려해야 하며, 서사의 생성·배포·수용을 둘러싼 사회적이고 역사적인 맥락 역시 고려해야 한다.

동아시아 영화 속 소도구와 몸짓

이제 동아시아 국가 중 일본, 한국, 중국, 대만, 홍콩의 작품을 중심으로 인물의 시대적 몸짓과 운명의 소도구를 살펴보자. 특히 동아시아에서 제작된 영화들에서 빠질 수 없는 장르가 바로 무협 영화이다. 그리고 무협 영화와 액션은 떼어놓을 수가 없기에 그 장르의 핵심이 되는 장치는 와이어다. 하지만 중국, 일본, 한국은 무협 영화에서 서로 다른 강조점을 둔다. 일본과 한국은 중국 무협 영화의 와이어 액션보다는 현장감과 리얼리티를 중요시하는 방향으로 나아간다. 우선, 일본은 검을 기본으로 하는 걷고 베는 문화로 간주할 수 있다. 일본은 검이 부딪치는 소리와 빠르고 수려한 발의 움직임을 통해서 과감한 검의 활용이 돋보이도록 움직인다. 숨어있다 나타나기도 하는 나무를 타는 자객들의 날렵한 몸짓도 일본식 액션의 특징이다. 이처럼 일본은 검을 들고 싸우는 장면의 수려함에 집중하는 경향이 있다.

이에 반해서 한국은 활이 발달해 원거리 승부에 강한 문화이다. 17세기 이후 근대화 과정에서는 뒤처지지만, 그 이전까지만 해도 전투에선 이런 원거리용 화약과 관련된 무기들이 주요했다. 멀리서 바라보는 방식은 넓은 초원에서 특유의 기동력을 자랑하던 몽고의 영향으로 보인다. 또 한국은 발을 많이 쓰는 태권도와 택견 때문인지 유독 발의 사용에 집중한다.

다음으로 중국 무협 영화에서는 창을 통해 집단의 승부를 추구하는 경향이 있다. 중국에는 거대한 영토, 수많은 인구만큼이나 다양한 집단이 존재하고 그들의 정체성을 구성하는 몸짓, 그리고 그것들이 모여 만들어 내는 스펙터클은 타의 추종을 불허한다. 중국 무협 영화는 지붕 위에서 위로, 또는 절벽에서 공중 부양하듯 뛰어 날아오르는 장면에 집중하며, 와이어 액션은 중국이라는 거대한 영토와 수많은 인구를 표상하는 매우 사회적인 함의를 지닌다.

여성이 와이어 액션을 수행할 때, 그것은 주로 공격적인 행위와 연관되며 이때 중성적인 움직임이 강조된다. 이를 대표하는 사례는 임청하의 중성적인 몸짓으로, 이는 김용의 『소호강호』1967를 원작으로 한 정소동 감독의 〈동방불패〉1992에서, 그리고 역시 김용의 『사조영웅전』1957을 원작으로 한 왕가위 감독의 〈동사서독〉1994에서 확인할 수 있다. 임청하가 분했던 〈동방불패〉의 주인공 동방불패는 규화보전葵花寶典이라는 특급 무공을 익혀 무술의 고수가 되기 위해 거세를 감행한 남성이 여성화된 캐릭터이다. 또 그녀는 〈동사서독〉에서 여성이자 남성인 다인격체로서의 인물을 연기했다. 이런 식으로 임청하는 1990년대 홍콩 영화에서 여성과 남성의 중간에 있는 듯한 캐릭터를 주로 맡았다. 1986년에는 영화 〈도마단〉에서 남장여자로 출연했고, 1990년대에 개봉한 〈동방불패〉, 〈신용문객잔〉1992, 〈백발마녀전〉1993, 〈동사서독〉에서 그녀는 고유의 카리스마와 중성적인 매력으로 인기를 누렸다. 따라서 〈중경삼림〉1994 속의 금발 여성 임청하의 걸음걸이에는 이런 중성적인 캐릭터의 전형이 녹아들어 있다.

양자경은 홍콩, 중국 본토, 할리우드에서 활동하는 중국계 말레이시아인 배우로 임청하, 장만옥, 장쯔이와 함께 독특하고 강력한 몸짓으로 동양의 여성 캐릭터를 수행적으로 표현해 왔다. 양자경은 1980년대 〈예스 마담〉1985, 〈예스 마담 2〉1986, 〈예스 마담 3〉1987에서의 예스 마담으로 시작해서 〈007 네버 다이〉1997의 웨이 링을 거쳐 〈와호장룡〉2000에 출연하였고 그 작품에서 우아하고 건강한 중성적 캐릭터 유수련을 연기했다. 이런 액션 장면의 핵심은 안무의 극대화라고 할 수 있는데, 실제로 양자경은 영국 왕립발레학교에서 수학한 발레리나 출신이다. 이후 양자경은 〈와호장룡〉 같은 무협 영화 그리고 〈아바타〉의 사이파이 시리즈 영화에서 강력한 여성 캐릭터의 몸짓을 안무로 표현하며 무술 대결 장면에서 이별과 정체성에 대한 고통을 형상화하였다. 그리고 2023년 양자경은 〈더 모든 날 모든 순간〉[44]에서 선보인 에블린의 몸짓으로 아카데미 여우주연상을 수상하면서 아시아 여성만이 아닌 전 세계 여성의 몸짓을 대중문화적으로 표현한 것으로 평가받고 있다.

한편 8살 때부터 무용을 배운 베이징 무도학원 출신인 장쯔이는 〈와호장룡〉에서 양자경과 호흡을 맞추었다. 그 작품에서 장쯔이는 천방지축의 첸유(장쯔이)를 연기하는데 이 영화는 〈동방불패〉와 유사한 엔딩 시퀀스 장면과 이무백(주윤발)과의 대결로 주목받으며 공격적인 여성 캐릭터의 전형을 형상화한다. 그리고 2년 뒤 〈영웅〉2002에서 비설(장만옥)과 월령(장쯔이)의 대결 장면과 〈일대종사〉2013 같은 무협 영화에서 화려한 몸짓을 보여주는 역할을 맡으며 임청하와 양자경의 캐릭터를 잇게 된다.

동아시아에서 이런 중국 여성의 몸짓은 한국의 조폭 느

---

44. 〈더 모든 날 모든 순간〉(2022)에서 에블린은 미국 로스앤젤레스 카운티 샌페르난도에서 어렵게 세탁소를 운영하고 있는데 세무 조사까지 그녀를 힘들게 한다. 하지만 남편은 이혼을 요구하고 딸은 말을 듣지 않는다. 그 순간 그녀는 수많은 자신이 살아가고 있는 멀티버스의 존재를 알게 된다. 다양한 공간을 넘나들며 그녀의 딸, 남편, 아버지, 세금 조사관과의 복잡한 관계를 해결하고자 고군분투한다.

와르 영화와 무협 영화뿐만 아니라 로맨틱 코미디 등 다양한 장르 영화들과도 지속적으로 상호 영향을 주고받고 있다. 특히 〈조폭마누라〉의 차은진(신은경)의 액션 장면, 〈조폭마누라2〉의 신은경과 장쯔이의 대결 장면, 〈조폭 마누라3〉의 아령(서기)이 중요하다. 〈블러드〉의 사야(전지현), 〈친절한 금자씨〉의 금자(이영애), 〈박쥐〉의 태주(김옥빈), 〈악녀〉의 숙희(김옥빈), 〈마녀〉의 자윤(김다미), 〈자객 섭은낭〉의 섭은낭(서기) 등에서도 여성의 공격적인 안무는 중성적인 캐릭터를 탄생시키는 주요한 요소가 되었다.

동아시아 (포스트)모더니티의 도시 서울에서 여성 해방의 표현의 핵심은 모빌리티로서, 이것은 젠더적 몸짓과 관련된다. 논리적으로는 공간을 침투하는 행위인 걷기가 공간에 거주하는 것보다 우선한다. 도시 공간에서 항상 중요한 리듬을 만들어 내는 것은 어떤 움직임의 이동, 흐름과 관련된 모빌리티이다. 그래서 도시에서의 걷기는 사회 활동으로서의 도시화이며 단순히 돌아다니는 행위 이상의 것이다.

21세기 뉴 밀레니엄과 함께 여성의 젠더정체성을 상징하는 새로운 몸짓을 대중문화적으로 가장 잘 표현한 배우는 바로 〈엽기적인 그녀〉에서의 전지현이라고 할 수 있다. 전지현은 데뷔와 함께 광고에서 테크노 춤사위를 보여주면서 여신이라는 별칭을 얻은 이후 폭발적인 인기를 끌게 되어 매우 특별한 위상을 가진다. 배우 전지현의 성공에는 그녀의 (걷기를 포함한) 독특한 '몸짓'이 이바지했다. 표정, 몸의 움직임, 긴 생머리, 음성 언어를 제외한 전지현의 몸짓은 '공격적인', '가냘픈', '강력한' 등의 상반된 의미의 형용사들로 설명할 수 있다.

〈엽기적인 그녀〉 속 전지현의 몸짓은 일본 영화 〈스케반 형사〉[1987]의 고다이 요코(미나미노 요코)와 홍콩 영화 〈예스마담〉[1986]의 미셸 양(양자경) 같은 여성 캐릭터들의 공격적인 몸짓과 유사한 점이 있다. 그리고 〈엽기적인 그녀〉는 일본의 로맨스/멜로 혹은 액션 장르영화들과 공통점을 가진다. 이어서 전지현은 〈블러드〉[2009], 〈도둑들〉[2012], 〈암살〉[2015], 〈킹덤: 아신전〉[2021] 등 각각의 영화에서 뱀파이어, 범죄, 액션, 좀비 장르물에 도전하며 다양한 몸짓을 보여준다. 전지현의 몸과 몸짓에 관한 중요한 특징은 1980/90년대 홍콩을 중심으로 한 중화권 배우들의 영향을 받은 것이다. 당시 홍콩 영화는 중국 무협영화의 서사를 SF 영화, 스파이물, 스릴러, 코미디, 액션, 공포, 에로 영화와 같은 기존의 장르 영화들과 접목하며 새로운 장르를 탄생시켰다.[45] 전지현 이외에도 2000년대 이후 한국에서 이런 몸

---

45. 홍콩 영화에 등장했던 여성 킬러, 무사, 파이터는 〈복성고조〉(1985)의 니시와키 미치코, 〈맹큐마담〉(1988)의 호혜중, 〈폴리스 마담〉(1987)의 이새봉, 〈스트리트 파이터〉(1993), 〈도신2〉(1994)의 구숙정, 〈동방삼협〉(1993)의 매염방, 〈백발마녀전〉(1993), 〈동방불패〉(1992), 〈동사서독〉(1995)의 임청하, 〈예스마담〉(1985)과 〈007 네버 다이〉(1997)의 양자경 등이 있다. 2000/10년대 중국영화들에는 〈검우견우〉(2010), 〈엽문외전〉(2018), 〈더 모든 날 모든 순간〉(2023)의 양자경이 매혹적이지만 공격적인 모순적 여성 캐릭터들을 연기한다. 그리고 장쯔이가 〈와호장룡〉(2000), 〈영웅〉(2002), 〈일대종

짓의 흐름을 잇는 배우로는 〈박쥐〉와 〈악녀〉의 김옥빈, 〈마녀〉2020의 김다미 등이 있다. 이들은 귀여운 외모와 우아하면서도 천진난만한 태도로 자신의 역할을 연기하며, 단호하고 과감한 몸짓으로 전통적인 여성상과는 차별화된 인물을 표현한다. 이들은 공격적이면서 우아하고, 모순적인 중성적 성향을 보여주며, 상투적인 여성의 몸짓을 넘어서는 새로운 스펙터클을 만들어 내고 있다.

사〉(2013)에서 그러한 흐름을 이어간다.

2부

한국, 홍콩, 대만, 중국, 일본의
영화도시 속 여성들

3장 ✦ <엽기적인 그녀> : 서울의 그녀, 전지현
4장 ✦ <화양연화> : 홍콩의 수리첸, 장만옥
5장 ✦ <밀레니엄 맘보> : 타이베이의 비키, 서기
6장 ✦ <여름궁전> : 베이징의 유홍, 학뢰
7장 ✦ <아사코> : 도쿄의 아사코, 카라타 에리카

2부에서는 영화적 공간에서 동아시아 다섯 도시, 즉 서울, 홍콩, 타이베이, 베이징, 도쿄에서 일어난 역사적 사건이 어떻게 그려지는지, 그리고 여성 캐릭터들이 어떻게 그 공간을 돌아다니고, 그 공간에 존재하는지에 주목하였다. 또한, 이 공간이 어떻게 다섯 명의 여성 배우, 즉 전지현, 장만옥, 서기, 학뢰, 카라타 에리카의 몸짓과 얼굴 표정, 목소리를 통해 시각적으로 형상화되는지를 고찰했다.

〈엽기적인 그녀〉

서울의 그녀, 전지현[1]

〈엽기적인 그녀〉의 개요와 위상 및 구조

〈엽기적인 그녀〉2001는 깊은 슬픔에 빠져 있으면서도 발랄하고 종잡을 수 없는 '그녀'와의 만남과 헤어짐, 그리고 그녀를 향한 '견우'의 순애보를 그린 로맨틱 코미디 영화이다.

이 영화의 배경이 되는 뉴 밀레니엄 서울은 표면적으로는 산업화와 민주화를 달성한 곳이다. 그러나 서울은 과거의 전통사회와 선진문화가 공존하고, 자유와 통제가 공존하는 모순적인 공간으로 그려진다. 영화는 서브플롯을 통해 이 모순이 공간에서 어떻게 드러나는지를 보여주고 있다. 견우와 그녀가 놀

---

1. 3장은 남승석, 「'전지현 효과' 개념 제안을 위한 몸짓에 대한 고찰」, 『문화와 융합』 45권 7호, 2023, 879~892쪽을 수정·확장한 것이다.

이동산에서 탈영병의 인질로 잡히는가 하면, 이를 해결하기 위해 군인들이 놀이동산을 가득 채우기도 한다. 이러한 모순적인 상황에서 늘 자신감 넘치는 주인공은 오직 그녀뿐이다.

〈엽기적인 그녀〉에서 '그녀'를 연기하는 전지현의 몸짓은 급변하는 시대상을 반영하는 젠더적 표지로서 작용한다. 영화에서 전지현은 자신감 넘치는 걸음걸이와 공격적인 태도를 보이며 스크린에 등장했다. 그리고 머지않아 청춘의 아이콘이자 아시아를 대표하는 스타로 자리매김하게 된다. 〈엽기적인 그녀〉는 2001년 같은 해에 개봉한 〈조폭마누라〉와 함께 한국 여성의 새로운 시대적 몸짓으로 한류의 분수령을 촉발하는 대표적인 한국영화가 되었다.

이런 맥락에서 우리는 한국영화사에서 영화도시를 걷는 여성의 이미지를 분류하면서 〈엽기적인 그녀〉[2001]의 개봉을 기점으로 삼을 수 있다.

〈엽기적인 그녀〉 이전에는 〈미몽〉[1936]의 애순(문예봉), 〈자유부인〉[1956]의 김정림(오선영), 〈지옥화〉[1958]의 소냐(최은희), 〈하녀〉[1960]의 가정부(이은심), 〈초우〉[1966]의 영희(문희), 〈귀로〉[1967]의 아내(문정숙), 〈영자의 전성시대〉[1975]의 영자(염복순), 〈삼포로 가는 길〉[1975]의 백화(문숙), 〈바보들의 행진〉[1975]의 영자(이영옥), 〈고래사냥〉[1984]의 이미숙(춘자), 〈그대 안의 블루〉[1992]의 유림(강수연), 〈꽃잎〉[1996]의 소녀(이정현), 〈처녀들의 저녁식사〉[1998]의 호정(강수연), 〈해피엔드〉[1999]

의 최보라(전도연) 등과 같이 구습에 얽매이지 않고 사회 전복
적인 몸짓을 보여주는 여성들을 종종 발견할 수 있었다. 그러나
1997년 이전의 한국영화에서 주체적인 행동을 보이는 여성 캐
릭터는 결국 파멸하는 결말을 맞이했다.

2000년대 이후의 한국영화에서 사회 전복 성향을 지닌 새
로운 여성상이 등장한다. 〈엽기적인 그녀〉의 그녀(전지현)를
시작으로 〈고양이를 부탁해〉2001의 태희(배두나), 〈조폭 마누
라〉2001의 차은진(신은경), 〈복수는 나의 것〉2002의 영미(배두
나), 〈친절한 금자씨〉2005의 이금자(이영애), 〈여자 정혜〉2005
의 정혜(김지수), 〈미녀는 괴로워〉2006의 김한나/제니(김아
중), 〈멋진 하루〉2008의 김희수(전도연), 〈박쥐〉2009의 태주(김
옥빈)와 〈마더〉2009의 엄마(김혜자) 등의 여성 산책자들은 가
족에 의존하지 않는 독립적인 면모를 보여주었다.

2010년대에는 삶을 주체적으로 영위하는 여성상이 등장한
다. 트라우마를 일으키는 사건에 관한 과거 기억에 얽매여 수
동적으로 퇴행하는 남성과, 그와 대조적으로 능동적으로 미
래를 위한 해결책을 찾고자 노력하는 여성이 주요한 서사적
장치로 등장했다. 이러한 영화들의 구체적인 사례로는 〈건축
학개론〉의 서연(배수지/한가인), 〈도둑들〉2012의 예니콜(전지
현), 〈수상한 그녀〉2014의 오말순(신은경/나문희), 〈눈길〉2015
의 종분(김용옥/김향기)와 영애(김새론), 〈간신〉2015에서 단희
(임지연), 〈암살〉2015에서 안옥윤(전지현), 〈죽여주는 여자〉2016

의 소영(윤여정), 〈아가씨〉 2016의 이즈미 히데코(김민희)/숙희(김태리), 〈아이 캔 스피크〉 2017의 나옥분(나문희), 〈악녀〉 2017의 숙희(김옥빈), 〈벌새〉 2018의 은희(박지후), 〈나의 아저씨〉 2018의 이지안(이지은), 〈82년생 김지영〉 2019의 지영(정유미), 〈킹덤:아신전〉 2021의 아신(전지현) 등이 있다. 이 여성 캐릭터들은 도시 범죄, 자연재해, 경제위기 등의 역사적 사건을 관통하며 도시를 걷는다. 2020년 초반 〈마이네임〉 2021의 윤지우(한소희), 〈스위트홈〉의 서이경(이시영), 〈더 글로리〉 2022의 박연진(임지연), 〈길복순〉 2023의 길복순(전도연) 등은 여성 캐릭터들이 자신의 힘을 보완하는 다양한 전략을 활용하며 강력한 여성상을 구현하고 있다.

〈엽기적인 그녀〉에서 전지현이 연기한 '그녀'의 몸짓은 시대를 획기적으로 전환하는 순간을 형상화한다. 이 영화는 1997년 IMF 외환위기나 2001년 닷컴버블 붕괴 같은 사건을 직접적으로 다루지는 않지만, 그 사건들 전후의 시기를 배경으로 한다. 이 작품은 동아시아 경제 외환위기가 지나간 직후 한국이 산업화에서 민주화 시기로 넘어가던 2000년대 초의 모습을 로맨틱 코미디라는 장르를 통해 형상화하고 있다.[2]

〈엽기적인 그녀〉와 〈조폭 마누라〉의 공통점은 이성에게 가

---

2. 곽재용 감독은 인터뷰에서 이 영화를 기본적으로 멜로드라마라고 정의하면서, 2년 후 영화 후반부의 장면을 영화의 오프닝 시퀀스로 활용하는 감성적인 프롤로그를 시작했다.

학적인 여성 캐릭터가 주인공이라는 점이다. 그리고 두 영화 모두 주인공이 복장 전도를 통해 성 역할을 전환하며, 성적 차이에서 벗어나는 몸짓을 보여준다. 예를 들면 〈엽기적인 그녀〉에서는 남자 주인공 견우가 주로 여성의 옷을 입었다면, 〈조폭 마누라〉에서는 여주인공 차은진(신은경)이 남성의 옷을 입었다. 이런 점에서 〈엽기적인 그녀〉는 〈조폭 마누라〉와 함께 일본의 〈스케반 형사〉[1987] 등에서 강력한 몸짓을 보여주는 여성 캐릭터 미나미노 요코 그리고 홍콩 무협 영화의 여성 캐릭터 임청하, 양자경의 계보를 이어받아 동아시아 여성의 강력한 몸짓을 구체화하는 한국 작품이다.

영화의 시간 흐름을 이해하기 위해서 시제를 '대과거, 과거, 현재, 미래'로 나누어 볼 수 있다. 이 영화는 기본적으로 비선형적인 구조를 가지며, 우선 '현재'에서 시작해서 플래시포워드[3]로 '미래'로 이동하고, '미래'에서 플래시백으로 '대과거'로 이동한다. 그 후에는 '대과거'에서 '과거'로, 다시 '현재'로 이동하며 이런 흐름을 반복한다. 이를 정리해 보면 다음과 같다.

영화의 구조 : 현재 → 미래 → 대과거 → 과거 → 현재 → 미래
• 현재 : 청년 견우가 언덕 위 소나무 밑에서 그녀를 기다린다.

---

3. 플래시포워드(flash forward) 기법은 이야기가 순차적으로 전개되는 도중 갑자기 다른 장면으로 넘어가도록 하는데, 넘어간 그 장면의 시점은 미래이다.

- 미래 : 견우가 사진관에서 양복을 입고 증명사진을 찍는다.
- 대과거 : 1살 견우가 여자 옷을 입은 사진
- 대과거 : 초등학생 견우가 엄마와 실랑이하는 여탕 앞 사진
- 과거 : 대학생 견우가 그녀와 함께 타임캡슐을 묻고 헤어진다.
- 현재 : 청년 견우가 언덕 위 소나무 밑에서 그녀를 기다린다.
- 미래 : 청년 견우가 영국에서 돌아온 그녀를 만나게 된다.

〈엽기적인 그녀〉는 전형적인 액자구조 즉 이야기 속의 이야기 형식을 지닌다. 이 영화는 프롤로그, 전반전, 후반전, 연장전으로 구성되며, 아래와 같이 요약할 수 있다. '그녀'로만 지칭되는 한 여성이 견우를 만나 사랑을 하려 하지만, 죽은 남자친구를 잊지 못해서 결국 영국으로 떠나게 된다. 하지만 견우는 그녀를 기다린다. 그녀가 한국으로 돌아오자, 죽은 남자친구의 엄마는 자신의 아들과 비슷한 외모의 조카를 그녀에게 소개해 준다. 그런데 그 조카가 바로 견우라는 것을 그녀는 알게 된다.

〈엽기적인 그녀〉의 오프닝 시퀀스는 풍경화로 시작하여 초상화로 이어진다. 영화의 첫 번째 장면은 설정 쇼트establishing shot로, 하이 앵글의 익스트림 롱 쇼트로 잡아낸 기차역의 풍경이다. 이어서 언덕 위에 있는 한 그루의 나무 그리고 그 옆에 서 있는 한 남성의 모습이 보인다. 그 남성의 얼굴 클로즈업 쇼트로 이 장면은 끝이 난다. 기다리는 자가 여성이며 떠나는 자가 남성인 관습적인 서사와 비교하면 이 장면은 전통 서사의 젠더

적 역할을 전복하는 면이 있다.

두 번째 장면의 배경은 사진관이다. 사진관에 앉아 있는 견우의 좌상의 이미지가 거꾸로 보인다. 카메라는 수직 상향하여 앉아 있는 견우를 포착한다. 사진을 촬영하기 직전 견우는 휴대폰으로 걸려온 고모의 전화를 받는다. 견우는 그녀가 떠난 지 2년이 지난 후 그녀와 재회하기 직전 사진관에서 증명사진을 찍고 있다. 견우의 클로즈업은 다시 어린아이(견우)의 얼굴 클로즈업으로 바뀌며, 어린 견우의 풀 쇼트로 확장된다. 어린 견우는 여자아이의 옷(치마와 모자)을 입고 한 손에는 아이스크림을 꼭 쥐고 있다. 복장 전도 개념를 통해 이미지를 분석할 때는 젠더정체성의 인위적 구성을 주목해야 한다. 만약 여아의 옷을 부모에 의해 억지로 입고 있는 남자아이가 아이스바를 손에 꼭 쥐고 있다면, 이는 복장 전도를 통한 젠더적 강요에 대한 아이의 저항으로 해석할 수 있다. 영화에서 이러한 복장 전도가 어떻게 젠더정체성에 대한 인식을 변화시키고, 어떻게 성적 차이에 관한 이데올로기에 도전하는지 고찰해 보자.

이어지는 장면은 초등학생이 된 견우의 얼굴을 클로즈업으로 보여준다. 카메라가 줌아웃되면, 그를 잡아당기는 근육질의 팔뚝이 보인다. 그 근육질의 팔뚝은 그의 어머니로 보이는 여성의 것이다. 어머니는 그를 억지로 '직녀탕'이라고 쓰인 여자 목욕탕으로 끌고 들어가려 한다. 어린 견우의 저항이 좌절되고 여탕으로 들어간다 해도 그는 적어도 자신의 젠더적 경향을 지키고

	주인공의 내레이션	서사적 가설
견우	부모님은 제가 딸이길 원해서 저를 어려서부터 딸처럼 키우셨습니다. 그래서 저는 일곱 살까지 여잔 줄로만 알았습니다. 글구 목욕탕도 엄마하고만 갔습니다. 저는 나이가 들면 꼬추가 점점 작아져서 사라지는 줄로만 알았습니다. 근데, 정반대더군요.	옛날 옛적에 한 남자아이가 있었다. 부모는 그 아이에게 여아의 옷을 입혔고 그는 여성으로 키워졌다. 그래서 젠더정체성과 관련해서 혼동을 경험했다. 하지만 그는 성인 남성으로 성장해서 행복하게 살았다.
그녀	견우야 들려. 견우야 미안해. 나 정말 어쩔 수가 없나 봐. 견우야 미안해 미안해. 나도 어쩔 수가 없나 봐. 난 다르다고 생각했는데. 나도 어쩔 수 없는 여자인가 봐. 견우야 미안해.	옛날옛적에 한 아이가 있었다. 그 아이는 성장했고 다른 여성과 다르게 행동했다. 그녀는 애인이 죽고 새로운 애인을 만났다. 하지만 결국 그녀는 상실의 아픔을 이기지 못하고 멀리 떠났다.

표 2. 〈엽기적인 그녀〉, 젠더정체성에 관한 각각의 내레이션과 서사적 가설

자 노력하고 있다. 이 장면을 코미디처럼 웃기게 만드는 결정적인 요소는 〈표 2〉에 수록된 견우의 내레이션이다.

이 표에서 보는 것처럼 견우와 그녀의 내레이션은 젠더정체성 문제와 관련된다. 견우는 남성성을, 그녀는 여성성을 억압하는 방식으로 젠더정체성을 구성하고 있다. 그와 그녀가 주위의 억압적 상황에 저항했고 결국 한 명의 성인으로 잘 성장했다는 동화의 형식을 서사적 가설로 설정할 수 있다. 이는 각각 엘렉트라의 궤적과 오이디푸스의 궤적을 완성하는 현대의 젠더적

패턴을 보여준다. 영화에서는 초상화 대신 증명사진이 사용된다. 이런 장면은 증명사진이 담긴 신분증을 보여주는 장면에서 극대화된다. 두 인물의 신분증 사진을 통해서 각각 여성성과 남성성을 이상적으로 극대화하는 과정을 이수했음을 증명하는 듯 보인다.

이처럼 외양과 실체의 이중성을 표현하는 데서 가장 중요한 것은 육체의 근본주의, 기본적인 진실의 최종 중재자로 기능하는 육체적 특성에 대한 어필이다. 일상에서 의복은 진실을 드러내기보다는 감추는 기능을 한다.[4] 의복은 '진정한' 자아와 그 위의 가면, 고착된 젠더와 위장된 페르소나 사이에 거리가 있을 수 있음을 끊임없이 보여준다. 복장 전도는 이 거리를 이용하며, 젠더정체성의 고정성과 유동성에 대한 유희로 성적인 위장을 활용한다.

그녀와 견우는 남녀 화장실에서 서로의 교복으로 바꿔입

그림 12. 〈엽기적인 그녀〉, 화장실에서 교복을 입고 술집을 가는 장면

---

4. 쿤, 『이미지의 힘』.

고 나온다. 그리고 술집 출입구에서 성인임을 증명하는 주민등록증을 주인에게 내밀며 걸어 들어간다. 고등학생이 할 수 없는 것들을 대학생으로서 자유롭게 하는 모습을 보여주는 장면이다. 이는 복장 전도는 아니지만 사회 관념을 전복하는 유사한 효과를 가진다. 젠더화된 육체와 의복 사이의 관계에 주목해보면, 복장 전도는 이데올로기가 통합하려 시도하는 육체·젠더·성·정체성·주체를 아이러니하게 조롱한다. 퍼포먼스로서의 의복은 이념이 고정하는 주체를 전복시킬 가능성이 있다. 특별한 표현으로서의 복장 전도는 주체 형성 과정에서 젠더 구조가 갖는 중심성을 강조하고, 젠더 정체성을 구축하는 문화적 관습에 관한 문제를 제기한다. 즉, 복장 전도는 고착화된 젠더 구조를 전복시키는 효과를 발휘한다.

〈엽기적인 그녀〉에는 복잡한 설정이 실타래처럼 엉클어져 있다. 그럼에도 관객의 웃음을 끌어내면서도 동시에 관객이 몰입하게 하는 것은 바로 음성언어의 다양한 차원의 사용이다. 이 영화에서 서사를 이끌어 가는 음성언어 사용은 크게 세 가지이다. 첫째는 주인공들의 대화이다. 둘째는 미래의 시점에 과거를 회상하듯 말하는 견우의 보이스오버 내레이션이다. 셋째는 여주인공의 고백적 음성 발화인데 그녀는 견우가 그녀의 목소리를 들을 수 없는 거리로 견우를 이동시키고 자신의 상실을 고백한다. 이것은 독백이 아니며 그녀는 견우에게 말하듯이 이야기한다. 그녀는 견우에게 자신의 정보를 철저히 차단하고 그저 자신이 하고 싶은 말을 한다는 점에서 이 발화는 매우 자기-중심적이다.

영화의 오프닝 시퀀스와 엔딩 시퀀스, 즉 프롤로그와 연장전은 영화의 전반전과 후반전의 주요 내용 이후 2년 뒤의 장면들이다. 〈엽기적인 그녀〉의 구조적 특징 중 하나는 멜로드라마에서 흔히 볼 수 있는 플래시백이 영화 초반 과거 사진들을 언급하는 장면 이외에는 거의 사용되지 않는다는 점이다. 대신 영화는 서사 구조에 플래시포워드를 적극적으로 사용하며, 이로 인해 특이한 형식을 갖게 된다.

오프닝 시퀀스는 견우가 2년 전에 견우를 떠난 그녀와 다시 만나기로 했던 장소에서 시작한다. 앞에서 설명했듯 높은 언덕에서 기차역을 내려다보는 시점으로 풍경이 조망된다. 기차역으로 기차가 들어오고 사람들이 내리는 것이 보인다. 견우가 언덕 위의 나무 한 그루 아래에 서 있다. 견우의 내레이션이 들린다.

2년 전 바로 오늘, 그녀와 저는 이 자리에 타임캡슐을 묻었습니다. 오늘은 우리가 2년 만에 다시 만나는 날이지만 그녀는 아직 나타나지 않습니다. 전 기다립니다.

이 장면도 영화의 플래시포워드이기 때문에 미래의 장면이라고 할 수 있다. 〈엽기적인 그녀〉를 타임슬립[5] 작품으로 분류하지는 않지만 곽재용 감독의 다른 영화들 〈시간이탈자〉[2016], 〈싸이보그 그녀〉²⁰⁰⁹ 등처럼 타임슬립의 서사가 강하게 남아 있다. 영화는 서사적 장치로 플래시포워드를 대담하게 쓰면서 이러한 특징을 가지게 된다. 첫 번째 플래시포워드가 사용되는 장면은 영화의 오프닝 시퀀스, 견우와 그녀의 운명적인 재회 이전의 시간이다. 다음으로 플래시포워드가 사용되는 장면은 영화 후반부에, 노인이 된 견우가 현재로 돌아와 청년의 견우와 그녀를 이어주는 장면이다. 이 장면에서 늙은 견우는 돌아와 그녀에게, 타임캡슐을 묻어둔 소나무가 벼락을 맞아 전소했고 자신(청년 견우)이 똑같이 생긴 소나무를 찾아 옮겨 심었다는 에피소드를 이야기해 준다.

엔딩 시퀀스인 연장전에서 2년 뒤의 그녀와 견우는 그녀의 죽은 애인의 어머니(이자 견우의 고모)가 마련한 소개 자리에서 다시 만난다. 그녀와 견우는 각각 양장과 정장을 입고 있다. 이 시점에서 성적 위장과 댄디즘을 비교 분석하는 것이 유용하다. 이러한 비교는 의복의 퍼포먼스를 전경화하고 어떤 아이러니를 작동시킨다. 댄디의 존재에 함의된 아이러니는 용인된 어법이나 규범으로부터 고의적으로 벗어난 수사학적 아이러니이다. 그래서 댄디, 곧 무뚝뚝하지만 세련된 멋쟁이는 관찰자에게 고의적으로 거리를 두는 잠재적 효과를 지니고 있다. 그렇게 그녀는

---

5. 타임슬립(time slip)은 두 개 또는 그 이상의 서로 연결된 타임라인을 갖는다. 판타지 및 SF의 클리셰로, 어떤 사람 또는 어떤 집단이 알 수 없는 이유로 시간을 거스르거나 앞질러 과거 또는 미래에 떨어지는 일을 말한다.

사랑하는 사람을 상실한 트라우마에 대한 애도를 마무리 지으며 견우와 재회한다. 그녀는 견우에게 말한다.

　그녀 : 못 믿겠지만⋯나 미래인 만난 거 같애!⋯바로 너의 미래
　견우 : 저는 이렇게 그녀를 다시 만났습니다. 너무 우연이라구요. 우연이란 노력하는 사람에게 운명이 놓아주는 다리랍니다.

　견우는 그녀와의 추억과 서로의 마음을 기록한 편지를 타임캡슐 안에 넣어 언덕 위의 커다란 나무 아래에서 묻는다. 그곳에서 견우는 만남을 약속했던 시간에 설레는 마음으로 그녀를 기다린다. 영화는 나무 아래에서 견우가 그녀를 기다리는 장면으로 시작한다. 이러한 설정은 '여성은 기다리는 자'이며 '남성은 방황하는 자'라는 통념을 전복하는 장면이다. 이렇게 영화의 시작은 사랑의 힘이 어떻게 시간을 넘어설 수 있는지를 보여주는 서사 장치이기도 하다. 이런 장면에서 견우를 미래에서 온 시간 여행자 노인으로 바꾸어 생각한다면 이 공간 속 시간의 흐름 자체는 중요하지 않다.

　그녀는 사랑하는 이를 상실한 트라우마로 결국 견우와 안타깝게 헤어진다. 떠나기 전에 그녀는 견우와 함께 그에게 보내는 편지를 타임캡슐에 담아 소나무 밑에 묻는다. 견우는 소나무가 벼락에 맞아서 불에 타버리자 그녀가 만일 돌아온다면 다시 찾아올 수 있도록 똑같이 생긴 소나무를 찾아서 같은 자리

에 옮겨와 심는다. 견우는 이런 기다림의 과정을 수행하면서 그녀의 임무(애도)를 완수하고 돌아온 그녀와 만난다.

서울의 그녀(전지현)의 몸짓과 젠더적 공격성

서울의 그녀(전지현)는 다양한 장르에서 전복적 서사를 창출하는 공격적인 몸짓을 구현한다. 전지현은 〈엽기적인 그녀〉2001를 촬영할 당시 맑은 목소리, 깨끗한 피부, 우아한 얼굴, 호리호리한 몸매, 검은색 긴 생머리를 통해서 뉴 밀레니엄 시대에 아시아를 대표하는 여성 배우 중 한 명으로 등극하게 된다. 영화에서 부각되는 거침없고 공격적인 전지현 이미지의 단초는 테크노댄스이다.

〈그림 13〉은 테크노 댄스가 인기를 누렸던 1999년에 방송된 삼성 '마이젯' 광고로, 전지현이 고등학생 시절 촬영한 것이다. 그림에서 전지현은 흰 가죽 바지와 흰색 상의를 입고 테크

그림 13.
전지현의 테크노댄스
(삼성 마이젯 TV 광고)

노댄스를 추고 있다. 이 광고가 방영되면서 전지현은 순식간에 대중의 마음을 사로잡았다. 그 이후 전지현은 국내외 광고 여왕으로 등극했고 이 광고는 그녀가 아시아 최고의 스타로 자리매김하는 시발점이 된다.

전지현의 긴 머리는 한국 여성의 일종의 전형을 형상화하는 페티쉬fetish로 기능한다. 하지만 동시에 전지현의 의의는 새로운 한국 여성의 형상을 복제 생산할 수 있는 페티쉬의 역할을 한다는 것이다.6 그녀는 가부장적 가치나 관습에 무작정 얽매이지 않고 통제보다는 자율성과 독립성에 기초하는 모습을 보여준다. 전지현이라는 기표는 일방적인 지배 권력과 이데올로기를 부정하며, 관객에게 사회문화적 규약과 젠더적 규범의 한계 너머로 거침없이 나아가는 쾌감을 느끼도록 유도하는 면이 있다. 이런 몸짓의 흐름은 가요계에서는 엄정화, 이효리, 아이비, 제니로까지 이어지고 있다.

이제 〈엽기적인 그녀〉에서 SF 장르, 로맨스 장르, 무협장르가 어떻게 한 영화에서 혼종 장르로서 기능하며 이를 통해서 여성의 공격적 몸짓을 어떻게 형상화하는지 살펴보자.

첫째, 〈엽기적인 그녀〉에는 SF 액션영화 시나리오를 재현하는 장면이 나온다. 재현에 사용되는 시나리오는 『데몰리션

---

6. '전지현 효과'를 새로운 젠더의 몸짓 개념으로 제안하고 그 사회적 함의와 효과를 재고하는 논문은 다음과 같다. 남승석, 「'전지현 효과' 개념 제안을 위한 몸짓에 대한 고찰」.

터미네이터』라는 제목으로 그녀가 쓴 SF 장르 작품이다. 견우의 내레이션으로 장면이 시작된다. "주인공은 터미네이터처럼 터프한 여자입니다. 서기 2137년, 미래의 인간들이 여자 주인공의 애인을 현재로 납치해 갑니다. 이유는 모릅니다. 그래서 그녀는 미래에서 타임머신을 타고 현재로 쳐들어옵니다." 이어서 그녀는 공장의 커다란 문으로 오토바이를 타고 나타난다. 미래인들이 총을 쏘자 공장의 여기저기서 불꽃이 터진다. 그녀는 오토바이를 미끄러져 넘어뜨리며 일어나 헬멧을 벗고는 총을 쏘기 시작한다. 미래인들은 그녀를 향해 총을 쏜다. 그녀는 미래인들을 총을 쏘아 쓰러뜨린다. 그녀는 매트릭스처럼 담벼락으로 뛰어서 돌며 총을 쏘아댄다. 그녀는 견우가 잡혀있는 방으로 들어와 총을 쏜다. 그녀는 사슬을 끊어서 견우를 풀어주고 허리를 휘감으며 키스하려는 순간 미래에서 현실인 석촌호수로 돌아온다. 견우가 석촌호수 앞에 앉아서 말한다. "마지막엔 키스를 해야 돼." 그녀가 부정하며 대답한다. "이건 멜로드라마가 아냐! 액션영화란 말야!" 곽재용은 액션 혹은 SF 장르에 집중해서 영화를 만들지 않는다. 예를 들면 곽재용 감독이 일본에서 감독한 〈사이버그 그녀〉2008는 SF 로맨스 영화이다. 그는 항상 멜로드라마와 로맨틱 코미디가 중첩된 혼성 장르 영화를 만들어 왔다. 견우가 그녀에게 조언한다. "넌 뭘 모르는 거야. 우리나라 사람들은 멜로를 좋아하게 돼 있어." 견우는 우리나라 사람들이 사춘기 때 감명 깊게 읽는 소설이 황순원의 「소나기」이기 때문에 우리나라 사람들은 슬픈 영화를 좋아한다고 주장한다. 곽재용 감독은 자유 간접화법을 통해서, 즉 영화 속 주인공의 대사 속에 감독 자신의 목소리를 직접적으로 드러낸다. 곽재용 감독의 데뷔작 〈비 오는 날의 수채화〉1989는 멜로드라마 영화로, 일종의 고전 문학인 황순원의 「소나기」의 성인판으로서의 특징을 가지고 있다. 곽재용은 이런 방식의 상호텍스트성을 통해 과잉의 감정 구조를 형상화한다. 감독은 견우를 통해 이를 지적하고, 어떻게 그것을 현대화할지 다양한 아이디어를 그녀의 대사로 말하고 있다. 그녀가 견우에게 묻는다. "「소나기」? 그게 뭐가 슬프냐?" 견우가 그녀를 나무라듯 말한다. "야, 여자애가 죽으면서 추억이 담긴 옷을 입혀서 묻어 달라는데 안 슬프냐? 난 일주일 동안 잠도 못 잤단 말야!" 그녀는 "뭐가 마음에 안 들어! 바꿔야 돼!" 견우가 묻는다. "어떻게?" 고전 소설을 전복한 SF 액션 상황극이 진행된다.

둘째, 고전 소설 「소나기」에 대한 뒤틀린 상상의 장면은 견우의 내레이션으로 시작된다. 견우의 상상으로 진행되는 소나기의 패러디가 몽타주처럼 빠르게 진행된다. 비 오는 날 소년과 소녀는 원두막에서 수박을 먹고 있다. 그녀를 업고 거리를 헤매는 견우, 그 위로 소나기가 퍼붓는다. 병에 걸려서 이부자리에 누워있는 그녀(소녀). 이어서 견우의 시골집에서 견우가 방구석에 이불을 덥고 누워 훌쩍이고 있고 견우의 아버지와 어머니가 대화하고 있다. 견우의 아버지가 말한다. "참, 이번 기집애는 어린것이 여간 잔망스럽지가 않아. … 자기가 죽거든 자기를 업어 줬던 그 소년을 같이 묻어 달라구, 그것두 산 채루." 훌쩍이던 견우가 눈이 휘둥그레져서 벌떡 일어난다. 잠든 그녀의 관이 닫히고 무덤 자리에 안치된다. 이어서 견우는 사람들에게 잡혀 와 무덤 속으로 던져진다. 견우가 비명을 지르자 사람들이 삽으로 머리를 쳐서 무덤 속에 처넣고 묻어 버린다.

상상 장면에서 견우는 현실로 돌아온다. 그녀가 호숫가에서 슬픈 듯 한숨을 쉬며 말한다. "산 채로 묻는 거야! 슬프게찌?" 견우는 당황해서 그녀를 바라본다. 이어서 그녀는 석촌호수를 바라보며 입을 다물고 있다. 그녀 활짝 웃으며 견우에게 묻는다. "얼마나 깊을까?" 그녀는 호기심 가득한 표정으로 견우를 바라보며 말한다. "너 물속에 한 번 들어가 봐. 얼마나 깊은지 보고 싶어!" 그녀는 견우를 손으로 밀어 물속으로 풍덩 넣어버린다. 견우가 물속에서 허우적거린다. 그녀는 말한다. "우와, 깊구나!" 견우는 허우적거리며 말한다. "나 수영 못 한단 말야! 살려줘! 사람 살려!" 그녀는 혼잣말을 한다. "음, 되게 깊네!" 견우는 수영을 하지 못하기 때문에 무기력하다. 그녀는 다이빙해서 견우에게 다가가 그를 구해낸다. 견우를 위험에 빠뜨리는 엽기적인 그녀이지만 견우가 정말 위험한 상황이 되면 그를 구해낸다.

그녀는 이렇게 가학적인 면과 희생적인 면 모두를 가지고 있다. 그녀의 몸짓은 보호받지 않으면 안 되는 수동적인 무력한 존재가 아니다. 그녀는 육체적으로 견우보다 우월하며 거의 모든 스포츠에 대해서 훈련되어 있다. 그래서 그녀의 몸짓은 우리가 흔히 볼 수 없었던 여전사의 모습이다.

셋째, 무협 장르에서의 그녀의 몸짓을 살펴보자. 그녀는 여전사로서의 몸짓을 SF 액션 장르에 이어서 무협 장르에서도 보여준다. 그녀가 견우를 카페에서 만나 무협 장르영화 시나리오를 건네는 장면을 살펴보자. 견우의 보이스오버 내레이션이 들린다. "그녀는 언제나 나에게 밝은 모습을 보이려고 했습니다. 전 그런 그녀가 좋습니다." 콜라를 주문하려는 견우에게 그녀는 "죽을래? 커피 마셔."라고 말한다. 하지만 카페 종업원에게는 예의 바른 표정과 말투로 "커피 두 잔이요."라고 정중하게 말한다. 이런 상황에서 견우는 활짝 웃는다. 견우의 내레이션이 들린다. "저는 압니다. 그녀가 행동은 그렇게 해도 마음속엔 슬픔이 가득하다는걸." 그녀는 원고 뭉치를 견우에게 내민다. 원고 표지에는 제목 『비천무림애가』卑賤武林哀歌가 보인다.

이렇게 멜로 로맨스 영화 속의 영화가 시작되는데 그것은 무협영화이다. 견우가 줄거리와 배경을 내레이션으로 설명한다. 여자 주인공(전지현)이 현상금을 노리는 무사로 나온다. 남자 조연(차태현)은 맑은 날에도 나막신을 신고 다니며 수많은 악행을 저지른다. 임진왜란이 세종대왕 때 일어났으며, 세종대왕 아버지가 연산군이라는 배경설정이다. 한마디로 그녀의 시나리오 배경설정은 엉망이다. 마지막에는 여자 주인공이 비 오는 갈대숲에서 남자 악당과 결투를 벌인다. 여자 주인공이 벽보에 붙은 현상 수배 그림을 바람에 던져 날린다. 바람에 날아가던 그림이 한 남자의 얼굴에 척 달라붙는다. 그 남자는 그림을 떼어내고 그녀를 죽이려고 칼을 치켜들고 달려들지만, 그녀의 칼자국이 허공에 그어지면서 그가 칼을 떨어뜨린다. 그녀가 다가가 그를 손가락으로 밀자 그가 쓰러진다. 견우가 내레이션으로 말한다. 여자 주인공은 나중에 왕이 되는데 정조라고 한다.

이렇게 그녀가 엉망으로 쓴 시나리오를 견우가 읽고 상상하는 방식으로 SF 액션, 고전 로맨스, 무협 액션이 펼쳐지고, 그녀의 공격적인 몸짓과 전복적인 사고가 과거·현재·미래를 배경으로 형상화된다. 이러한 혼종 장르의 이미지들에서 전지현의 몸짓은 복장 전도를 통해 모순적인 여성 이미지를 생산한다.

이런 액자구조는 1960년 영화 〈로맨스 빠빠〉부터 시작해서 2013년 드라마 〈별에서 온 그대〉의 SF 판타지 장면들에서도 구현된다. 하지만 〈엽기적인 그녀〉에서 그녀가 쓰는 시나리오는 의도적으로 전형적인 흐름을 파괴하고 있으며 젠더의 전형성에서 탈피해 새로운 몸짓을 제시한다. 그녀의 몸짓은 젠더적 전형성과 비전형성을 오가는 핵심적인 매개 역할을 하고 있다.

전지현은 2001년 〈엽기적인 그녀〉로 영화계에서도 신드롬을 불러일으켰다. 방금 순정만화에서 튀어나온 것처럼 청순한 외모로 악동처럼 사고를 치는 그녀는 한국을 넘어 아시아 관객의 이목을 사로잡았다. 전지현은 초상화를 그리는 화가 혜영으로 출연한 〈데이지〉2006와 인간과 흡혈귀 사이에서 태어난 혼혈 소녀 사야로 출연한 〈블러드〉[2009]를 홍콩과 일본에서 작업한다.[7] 그리고 그녀는 공격적인 캐릭터가 가진 위력을 증명한 〈도둑들〉[2012]에서 와이어 액션을 펼치며 중력을 거스르는 몸짓을 부각시킨다. 드라마 〈별에서 온 그대〉[2013]에서는 SF 설정 안에서 저돌적이고 무모한 공격성이 세련되게 부각된다. 그리고 〈암살〉[2015]로 자신의 캐릭터를 한층 진화시키며 〈킹덤:아신전〉[2021]에서는 조선 시대를 배경으로 동양의 좀비들을 격퇴하면서 장총과 칼을 든 여전사의 이미지를 입는다. 이들 작품에서는 생활 세계를 관통하는 그녀의 공격성이 주목받으면서 동양적인 여전사의 계보를 잇게 된다.

〈엽기적인 그녀〉에서 교복을 입고 클럽에서 춤을 추는 그녀의 댄스는 사회적 의미를 잊게 하는 몸짓으로 해석할 수 있다. 격렬한 몸놀림은 사회적 통제와 이데올로기에서 벗어난 자유를 의미하며 거기에서는 오로지 육체의 쾌락만을 추구하는 즐거움이 전면화되어 있기 때문이다. 댄스와 쾌락의 젊음은 더는 사회에 고분고분한 몸이 아니다. 이것이 이 장면의 스타일이 추구하는 레토릭이다. 이런 몸짓은 한마디로 카니발적 요소로 포

---

7. 영화 〈데이지〉에서 화가 '혜영'(전지현분)은 네덜란드 골동품점에서 아르바이트를 하며 개인전을 준비한다. 혜영은 골동품점으로 몰래 데이지 꽃 배달을 하는 남자가 누구인지 궁금해한다. 주말마다 광장에 나와 초상화를 그리는 일을 하던 그녀는 어느 토요일 초상화를 부탁했다가 급하게 떠나간 '정우'(이성재분)를 그 남자라고 여기기 시작한다. 그러나 정우는 아시아 마약집단의 정체를 파악하기 위해 파견되어 온 인터폴이었다.

장되어 있다.

겉으로 보기에 그녀에게는 '몸 정치'의 원칙도 적용되지 않는 것처럼 보인다. 모든 의미가 현란한 몸동작에 파묻혀 기표 signifier는 존재하지만, 기의signified를 상실하게 되는 것처럼 보인다. 그녀의 몸짓은 영상으로 볼 수 있는 하나의 스펙터클로 수용자에게 다가온다. 이는 인간의 몸을 중심으로 일어나는 작은 스케일의 스펙터클이기 때문에 수용자를 압도해서 결국 시청자를 종속시키는 부류의 스펙터클이 아니다. 오히려 시청자 모두가 스펙터클에 참여해 바라보며 즐거움을 느낄 수 있는 동등한 입장을 견지하는 시선이다.

대중이 전지현의 이미지에 열광한 부분적인 이유는 이런 스펙터클에 자유롭게 참여할 수 있기 때문이며 이 스펙터클에서 그들만의 의미를 생산해 낼 수 있기 때문이다. 전지현은 지극히 가부장적인 섹슈얼리티의 표현일 수 있는 몸짓을 이용해 대중이 원하는 섹슈얼리티를 구현한다. 이런 이미지를 남성들이 좋아하는 것도 사실이지만 더 선호하는 건 여성들이다. 이 광고에서 전지현은 남성들의 존재와 상관없이 춤을 추고 있으며 또 남성들의 시선을 구걸하지 않는 자신만의 독립적인 섹슈얼리티를 투영하고 있다는 판타지를 생산한다. 이런 판타지는 전지현의 몸짓은 어떤 부정적 의미나 자질도 내포하고 있지 않으며, 수동적이지 않고 능동적이라는 판타지를 생산한다. 많은 이들이 전지현을 자신감 넘치는 젠더적 이미지의 화신이라고 여긴다. 이는 대부분의 동양 소녀들이 일상에서 느끼는 감정의 정반대라고 할 수 있을 것이다. 이런 상황에서 전지현이 이들에게 모방의 대상이자 우상이 되는 것이다.

전지현은 한국 여성의 전형, 곧 긴 생머리와 호리호리한 몸매를 가진 여성 배우이다. 그녀는 이러한 신체적인 특징으로 인해서 비련의 멜로드라마와 로맨틱 코미디에 많이 출연하였다. 하지만 한국 여성 배우로서는 특이하게도 동작이 크고 와이어 액션이 많은 뱀파이어와 좀비 공포장르부터 범죄영화 혹은 스파이장르까지 다채로운 도전을 소화해 냈다.

그녀를 서양 여성 배우와 비교해보면 고전영화에서는 〈크리스토퍼 스트롱〉1933, 〈베이비 길들이기〉1938의 캐서린 헵번이나 〈푸른 천사〉1930, 〈금발의 비너스〉1932의 마를렌 디트리히 등 남자 주인공에게 얽매이지 않는 매혹적인 여성 캐릭터를 떠올려볼 수 있다.

현대영화에서는 〈레지던트 이블〉 시리즈의 앨리스 역을 맡은 밀라 요보비치, 〈원더우먼〉 시리즈의 주인공 다이애나 프랭스 역의 갤 가돗, 〈언더월드〉의 셀린느로 분한 케이트 베킨세일이 모두 공격적인 캐릭터이다.

전지현은 홍콩, 일본, 중국 등을 오가며 국제 프로젝트를 수행하였다. 이 책에서 전지현을 한국을 대표하는 생머리를 휘날리는 여성으로서 그리고 영화 속에 등장하는 도시인 서울을 상징하고 대표하는 여성으로서 뽑은 이유는 여러 가지가 있다. 가장 중요한 이유는 그녀의 몸과 몸짓이 그 어느 여성 배우보다도 현대적인 제스처를 보여주었으며 그것이 도시 공간을 가로지르며 구현되었기 때문이다.

예를 들면 〈도둑들〉에서 전지현은 실제로 와이어를 타고 고층 빌딩을 수직으로 오르내리는 도둑의 역할을 맡았다. 〈내 여자친구를 소개합니다〉에서는 자존감이 강한 경찰 역할을 맡아 도시 거리를 달린다. 〈블러드〉에서는 인간 아버지와 뱀파이어 어머니 사이에서 태어난 16세 소녀 사야로 등장해 건물과 건물 사이를 날아다니며 뱀파이어와 사투를 벌인다. 〈암살〉에서는 일본군에 쫓기면서 자신의 사명을 다하는 독립 여전사의 역할을, 〈엽기적인 그녀〉에서는 지하철에서 남자친구와 내기를 하고 이기면 따귀를 마구 때리는 천방지축 어린 대학생 역할을 맡았다. 〈시월애〉에서는 같은 공간 속 다른 시간대에 사는 남자와 편지를 주고받으며 사랑을 나눈다. 드라마 〈별에서 온 그대〉에서는 외계인 남자친구와 사랑을 나누는 톱스타 여배우로, 조선 시대 야담집 『어우야담』의 인어 이야기를 모티브로 하는 〈푸른 바다의 전설〉에서는 현재와 조선 시대를 넘나드는 판타지 로맨스의 인어로 분한다.

〈엽기적인 그녀〉에서 구현된 여성의 공격성은 신촌을 배경으로 하는 〈바보들의 행진〉1975과 〈병태와 영자〉1979를 연상시키는 지점이 있다. 이 영화들은 캠퍼스를 서사의 배경으로 설정하면서 특히 신촌에 있는 네 개 대학(연세대·홍익대·서강대·이

화여대)을 배경으로 활용한다. 이 영화에서 남성의 대학을 연세대로 설정하고 여성의 대학을 이화여대로 설정함으로써 대학은 젠더를 구분하고 강조하는 설정으로도 활용된다. 〈엽기적인 그녀〉에서 여성의 공격성은 서사를 이끌어가는 주요 요소 중 하나로 극대화된다. 이 공격성은 1년 전에 죽은 남자친구를 그리워하는 여주인공의 상실감에서 기인한다. 이런 여성의 공격성은 여성스러움과 상반되는 태도로, 사회적으로는 금지되어 있다. 이 영화의 서사에서 중요한 것은 전지현이 새로운 남자, 견우를 쉽게 받아들이지 않는 것으로, 따라서 전지현의 공격성은 사랑하는 이의 상실에 대한 애도와 관련된 것으로도 해석할 수 있다.

이런 맥락에서 보면, 그녀가 견우에게 강요하는 복장 전도의 상황도 일종의 (왜곡된 혹은) 변형된 애도의 과정으로 볼 수 있다. 영화 마지막 부분에 그녀의 전 남자친구와 견우는 서로 사촌지간임이 드러난다. 복장 전도cross-dressing는 복장도착transvestism 혹은 의상도착적 페티시즘transvestic fetishism이라고도 불리며 일반적으로 특정 사회에서 반대 성별의 옷을 입는 행위, 즉 남성이 여성의 옷을 입거나 여성이 남성의 옷을 입는 행위를 의미한다. 복장 전도는 변장을 통한 희화화 혹은 자기-정체성을 표현하기 위해 사용되었다. 서사적인 측면에서 복장 전도는 서로 성적 정체성을 바꾸면서 남녀의 관계를 이성애로 단순화시키는 서사를 거부하는 기능을 한다.

〈엽기적인 그녀〉의 인물들은 복장 전도를 포함해 젠더 역할의 전도inversion와 역전reversion의 역할극을 반복적으로 수행한다. 특히 견우는 어렸을 때부터 가족들로부터 복장 전도를 지속적으로 강요받는다. 그리고 강요받은 복장 전도에 순응하고 이를 수행하는 과정을 통해서 견우는 여성성과 남성성을 모두 가지는 희극적인 캐릭터를 획득한다. 하지만 결국 영화 마지막 부분에서 견우는 남성성으로의 완전한 복귀를 완수한다. 반면 그녀는 의상과 헤어스타일적인 면에서 긴 머리에 청바지 등 캐주얼한 옷과 전형적인 여성용 정장을 오가며 그녀의 공격적인 말투와 행동에 비해서 의상은 관습적으로 입는다. 그녀의 복장 전도는 견우와 그녀의 관계가 진지한 연인의 관계로 발전하는 것을 지연시키는 중요한 서사적 장치로 작용한다.

〈엽기적인 그녀〉는 주인공들이 하는 게임들을 통해서 젠더 역할을 전도시키는 다양한 방식의 걸음걸이를 관객들이 직접 응시하도록 만든다. 특히 '남녀의 신발 바꿔 신기' 장면에서 구체적으로 하이힐을 신은 남자의 걸음걸이를 보여주는데 이는 젠더를 뒤바꾼 걸음걸이가 시각화된 것이다. 이러한 벌칙은 남자 주인공에게 굴욕적인 걸음걸이 그 자체이다. 그리고 다른 예로는 지하철에서의 '왼쪽 빌 또는 오른쪽 금 넘어가기' 게임이 있다.

대학 캠퍼스에서 그녀와 견우가 데이트를 하면서 신발을 바꿔 신는 장면을 살펴보자. 그녀는 긴 머리를 하고 흰색 하이힐에 분홍색 원피스를 입고 있고 흰 핸드백을 메고 나타난다. 견우는 청바지를 입고 파란색 운동화를 신고 있다. 그리고 그는 왼쪽 손목에 시계를 차고 가방을 메고 있다. 그녀가 견우와 함께 연세대의 연희관 강의실에서 나와서 아펜젤러관 앞 벤치에 앉기 전까지 그녀의 몸짓은 순종적이고 수줍으며 전통적인 여성상을 보여준다.

그림 14. 〈엽기적인 그녀〉, 신발을 서로 바꿔 신고 잡기 놀이를 하는 장면

이 장면은 대표적인 복장 전도 사례로 견우는 그녀가 원하기 때문에 마지못해 그의 운동화를 그녀의 하이힐과 바꿔 신는다. 견우가 강의실에서 나오자 그녀는 그와 함께 나무 밑에 있는 벤치 쪽으로 이동하여 벤치에 앉는다. 그녀는 견우에게 발이 아프다면서 신발을 바꿔 신자고 말한다. 그러자 견우는 그녀에게 남자가 어떻게 하이힐을 신느냐며 거절한다. 구겨 신어도 된다고 하는 그녀의 말을 다 듣지 않고 그는 벤치에서 일어나서 가려고 한다. 그러자 그녀는 화가 난 듯이 벌떡 일어나서 앞으로 가기 시작한다. 견우는 운동화를 하나 사주겠다고 말한다.

그녀는 "넌 여자를 몰라."라고 말하면서 계속 앞으로 걸어간다. 견우는 마지못해서 신발을 바꿔 신자고 그녀에게 말한다. 그러자 그녀는 갑자기 멈춰서더니 얼굴을 돌리고 미소를 짓는다.

이때부터 〈템프테이션〉의 〈마이 걸〉이 배경음악으로 흘러나오기 시작한다. 바뀐 장면에서 그녀는 견우의 운동화를 신고 성큼성큼 걸어가고 반면 견우는 비틀거리면서 걸어간다. 카메라는 초반에 여성성을 표출하면서 다소곳한 모습으로 얌전하게 걷고 있는 그녀와 걷기 힘들어하는 표정을 한 견우가 걸어가는 모습을 트랙으로 따라간다. 그리고 그들을 지나쳐 가는 행인들이 견우를 보고 웃는 모습을 보여주고 난 이후에야 카메라는 틸트다운을 해서 그녀와 견우의 움직이는 발을 보여준다. 그녀는 분홍색 원피스에 둔탁한 견우의 파란색 운동화를 신고 있다. 그녀의 짧은 치마는 큰 운동화와 어울리지 않아 보인다. 견우는 청바지를 입고 하이힐을 신고 있는데 청바지의 아랫단을 접어서 걷어 놓은 상태이다. 그래서 견우가 신고 있는 흰색 하이힐이 잘 보인다. 걸음의 속도만 보면 그녀와 견우의 걸음걸이는 많은 차이가 나지 않는다. 그녀는 갑자기 견우에게 시험을 보는 날에는 팬티를 입지 않는다고 말하고 이어서 오늘 시험을 봤다고 말한 다음 "나 잡아봐라."라고 하면서 앞으로 막 뛰어간다. 이전까지 소극적인 모습을 보이던 그녀가 신발을 바꿔 신고 남성적인 발걸음과 몸짓을 보이며 갑자기 성적으로 자유분방한 모습을 드러내는 이 순간은 관객에게 반전의 놀라

움을 느끼게 만든다. 메리 앤 돈은 남장 여성은 여성이 남성의 복장을 착용하여 인위적으로 자신의 이미지를 변형하여 이미지에 대한 직접적인 조정을 함으로써 지배를 시도하는 것이라고 지적한다. 그리고 욕망의 대상으로서의 남장 여성은 그 인위적인 이미지로 인해서 그녀에게 시선을 허용할 가능성을 재고하게 만드는데 이런 맥락에서 이는 성 자체를 의미하는 복장을 착용하는 효과가 있다고 설명한다. 사람들이 말하듯이 옷이 남자를 만드는 것이며 아마도 이것이 여성들이 쉽게 남자 옷을 입는 이유일 것이라고 서술한다. 이런 맥락에서 메리 앤 도앤은 프로이트의 지적처럼 여성은 남성보다 더 양성적으로 보인다고 설명한다.[8]

견우가 멍하니 운동화를 신고 자유롭게 달리는 그녀를 바라볼 뿐 그녀를 쫓아오지 않자 그녀는 멈춰 서더니 뒤돌아서면서 "야, 너 나 안 잡으면 죽어!"라고 말한다. 이때 그녀는 양쪽 허리에 손을 올리고 마초적인 자세로 서 있다. 그리고 운동화를 신은 그녀가 앞으로 뛰기 시작하자 힐을 신은 견우도 마지못해 그녀를 향해 불편한 걸음으로 달리기 시작한다. 그들이 뛰기 시작하면 이내 운동화를 신은 그녀와 하이힐을 신은 견우는 현격한 속도 차이가 나기 시작한다. 그녀는 너무나 가볍게 날아다니

---

8. 메리 앤 도앤, 「12장, 영화와 가면놀이」, 『여성의 몸, 어떻게 읽을 것인가?』, 고경하 외 옮김, 한울, 2001, 277쪽.

는 듯 보이고 견우는 불편함을 무릅쓰고 겨우겨우 그녀를 쫓아가는 우스꽝스러운 모습이 된다. 장면이 바뀌면 이제 그녀와 견우는 야구장에 있다. 야구를 하는 남성들 사이로 그녀와 견우가 지나가는데 갑자기 화면이 패스트 모션으로 전환되면서 운동화를 신은 그녀의 남성성이 더욱 강조되고 하이힐을 신은 견우의 여성성은 한층 더 우스워 보이게 된다.

복장 전도는 젠더정체성의 구성가능성에 집중하면서 그것이 내포하는 고정된 성격에 대한 '의도적인 거리두기'를 실시한다. 복장 전도는 결국 그 정체성을 낯설게 하고 '이상하게 보이게' 하는 잠재력을 가지고 있다. 그러나 이러한 가능성이 실제로 언제나 실현되는지는 우리 자신에게 질문할 문제이다.

복장 전도를 활용한 허구적 서사는 성별 차이를 절대적인 것으로 강화하는 이데올로기를 문제 삼는다. 이때 허구적 서사는 항상 젠더정체성이 고정된 것인지 아닌지에 대해 질문하며, 그/그녀의 자아를 서사적 주제의 핵심 문제로 제기한다. 그러나 앞서 말했듯이 성별 차이의 이데올로기적 고정성이 이러한 텍스트 내에서 반드시 도전받는 것은 아니다. 이는 서사의 구조와 흐름, 시점 등 다양한 텍스트와 문맥, 그리고 서사의 제작, 배포, 수용을 둘러싼 사회적이고 역사적인 문맥에 따라 다르다는 사실을 고려해야 한다.

그러한 이유로, 이어지는 장면에서 견우는 그녀를 쫓아 야구장을 돌다가 홈 베이스 앞에서 넘어진다. 이 장면은 마치 야구 경기에서 주자가 홈으로 뛰어 들어오다가 아웃당하는 모습처럼 묘사되어 웃음을 자아낸다. 이 일련의 장면은 신발을 바꿔 신는 복장 전도의 결과로, 견우는 희화화되며 그녀는 견우보다 훨씬 자유분방하고 당당하게 묘사된다. 이 장면에서는 남녀의 관계가 젠더적으로 전복되는 것을 볼 수 있다. 이 영화에서는 여성의 젠더 전도가 소극적으로 받아들여지는 반면, 남성의 젠더 전도는 웃음거리로 인식되는 것이 흥미롭다.[9]

복장 전도는 영화에서 연기와 젠더정체성 구축을 통해 성별 차이를 노출시키려 할 때 사용된다. 그리고 복장 전도의 퍼포먼스는 젠더 정체성을 특정한 방식으로 작동하고 재구성하는 과정에서 새로운 의미를 생성한다. 그러나 복장을 개인의 젠더정체성과, 또는 자아와 동일시하는 것은 여러 모순을 초래한다. 고정된 주체를 변할 수 있는 것으로 인식하는 것이 어떤 의미를 지니는지 고려해야 한다. 일상적인 상황에서는 그렇지 않겠지만, 복장은 실제로 진실을 감추는 역할을 할 수 있다.[10]

〈엽기적인 그녀〉에서 그녀의 공격성은 몸짓과 화법으로 극대화되어 서사를 끌고 가는 원동력이 된다. 그녀는 견우에게 자신의 정보를 철저히 차단하고 그저 자신이 하고 싶은 말을 한

9. 같은 글.
10. 같은 글, 76쪽.

다는 점에서 매우 자기-중심적이다. 이 영화의 서사는 여성이 애도하는 과정에 남성이 적극적으로 참여하는 것이다. 견우는 그녀의 슬픔까지 사랑한다. 대중가요곡인 조정현의 〈그 아픔까지 사랑한 거야〉는 한 여성을 향한 한 남성의 순애보적인 사랑을 노래한다. 노래 속 남성은 "혼자만의 사랑은 슬퍼지는 거라 말하지 말아요. 그대 향한 그리움은 나만의 것인데 외로움에 가슴 아파도 그 아픔까지 사랑한 거야."라고 하면서 그녀를 만나지 못하고 돌아서는 순간에도 그녀를 만날 것을 기대하고, 그녀를 기다리면서 느꼈던 슬픔과 아픔까지도 모두 사랑했다고 말한다. 〈엽기적인 그녀〉의 견우는 노래 속 남성과 유사하게도 죽은 전 남자친구를 잊지 못하는 그녀가 견우에게 하는 행동을 모두 받아들이고 참으며 그녀의 상실감마저 이해하려는 태도를 보인다. 견우는 그녀에 대한 사랑으로 인해서 그녀의 공격적인 태도를 모두 감수한다. 하지만 이것은 거의 자기 파괴적인 상황이다. 물론 그러한 사랑에 대한 견우의 믿음은 그녀의 병리적인 상태가 남자친구의 죽음이 가져온 충격으로 발생한 일시적인 것이라는 전제를 기반으로 한다. 이 영화의 애도 작업에는 상실한 이(그녀)와 그런 상실을 경험한 이를 위로하고 공감하는 타인(견우)이 있다.

영화는 전체적으로 그녀와 견우의 모순어법의 내면을 시각화해서 보여준다. 견우가 술집에서 술을 마시다가 창문으로 보이는 여성에게 매료되는 장면이 영화 초반과 중반에 각각 두 번 등장하는데, 이 장면들은 그녀와 견우의 내면의 이중성을 암시한다.

영화 초반에는 술집 창밖 거리를 걷는 빨간색 옷을 입은 긴 머리의 여성 이미지가 등장하며 영화 중반에는 술집 창밖 거리를 걷는 녹색 옷을 입은 긴 머리의 여성 이미지가 등장한다. 견우는 친구들과 술을 마시고 있는 왼쪽에서 오른쪽으로 걸어가는 여성에 매혹되며 어머니의 전화를 받고 그 여성을 쫓아갈 수 없게 된다. 하지만 견우는 이내 오른쪽에서 왼쪽으로 걸어가는 그녀(전지현)에게 한순간 매혹되고 그녀에게 그것을 고백하려고 한다.

이제 술집 유리창 너머로 거리를 걷는 녹색 옷을 입은 여성이 보이는 장면이 이어진다. 당당하게 걷는 그녀의 모습은 술에 취해 무력해진 모습과는 정반대의 활동적인 모습이다. 견우는 매력적으로 보이는 여성을 보면 곧장 그녀에게 다가가 사랑을 고백하는 패턴을 보인다.

거리를 걷던 여성은 견우가 따라오는 것을 인지하지 못한다. 그녀는 건널목을 건넌다. 견우는 그녀의 뒤를 따른다. 견우가 자신에게 다가와 처음 보는 여자에게 말을 걸 듯이 아가씨라고 부르자 그녀는 공격적인 몸짓을 보이며 그를 무섭게 잡으려한다. 도망치는 견우를 그녀는 뒤쫓지만, 모퉁이를 돌면 견우는 사라지고 없다.

이어지는 장면은 한 시간 전의 그들의 모습을 보여준다. 〈엽기적인 그녀〉는 어른을 공경해야 한다는 동양적인 가치관에 기반을 두고 주인공 커플이 그것을 실천하는 모습을 보여준다. 이런 점에서 이 영화는 기존의 가치관을 강화하는 보수적인 측면이 있다.

견우가 그녀를 추적하는 장면 이전의 모빌리티의 시퀀스는 그들의 숨겨진 인성을 다음처럼 드러내 보여준다. 그녀는 초록색 옷을 입고 전화로 견우에게 수업이 끝났음을 알리고 있다. 그러나 견우는 그날 친구들과 술을 마셔야 한다고 말한다. 그녀도 그들과 같이 술을 마시려고 하지만, 견우는 전화를 끊어 버린다. 그녀 옆에는 한복을 입은 어르신이 짐을 들고 앉아 있다. 지하철이 역에 정차하자, 견우가 탑승한다. 그러나 견우는 옆 칸에 그녀가 앉아 있는 것을 알아채지 못한다. 지하철이 역에 다시 정차하고, 자다가 깨어난 어르신이 짐을 잊어버리고 내리자, 그녀는 그 짐을 들고 어르신에게 전해 주러 내린다. 어르신은 무거운 짐을 들고 걸어가고, 그녀는 지하철에 다시 타려고 하지만 문이 닫혀 버린다. 견우는 어르신이 무거운 짐을 들고 가는 것을 보고 계단 위로 그 짐을 올려주고 있다. 견우와 그녀는 서로의 존재를 알아채지 못하면서도, 같은 어르신에게 도움을 준다. 이 장면은 그녀와 견우가 성숙히고 윤리적으로 우수한 인물이라는 것을 관객이 믿게 만든다. 반면 그녀가 견우에게 반응하는 방식은 대체로 공격적이고 압도적이며, 견우의 반응은 부드럽고 순종적이다.

주인공의 도시산책과 타인의 다양한 걸음걸이

이 영화에서 견우와 그녀 사이의 성애적인 교감은 베드신 또는 키스신이 생략된 채 아이들의 게임과 같은 놀이로 대체된다. 특히 체벌을 동반한 놀이로 구체화된다. 비 오는 날 그녀의 집 앞 계단을 오르내리기와 지하철에서 '왼쪽 발 또는 오른쪽 발로 선 넘어가기' 게임을 대표적인 사례로서 살펴보자.

우선 비 오는 날 그녀 집 앞 계단을 오르내리기 장면에서는 비가 세차게 내리는 가운데 그녀와 견우가 견우의 재킷을 함께 뒤집어쓰고 계단을 뛰어 내려온다. 견우는 그녀의 흰 핸드백을 메고 있다. 이 장면은 그녀와 견우가 계단을 내려와서 나무 밑에 도착해 멈춰 설 때까지의 모습을 길게 보여준다. 그녀와 견우는 멈춰 선 후 서로 두 번 마주 보고 다시 시선을 다른 쪽으로 돌린다. 그 후에 이제는 서로 시선을 교환하지 않는 가운데 그녀가 견우 쪽으로 얼굴을 돌리면 "잠시 동안이지만 전 그녀의 뜨거운 눈빛을 읽을 수 있었습니다."라는 견우의 내레이션이 흐른다. 그녀는 견우를 강렬하게 응시하다가 다시 시선을 다른 곳으로 돌린다. 그러자 이번에는 견우가 그녀 쪽으로 얼굴을 돌려 역시 강렬하게 그녀를 응시한다. 이때 그녀는 다른 곳을 보고 있다. 이 시퀀스의 이전에는 복장 전도에 의해 젠더를 비틀어 남녀가 걷거나 뛰는 모습을 통해 웃음을 자아냈다. 이러한 영화의 톤은 이 장면에 이르면 남녀가 뛰는 모습에서 로맨틱한 분위기를 포착하는 쪽으로 전환된다. 견우와 그녀 사이의 성적 긴장감으로 인해 들뜬 감정은 이 장면에서 가로등 불빛이 깔리는 가운데 계단을 함께 뛰어 내려오는 활력으로 대체된다. 그리고 상대와 눈을 마주치지 않는 가운데 서로를 향한 뜨거운 눈빛을 보여주는 것으로 이 둘의 성애적인 교감을 표현한다. 이처럼 이 영화에서 인물들의 감정은 키스 같은 신체 접촉 표현은 생략된 채 걷기, 뛰기, 계단 오르내리기, 응시 등의 행위로만 표현된다.

다음으로 지하철 장면을 살펴보자. 전철 안에서 한 남자아이가 지하철 바닥에 빨간색 선을 긋는다. 그러자 그녀는 아이에게 "야, 꼬마야. 지하철이 네 공책이야? 낙서하고 그래? 죽을래?"라고 말한다. 그러자 아이는 건너편에 앉아 있는 엄마에게 뛰어간다. 엄마는 말한다. "이게 뭐야. 엄마 립스틱이잖아." 그리고 이어서 견우의 보이스오버 내레이션이 들려온다. '그녀가 집에 갈 때도 부평역까지 데려다줍니다. 남자로서 당연히 할 도리죠. 그동안에도 우리는 재미있는 놀이를 합니다.' 그리고 지하철에서의 게임이 시작된다. 이 게임은 행인들의 걸음걸이와 관련되어 있다. 이 게임은 그녀와 견우의 발밑에 그어진 빨간 선을 놓고 진행되는데 그들의 앞을 지나가는 행인들이 왼쪽 발로 신을 밟거나 넘어가면 그녀가 이기고 오른쪽 발로 선을 밟거나 넘어가면 견우가 이기는 규칙이 있다. 만약 그녀가 이기면 견우의 뺨을 때리고 견우가 이기면 그녀의 이마를 때리는 게임이다. 이

게임은 관객이 지하철에서 다양한 행인들의 걸음걸이를 유심히 바라보게 만든다. 지하철 게임의 벌칙을 정하는 대화에서 그녀와 견우의 캐릭터가 드러난다. 그녀가 묻는다. "벌칙이 뭐야?" 견우가 대답한다. "뽀뽀해 주는 거." 그녀가 대답한다. "뽀뽀, 너 죽을래?" 견우가 말한다. "네가 정해." 그녀는 체벌을 제안한다. "때리기로 하자." 견우는 불평한다. "또 때리기야?" 그녀는 그를 설득하려 한다. "야, 이기면 되잖아." 그래서 둘은 벌칙을 정하는데 처음에 서로 이마를 때리기로 한다. 하지만 한 대 맞은 그녀가 견우에게 벌칙으로 따귀를 때리겠다고 선언한다. 결국, 그녀는 여자이므로 검지로 이마를 맞기로 하고 견우는 남자이므로 그녀에게 따귀를 맞기로 한다. 깡마른 그녀가 이겼다고 우기며 건장한 견우의 뺨을 마구 때리는 모습은 마치 서커스에서 광대들의 곡예적인 몸짓을 보는 듯하면서 관객의 웃음을 유발한다.

게임을 하는 동안 발걸음의 예측 불가능성과 예측 가능성에 의해서 웃음이 유발된다. 발걸음의 예측 불가능성이 웃음을 유발하는 장면은 군인들의 행렬이 등장할 때 나타난다. 예상치 못하게 지하철에 등장한 이 군인들은 함께 복창한다. "왼발, 왼발, 왼발." 견우는 자신이 이길 것이라 생각하며 환한 미소를 짓지만, 첫 번째 병사가 빨강 선 바로 앞으로 다가올 때 선임 장교가 외친다. "발 바꿔 가! 왼발, 왼발, 왼발." 그래서 결국 견우가 이길 것이라 예상했던 게임의 결과는 계속 그녀가 이기는 것으로 바뀌게 되고, 견우는 그녀에게 따귀를 여러 번 맞게 된다. 이어서 오른발에 깁스를 하고 왼발로만 걷는 구걸하는 사람이 등장하는데, 이 장면에서는 예측 가능성에 의해 웃음이 유발된다. 이 사람은 당연히 왼발로만 선을 넘을 수 있기 때문에, 견우는 다시 그녀에게 따귀를 맞을 수밖에 없는 상황에 처하게 된다. 이 두 종류의 행인들로부터 우리는 아직도 군사문화가 만연해 있으며 빈부의 차이가 여전히 사회 문제임을 알 수 있다.

그녀가 견우를 설득하는 장면에서 그녀는 궤변을 늘어놓으며 견우에게 자신에 대한 절대적 복종을 요구한다. 이것은 사실 〈넘버3〉1997에서의 조필(송강호)과 같은 마초 남자가 부하들에게 강요하는 방식이다. 그런데 이 장면에서는 가녀린 외모의 그녀가 다음과 같은 방식으로 그녀의 공격성을 언어로 표현한다. 그녀가 견우에게 묻는다. "너 하늘이 왜 파란지 알아?" 견우는 자신의 지식을 활용해 어떻게든 설명하려 한다. "햇빛이 공기 중에 빛이 산란하면서 …." 하지만 그녀는 견우에게 "틀렸어. 나를 위해서야. 내가 하늘이 파랗기를 원하니까 파란 거야. 알겠어?"라고 궤변으로 답한다. 그리고 그녀는 다음과 같은 궤변을 계속 늘어놓으면서 견우에게 말한다. "너 불이 왜 뜨거운지 알아? 나를 위해서야. 내가 불은 뜨겁길 원하니까 뜨거운 거야." "너 한국에 봄, 여름, 가을, 겨울이 있는 이유가 뭔지 알아?" 그녀는 이 모든 질문의 대답이 그녀 자신을 위해서라고 견우에게 강요한다. 견우는 그녀에게 마지못해서 대답한다. "너를 위해서지." 그러자 그녀는 만족해한다. "그렇지." 그리고 그녀는 견우에게 다시 한번 확인하기 위해 묻는다. "네가 태어난 이유가 뭔지 알아? 나를 위해서야." 그러자 견우는 그녀에게 "야, 내가 먼저 태어났는데 어떻게 너를 위해서 태어날 수가 있냐?"라고 반박한다. 그러나 그녀는 예수의 예를 들어 다시 견우를 설득한다. 그녀가 원하는 것은 무조건적인 복종이다. 이는 조폭 문화에서 보이는 위압적인 태도와 관계를 보여주며, 〈엽기적인 그녀〉에서 일관되게 보이는 젠더 전복의 특징을 드러낸다.

젠더의 역할을 뒤바꾸는 사례는 프롤로그부터 찾아볼 수 있다. 프롤로그에서는 견우가 성장 과정에서 현재까지 강한 여성들에 의해서 여아로 키워졌으며 억지로 여성성을 강요당해 왔음이 보인다. 이 영화의 또 다른 특징으로는 기본적으로 폭력을 코미디로 묘사하는 방식이 있다. 이러한 특징은 영화 전체에 걸쳐 볼 수 있는데 이는 젠더적으로 바꿔 입은 복식과 더불어 한국 사회에서 여성이 처한 상황에 대한 미러링을 보여주기 위한 것으로 보인다. 고모가 강요한 소개팅은 견우의 남성성이 여성성으로 재구성되는 과정을 보여준다. 이런 성장 과정 속에서 견우는 자연스럽게 강한 남성성을 가진 여성을 맞이할 준비를 한다.

〈엽기적인 그녀〉의 견우와 그녀를 여성 산책자와 그라디바 개념으로 고찰하는 것이 가능하다. 이를 보여주는 대표적인 장면은 앞서 설명한, 술집 창문으로 보이는 당당한 몸짓의 여성 산책자를 발견하고 그녀를 추적하는 견우의 모습이다.

〈엽기적인 그녀〉의 술에 취한 견우가 그녀를 다시 만나는 장면과 술에 취한 그녀를 견우가 처음 만나는 장면을 비교하면서 '그라디바' 개념을 통해서 논의해 보자.

술에 취한 '견우'의 시각에서 살펴보자. 영화의 중반부에 견우는 이상적인 여성을 즉흥적으로 추적해 말을 건다. 이 장면에서 그녀는 견우가 그녀의 뒷모습만 보고 아가씨라고 말하는 것에 대해 화를 내며 견우를 추적하지만 견우는 재빠르게 도망친다.

술에 취한 '그녀'의 시각에서 영화 초반부 두 사람의 첫 만남 장면을 살펴보면, 그녀는 지하철역 플랫폼에서 1년 전에 사망한 남자친구(견우의 고모의 아들)와 똑같이 생긴 견우와 만나게 된다. 그녀는 술에 취해 의식이 흐릿해진 상태로 지하철 플랫폼에서 비틀거리고 있다. 그러나 영화의 초반부에서는 견우가 그녀의 이런 모습을 처음 본다. 이후 영화의 중반부에서는 견우가 그녀가 당당하게 걷는 모습을 본다. 그녀가 처음 등장할 때 이완된 몸짓을 보이는 것과 영화 중반에 그녀가 당당한 몸짓을 보이는 것은, 견우를 만난 이후 그녀의 정신적 회복을 암시하는 것이다.

소설 『그라디바』의 주인공인 고고학자 하놀트는 그리스 폼페이 동상의 한 여성의 발과 그 걸음걸이에 집착한다. 하지만 그는 그 집착의 근원인 어린 시절의 자신이 매료되었던 베르트

강의 존재를 잊고 있다. 하놀트는 과거의 소꿉친구 조에 베르트 강을 좋아했고, 그녀의 발과 걸음걸이에 매료되었었다. 하지만 그런 사실을 잊어버린 채로, 베르트강과 비슷한 유형의 폼페이 여성 동상과 그 동상의 발에만 집착하게 된다.

〈엽기적인 그녀〉에서 그녀는 과거의 남자친구에 대한 기억 때문에 현재의 남자친구를 받아들이지 못하고 있다. 『그라디바』에서 하놀트가 베르트강을 대체하는 동상에 집착하며 현실의 베르트강을 받아들이지 못하는 상황과 유사하다. 〈엽기적인 그녀〉에서 견우는 그녀의 죽은 전 남자친구와 닮았기 때문에 그녀에게 '그라디바'와 같은 존재이며 동시에 그녀를 진정으로 사랑하여 그녀가 돌아오기를 기다리기 때문에 베르트강과 같은 존재이다. 그리고 만약 견우가 베르트강과 같은 존재라면 그녀는 견우에게 '하놀트'와 같은 존재이다. 그녀가 과거의 죽은 남자친구를 잊지 못하고 현실의 사랑을 받아들이지 못하는 상황 자체가 젠더 역할만 바뀐다면 소설 『그라디바』의 이야기와 유사하다.

〈엽기적인 그녀〉는 전체적으로 애도의 과정을 표현하는 영화다. 그녀는 사랑하는 사람을 잃은 아픔 때문에 새로운 대상에 친밀감과 애착을 느끼지만, 동시에 영화의 제목 〈엽기적인 그녀〉처럼 견우에게 엽기적인 폭력을 행사한다. 그녀는 죽은 남자친구를 잊지 못해 새로운 남자친구를 만나지만 완전한 사랑을 나눌 수는 없다. 그녀는 마치 삼년상을 치르듯이 죽은 남자친구를 애도한다.[11] 이런 지점에서는 이 서사를 보수적인 장치로 해석할 수 있는 지점이 분명히 존재한다.

---

11. 삼년상은 자식이 부모가 돌아가신 이후 3년 동안 부모에 대한 보은과 효도를 다하고자 하는 마음에서 지냈다. 장사를 마친 후에도 부모의 신주를 집에 모시고, 아침저녁으로 식사를 올리며 마치 살아계신 듯이 섬겼다.

〈화양연화〉

홍콩의 수리첸, 장만옥

〈화양연화〉의 개요와 위상 및 구조

〈화양연화〉[1]는 홍콩의 미美 즉 홍콩다움hongkongness을 인물들의 움직임으로, 특히 걷기의 알레고리로 형상화하고 있다. 특히 〈화양연화〉에서 수리첸(장만옥)의 걷기는 홍콩다움을 일반적이고 보편적이며 추상화된 방식이 아닌 개별적이고 은밀한 이미지를 통해 형상화하고 있다. 영화는 영화도시 홍콩의 가장 아름다운 시절인 1960년대를 배경으로 한다.[2] 영화는 슬로

---

1. 〈화양연화〉의 한자 제목 '花樣年華'는 인생의 가장 아름다운 시절이라는 의미로 추억과 관련되고 시간을 강조한다. 이 영화의 영어 제목은 'In the Mood for Love'으로 사랑의 무드와 관련되고 감각을 강조한다. 영어 제목은 가수 브라이언 페리의 앨범 'As Time Goes By'의 수록곡 'I'm In The Mood For Love'에서 가져왔다고 한다.
2. 〈화양연화〉의 시대 배경이 되는 1962년부터 1966년 사이에 대약진운동과 문

모션과 클로즈업으로 여성 산책자의 몸짓을 담는 탐미적인 영상미학을 탐구한 결과이다.

〈화양연화〉는 2000년에 제작되었는데 이 시기는 홍콩이 영국에서 중국으로 반환된 1997년 직후로, 정치적으로 매우 불안정한 상황이었다. 여기서 우리는 영화의 시대적 배경이 홍콩의 1962년으로 시작해서 1966년으로 끝남을 주목할 필요가 있다. 1962년은 중국에서는 대약진운동이 끝나고 1966년 문화대혁명이 시작되는 시점이기 때문이다. 중국 본토에서는 1960년대 초반 대약진운동의 실패와 1966년 문화대혁명의 발발로 많은 상하이 사람이 홍콩으로 이주하게 된다. 이 영화의 배경이 되는 1962년의 홍콩은 중국 본토에서 많은 본토인이 유입되면서 사회적으로 불안했다. 1940년대 많은 중국인이 본토에서 홍콩으로 이주한 이후 20여 년 동안 홍콩의 사람들은 비교적 평온하고 풍요로운 삶을 살아 왔다. 이처럼 중국에서의 역사적 사건이 홍콩 사회에 직접적으로 영향을 끼치는 형태가 반복해서 나타났다.

홍콩 영화의 여성 산책자는 크게 1997년 홍콩의 반환 혹은

화대혁명의 실패로 인해서 수많은 양민이 굶어 죽고 학살당했다. 1960년대는 홍콩, 중국, 인도차이나 등 아시아의 정세가 급변하는 시점이었다. 당시 캄보디아와 베트남에서는 군사 쿠데타가 일어났다. 북한은 제2차 고난의 행군으로 수많은 양민이 굶어 죽었다. 남한에서는 1961년 5·16 군사 쿠데타로 군부세력이 독재를 시작하였다.

대략적으로 2000년을 기점으로 그 양상을 구분할 수 있다. 홍콩 영화 속 도시산책은 홍콩 전성기의 젠더적 몸짓을 포착하고 있다.

1990년대의 홍콩 영화 중 여성 산책자가 주요한 인물로 등장하는 경우를 나열하면 다음과 같다. 〈의개운천〉1986의 항생(왕조은), 〈첨밀밀〉1996의 이요(장만옥), 〈친니친니〉1998의 목만이(진혜림), 〈두리얀 두리얀〉2000의 인(진해로) 등이 여성 산책자로 등장하는데 이들은 주로 밀입국자, 이주민, 방랑자의 모습을 하고 있다. 원래 어촌이었던 홍콩의 근원적으로 모호한 정체성을, 그럼에도 불구하고 엄연히 존재하는 홍콩의 정체성을 '여성 산책자'라는 장치로 알레고리적으로 형상화한 작품들이다. 이와 같은 연장선상에서 왕가위 감독은 〈아비정전〉1990, 〈동사서독〉1994, 〈중경삼림〉1994, 〈타락천사〉1995에서 홍콩과 홍콩인들의 정체성 혼돈의 상황, 그리고 미래에 대한 불안감을 탐색한다.

2000년대 이후 홍콩 영화에서의 여성 산책자는 퇴행적으로 형상화되거나 현실을 간접적으로 표현하는 존재이다. 대표적인 사례로는 〈와호장룡〉2000의 젠유(장쯔이)·류수리엔(양자경), 〈화양연화〉의 수리첸(장만옥), 〈2046〉2004의 바이 링(장쯔이)·왕징웬(왕페이)·수리첸(궁리), 〈천수위의 낮과 밤〉2008의 콰이(바오치징), 〈담배연기 속에 피는 사랑〉2010의 체리(양천화), 〈단신남녀2〉2014의 옌(고원원), 〈일대종사〉2013

의 궁이(장쯔이), 〈미인어〉2016의 산산(임윤) 등이 있다. 이 영화들에서 중화권의 영화도시 속 여성 산책자는 현실을 사실적으로 재현하기보다는 판타지 혹은 무협의 세계로 퇴행해 있다. 이는 중국 공산당의 직간접적인 검열을 피하기 위한 전략으로 보인다.

2000년대 이후 왕가위 영화는 과거의 영화와 다음과 같은 점에서 차별화된다. 1960년의 홍콩을 배경으로 한 〈아비정전〉1990 같은 작품이 있기는 하지만, 1997년 홍콩반환 이후 왕가위는 홍콩을 배경으로 연출하는 경우 현재보다는 과거를 시간적 배경으로 하는 경향을 보인다. 이러한 경향이 드러난 작품은 〈화양연화〉2000와 〈2046〉2004으로 각각 1962년, 1966년을 배경으로 하고 있다. 또 홍콩 반환 이후에 왕가위가 현시점을 시대적 배경으로 삼는 영화를 연출한 경우에는 〈해피 투게더〉1997와 〈마이 블루베리 나이츠〉2007에서처럼 각각 부에노스아이레스와 뉴욕처럼 홍콩에서 멀리 떨어진 도시들을 배경으로 설정하였다.

영화 〈화양연화〉의 줄거리를 간략히 살펴보자. 1962년 홍콩, 상하이에서 온 사람들이 함께 거주하는 아파트에 두 가구가 새로 이사 온다. 홍콩의 지역 신문사 편집자인 차우모완(양조위) 부부와 일본 수출회사의 비서로 근무하는 수리첸(장만옥) 부부다. 차우와 수리첸은 이사 온 날부터 좁은 아파트에서 이삿짐이 뒤바뀌면서 자연스럽게 자주 부딪치며 서로를 알게 된다. 일본계 무역 회사에서 근무하는 수리첸의 남편은 도쿄로의 출장이 잦고 차우의 아내도 일본 출장으로 집을 비우는 시간이 많다. 배우자들이 출장을 가는 날이 늘어가고 두 사람이 품은 외로움은 서로에게 낯설지 않게 다가와 둘을 더욱 가깝게 만든다. 그러던 어느 날 차우는 리첸의 핸드백이 아내의 것과 똑같다는 것을, 리첸은 남편의 넥타이가 차우의 것과 똑같다는 것을 눈치챈다. 그렇게 서로의 남편과 아내가 서로 바람을 피우고 있다는 사실을 깨닫게 된 그들은 서로를 위로하면서 점점 감정이 깊어진다. 이들은 감정을 억제하려 하지만, 무협 소설을 쓰면서 같이 일하게 된다. 차우는 작은 모텔의 2046호를 장기 임대하여 무협 소설을 쓰게 된다. 차우와 수리첸은 서로에게 끌리지만 애써 혼란스러운 마음을 추스르며 각자의 가정으로 돌아가려 노력한다.

영화의 시대적 배경은 1962년부터 시작되며 영화의 말미에 이르러서는 4년 뒤 1966년 그들의 모습이 나오기 때문에 영화의 제목이 가지는 의미가 한층 강화된다. 차우와 리첸이 과거에 사랑했던 사람이 거주했던 공간인 과거의 아파트를 방문하여 바라보는 장면이 있다. 이러한 모습은 결국 이루어지지 못한 사랑을 했던 연인이 훗날 자신들의 가장 아름다운 한때를 되돌아보는 느낌을 주면서 회한의 정서를 보탠다.

이 영화에서 '화양연화'라는 구절은 사연을 소개하고 노래를 들려주는 한 라디오 프로그램에서 흘러나오는 노래의 제목이다.[3] "친구의 결혼을 축하하는 메이 양과 친구와의 우정을 기리는 장 부인, 사업 때문에 일본에 있는 첸 선생도 이 노래를 청했군요. 아내의 생일을 축하한다며. 인생의 가장 아름다운 때를 뜻하는 '화양연화'입니다." 이 노래가 나오면 화면은 벽을 사이에 두고 등을 기댄 수리첸과 차우 모완(양조위)의 이미지로 연결되며 두 남녀의 애틋한 관계를 형상화한다.

영화에서 주요 인물들의 걷기는 홍콩의 지도그리기일 뿐만 아니라 매우 개인적이고 은밀하게 진행된 감정의 영화적 지도그리기인 '부드러운 지도'이다. 그리고 일본 도쿄로 밀월여행을 떠난 남편과 아내를 둔 리첸과 차우는 함께 무협 소설을 쓰면서 중국 문화권에 대한 추상적 지도그리기를 시도한다.

〈화양연화〉에는 다양한 감각적 영상 기법이 등장하는데 그중에 가장 인상적이고 중요한 것은 슬로 모션이다. 이 영화에서 차우와 리첸이 걷는 슬로 모션 장면은 형식이자 곧 내용이다. 차우와 리첸의 끝내 이루어지지 않는 사랑의 안타까운 순간의 세부적인 기억들이 그 슬로 모션에 담겨 있기 때문이다.

영화 초반부에 수리첸은 비좁은 아파트 안에서 다양한 부부들과 캐주얼한 대화를 한다. 이때 수리첸은 거의 몸이 스치

---

3. 쩌우 쉬엔은 1930년대 중반부터 1940년 말까지 전성기를 구가한 중국의 가수이자 배우이다. 〈화양연화〉에서 쩌우 쉬엔의 대표곡인 '화양적연화(花樣的年華, 1946)가 라디오를 통해 흘러나온다. 이 곡은 쩌우 쉬엔이 드라마 〈장상사〉(1946)에서 불렀던 곡이다.

듯이 간격을 몸을 틀어서 피하며 그 공간을 관통하며 지나다닌다. 카메라는 수리첸이 차우모완과 그의 아내와 마주칠 때마다 차우모완의 얼굴은 보여주고 그의 아내 얼굴은 보여주지 않는다. 수리첸이 차우모완과 부인의 몸 사이를 지나칠 때 긴장감이 극대화되면서 장신구들이 강조된다. 특히 슬로 모션을 사용해서 느리게 시간이 흐르는 가운데 차우와 리첸이 스쳐 지나가는 그 찰나의 순간을 통해 왕가위는 1960년대 홍콩의 시간을 탐미적으로 추억하고자 한다. 이 슬로 모션 기법이 사용될 때마다 우메바야시 시게루의 〈유메지의 테마〉가 흐른다.

그림 15. 〈화양연화〉, 아 파트 안 비좁은 문, 복도, 계단을 가로지르는 수리 첸

수리첸의 남편은 출장을 자주 간다. 차우의 아내는 회사 일로 자주 야근을 한다. 그래서 저녁마다 차우는 국숫집에서 혼자 식사하고, 수리첸은 국수 통을 들고 국수를 사러 간다.

두 사람이 대화를 나누는 한 장면에서 그들은 초록색 국수 통과 초록색 사기 주전자를 각각 들고 있다. 그리고 그들 옆에

는 초록색 조명과 초록색 물병이 있다. 그들이 그 공간을 떠나고 난 빈 공간에는 초록색 조명과 물병이 두드러진다. 이어지는 장면들에서도 이런 빈 공간을 강조하는 편집이 사용된다. 계단을 걸어 올라가는 수리첸의 뒷모습을 포착하는 장면이 있다. 그렇게 그녀가 계단을 걸어 올라가고 사라지고 나면 빈 계단의 이미지는 초록색과 함께 강조된다. 그리고 문을 사이에 두고 빨간색 가방을 든 리첸과 차우가 대화를 나누고 사라지고 나면 뒷배경에 초록색이 강조된다. 이어지는 장면에서 리첸은 다른 모양의 줄무늬의 치파오를 입고 있으며 리첸이 들고 있는 것은 초록색 국수 통이 아니라 큰 빨간색 가방이다. 시간이 흘렀다는 것, 그들의 관계가 발전하였으며 서로에 대한 감정이 달라졌다는 것이 소품과 그것의 색을 통해서 암시되고 있다.

그림 16. 〈화양연화〉, 리첸과 차우, 빈 공간이 강조되는 실내 공간

왕가위는 〈중경삼림〉[1997] 같은 홍콩 반환 이전의 작품들에서는 피사체 자체를 명확하게 포착하기보다는 피사체가 처한 상황을 함께 표현하려고 하였다. 즉, 왕가위는 부유하는 홍콩

도시인의 정체성만큼이나 빠른 도시의 시간을 표현하기 위해 스텝 프린팅[저속촬영 후 필름의 특정한 부분을 복사해 붙이는 방법]과 패스트 모션을 효과적으로 사용하였다. 이런 장치를 사용하는 영상미학을 통해서 홍콩의 반환 이전의 경제적 성장에 대한 자랑스러움과 다른 한편으로는 그것을 잃어버릴 것 같다는 공포가 동시에 형상화되었다.

〈화양연화〉는 'In the Mood for Love'라는 영어 제목처럼 멜로드라마 장르에서 로맨스로서의 '무드'mood가 매우 중요한 테마로서 탐미적으로 형상화된다. 이 영화에서 왕가위는 멜로드라마의 형식으로 1960년대의 홍콩을 영화적으로 되살리려 한다. 그의 스타일의 가장 큰 특징인 스텝 프린팅과 패스트 모션을 철저히 지양하며 피사체에 대한 고속촬영을 통한 슬로 모션을 대표적인 영화적 장치로 사용한다. 이 영화는 산책자로서의 수리첸과 낡은 질감을 가진 홍콩의 밤거리를 탐미적으로 함께 포착한다.

이런 탐미적 태도는 왕가위 감독의 이전 작품들인 〈아비정전〉, 〈동사서독〉, 〈중경삼림〉, 〈타락천사〉, 〈해피 투게더〉와 비교해볼 때 더 두드러진다고 할 수 있다. 이는 상실한 것(홍콩 반환 이후에 회고하는 반환 이전의 홍콩)에 대한 애도 작업이 불가능하기 때문이다. 홍콩의 이런 역사는 리첸이 모완과의 이별을 감당하기 힘들어 눈물을 터뜨리는 장면에서 알레고리적으로 형상화된다. 홍콩이 영국에서 중국으로 반환되는 과정에서 대부분의 홍콩인은 홍콩이 영국의 조차지로 남기보다는 중국의 지배를 받는 것이 당연하다고 받아들였다. 하지만 100년 전 작은 어촌이었던 홍콩이 아시아 최대의 메트로폴리탄으로 성장하면서 그들이 영국과 이룩했던 모든 것을 유지할 수 있을지 불안해했다.

수리첸(장만옥)의 걷기와 수행적 풍경

영화에서 수리첸의 외모 즉 치파오와 헤어스타일 및 걸음은 19세기 여성 산책자처럼, 그리스 여성 그라디바처럼 1960년대 홍콩의 여성을 비유적으로 표현한다.

이 영화는 깊은 밤 1962년 홍콩의 빈 거리를 배경으로 이루지 못한 사랑의 정서와 무드를 구현한다. 영화의 주요 공간은 밤의 도시이며 비에 젖은 도로와 가로등의 명암 대비 효과 때문에 이 영화 속에는 느와르의 무드가 형성된다. 이러한 스타일은 시간의 축적과 공간의 감각적인 핍진성을 강화시킨다.

여성 주인공 수리첸의 걸음은 카메라의 수려한 움직임과 고속 촬영을 통한 슬로 모션 기법으로 매우 탐미적으로 포착된다. 수리첸이 국수를 테이크아웃하는 장면에서는 걷는 여성으로서의 그라디바의 특징이 극도로 강조된다. 커리어우먼이지만 그녀는 양장이 아니라 중국의 전통의상 치파오를 입고 있다. 리첸의 소도구(작은 핸드백, 국수 통)는 리첸을 욕망과 책임 사이의 경계에 위치시키고 있다. 여성의 거리 걷기는 인물의 심리와 공간의 무드를 창출하며 그녀의 내면과 공간의 분위기로 연극화된 행위이다.

앞서 말했듯이 영상미학의 측면에서 왕가위는 〈화양연화〉에서, 이전 작품들에서 주로 사용했던 스텝 프린팅과 저속 촬영을 통한 패스트 모션보다는 고속 촬영을 통한 슬로 모션을 전면적으로 사용했다. 이 때문에 〈화양연화〉에서 재현된 1960년대의 홍콩은 탐미적이고 몽환적인 이미지를 가지고 있다. 특히 고속 촬영에 의한 슬로 모션으로 표현된 여성 산책자 수리첸(장만옥)의 걸음걸이는 영화사적인 측면에서 마이브리지나 마레가 앞서 시도했던 인간의 움직임에 관한 생리학적 연구로서의 여성의 걸음을 연상시킨다.

그림 17.
〈화양연화〉, 수리첸의 걸음

한편으로는 도시에 사는 수리첸의 걷기는 비목 감독의 〈작은 마을의 봄〉에서의 유웬의 걷기를 연상시킨다. 두 영화의 여주인공들의 의상, 헤어스타일, 몸짓 등도 비슷하다. 이 두 영화

는 피사체에 대한 집중적인 촬영 방식과 실내극의 성격을 공유하고 있다. 그러나 〈작은 마을의 봄〉에는 시골 경관이 나오는 데 반해서 〈화양연화〉에는 좁은 도시의 골목들이 나온다는 점에서 차이가 있다.

영화 전체를 압축하여 수수께끼처럼 표현하는 〈화양연화〉의 앙코르와트 장면을 보자. 영화에서 거리를 보여줄 때 익스트림 롱 샷을 사용하지 않고 있다. 예를 들면 〈화양연화〉에서 사용되는 롱 쇼트의 경우 도시 풍경을 강조하는 스카이라인에 대한 설정 쇼트가 없다. 그리고 이 영화는 많은 군중을 보여주는 쇼트도 사용하지 않는다. 이 영화는 도시 스케이프cityscape 대신 연인의 초상화와 같은 사이즈의 프레임들을 콜라주하여 도시를 구성한다. 예를 들면, 특정 장면에서 여성 배우의 의상, 액세서리, 소도구의 디테일에 화면의 초점이 맞춰져 있는데 해당 장면의 배경이 되는 벽에 붙어있는 벽지를 강조하는 조명과 촬영을 통해 의상과 소도구의 상징성이 극대화된다. 이 영화는 여성 배우의 의상(치파오)과 액세서리(보온병, 핸드백, 귀걸이, 팔찌 등)를 활용한 페티시즘을 통해 시대의 무드를 탁월하게 표현한다. 그리고 철 파이프와 목재 합판, 벽돌, 벽에 붙어있는 찢어진 포스터, 벗겨진 페인트의 질감 등이 무드를 만들어 내는 데 일조한다.

〈화양연화〉에서 좁은 골목길의 낡은 건물 벽에 붙어있는 포스터, 벗겨진 페인트의 오래된 질감 등은 안드레이 타르코프스키의 영화를 연상시키는 측면이 있다. 이를테면 타르코프스키의 〈노스탤지아〉에서는 건축의 골격이나 거대한 벽의 질감을 극대화하는 촬영 방식을 통해 주인공들의 순간적인 감정의 층위를 넘어서는 거대한 시간성이 물질화된다. 이것과 유사하게 〈화양연화〉도 각각의 공간에서 촉각화되는 사물들의 질감을 통해 사라진 시대의 시간성을 영속화한다.

드니 디드로가 언급한 것처럼 폐허는 과거에 대한 기억과 미래에 대한 전망을 동시에 전달한다. 폐허가 대변하는 시간은 어느 특정 시대의 회상에 한정된 것이 아니다. 폐허는 과거, 현재, 미래의 구별이 필요하지 않은 보편적인 역사의 시간 속에 존재하는 공간으로 그것은 상상의 영역이기도 하다.[4]

〈화양연화〉의 엔딩 시퀀스는 1966년 캄보디아 왕국을 방문하는 프랑스 대통령 드골에 관한 34초 아카이브 푸티지로 시작한다. 아카이브 푸티지는 캄보디아 왕국의 프놈펜 공항에 왕과 왕비가 친위부대와 함께 내리는 장면으로 시작된다. 드골이 비행기에서 내려 손을 흔들고 마중 나온 이들이 드골을 맞이한다. 이후 드골은 비행장에서 프놈펜으로 차를 타고 이동한다. 이런 드골의 차를 향해 수많은 프놈펜 시민이 나와서 열렬하게 환영한다.[5]

---

4. 신상철, 「18세기 프랑스 미술에서 고전 취향의 부활과 위베르 로베르의 폐허 미학」, 『미술사학』 28, 8쪽.
5. 인도차이나를 식민지로 지배했던 프랑스가 철수한 이후 미군이 베트남전을

이 장면 직전에 1966년 홍콩이 나온다. 수리첸은 차우와의 추억의 옛집을 방문한다. 그곳에서 집주인과 오랜만에 차를 마시며 이야기를 나눈다. 집주인은 홍콩(1966년)이 어수선한데 딸이 자신이 혼자 있는 것을 걱정한다고 한탄한다. 1966년 중국 본토에서는 문화혁명이 일어나던 시점이었다. 집주인인 손부인 역으로 캐스팅되었던 배우 반적화는 영화의 배경이 되었던 1960년대에 전성기를 구가했던 배우이며 가수였다. 이렇게 2000년의 〈화양연화〉는 1940년대 대중가요와 1960년대 배우·가수를 캐스팅해서 서사의 사실성을 강화한다.

영화의 마지막 부분에는 앙코르와트 사원 시퀀스가 등장한다. 여기서 왕가위 감독은 홍콩을 묘사한 방식과 마찬가지로, 익스트림 롱 쇼트 대신 클로즈업 쇼트와 롱 쇼트를 이용하여 앙코르와트 사원을 묘사했다. 이런 촬영 방식을 통해 사원의 오래된 벽과 돌의 질감을 섬세하게 담아낼 수 있었다. 이 사원에는 수 천 년 동안 쌓인 시간의 흔적과 수많은 사람의 기억과 이야기가 담겨 있으며, 차우가 벽의 구멍에 숨겨둔 사랑의 기억도 그중 하나가 될 것이다. 이 영화에서 앙코르와트는 차우가 친밀한 감각의 기억을 봉인하는 장소이다. 차우는 유적지에 차

진행하는 동안 1975년 크메르루주 반정부군은 캄보디아를 점령하고 인구의 3분의 1을 학살했다. 이 상황은 일본 식민지를 경험했던 대만과 매우 유사하다. 식민지 지배 이후에 대만에서는 1948년 2·28 사태 당시 본성인에 대한 대학살이 진행되었다.

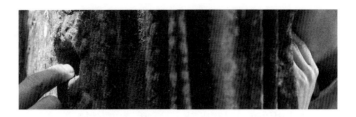

그림 18. 〈화양연화〉, 앙코르와트 유적 벽의 구멍에 비밀을 속삭이는 차우

우 자신만의, 리첸과의 홍콩을 사물화하여 보관한다.

〈화양연화〉에서 앙코르와트의 허물어진 벽에 난 구멍에 차우가 비밀을 속삭이고 있다(그림 18). 차우가 이루지 못한 사랑의 시간을 앙코르와트 사원에 영원히 봉인하고자 한다. 이것은 사라질 수밖에 없는 것을 현실에서 영원히 실현하고자 하는 욕망, 곧 미라 콤플렉스와 일맥상통한다. 앙드레 바쟁은 네오리얼리즘을 설명하면서 영화의 기원을 사라질 운명에 처해 있는 것을 보존하려는 염원을 담아 시간과 맞서는 행위를 하는 예술의 기원에서 찾는다. 그리고 바쟁은 이러한 욕망이 가장 이상적으로 실현되는 매체가 영화라고 보았고 '미라 콤플렉스' 개념을 제안하여 이를 영화의 존재론과 연결시킨다.

차우는 홍콩에서의 사랑을 앙코르와트 사원의 벽에 있는 구멍에 속삭이고 영원히 봉인한 후 사원을 떠난다. 그런데 이 영화는 그가 사원을 떠난 뒤에도 앙코르와트 사원의 곳곳을 비춘다. 이때 카메라는 트랙을 따라 천천히 이동하면서 사원의 내부와 외부의 벽들을 보여준다. 이러한 카메라의 이동에서는 벽과 돌의 질감을 통해 앙코르와트 사원에 수천 년 동안 쌓여온 시간의 흔적들을 훑으면서 차우와 같은 이야기를 찾으려는 어떤 절절함이 느껴진다. 그리고 앙코르와트 사원에서의 이러한 차우의 행동은 관객을 이 풍경의 목격자로 만들면서 그들 스스로가 일종의 산책자가 되어 사유의 걷기를 하도록 이끈다.

이는 어린 시절 사랑했던 베르트강에 대한 기억을 잊고 폼페이 유적의 부조 속 한 여성의 걸음걸이에 집착하는 『그라디바』의 하놀트를 연상시킨다. 앙코르와트 표면의 질감에 대한 차우의 시각적 집착의 근원은 자신을 매혹시켰던 수리첸이다. 하지만 그 자체를 까맣게 잊어버리고 결국 폐허들의 다중의 표층만 남게 된다.

이제는 영화의 폐허를 '빈 공간'과 '아크로니시티' 개념과 관련지어 살펴보자. 샤를로트 브런스돈은 런던에 관한 영상문화 연구를 진행하는 과정에서 '빈 공간'empty space 개념에 주목한다. 브런스돈은 1945년부터 2010년대까지 런던의 영화적 공간을 탐구하기 위해서 런던이 무대인 영화들에서 나타나는 과거의 어떤 흔적으로서의 '빈 공간'을 분석한다.[6] 그리고 이질적 서사와 주된 서사와의 상호작용을 탐구한다. 브런스돈은 영국 영화 속의 '빈 공간'은 서사들이 인식되는 과정에서 충돌이 일이

6. Charlotte Brunsdon, "5. Towards a History of Empty Spaces", *The City and the Moving Image*, Palgrave Macmillan, 2010, pp. 91~92.

나는 과도기적 공간이라고 정의한다. 서사의 전개 과정에서 '빈 공간'은 구체적으로 식별할 수 없지만, 일종의 플래시백을 대체하는 기능을 하므로 서사의 층위를 다층적으로 확장하는 역할을 한다. 이와 같은 이미지는 배경으로 여겨지는 공간과 다른 스토리의 흔적의 실재 공간 사이의 상호작용과 같은 것이다. 예를 들면 폐허, 피폭 지역, 건설 현장, 공원, 주차장, 창고 및 부두 등 과거의 흔적이 남아 있는 버려진 공간이 빈 공간의 사례이다.

키스 목시는 '아크로니시티'achronicity를 현재를 설명하는 이질-시간성으로 설명한다.[7] 마르크 오제의 명제인 비장소는 영원한 현재를 살게 하는 곳이며 '시간은 영원한 현재로 무너져 내린다'에 기반을 두고 논의를 펼친다.[8] 그리고 그러한 시간의 가속화로 인해 우리가 역사에 압도당하고 있음을 목시는 지적하고 있다. 역사적 변화의 속도가 너무 빨라진 오늘날, 우리는 역사를 과거에 더는 할당할 수 없고 미래의 무언가를 예측할 수도 없다. 사건의 과잉, 곧 과도한 현재로 인해 우리는 이미 세계 시스템이라고 부르는 상호의존성의 증가하는 얽힘을 염두에 두어야만 역사를 적절하게 인식할 수 있다. 이러한 사건의 과잉은 서로 다른 문화가 지나가는 이질-시간성의 궤적을 만들어

---

7. Moxey, *Visual Time*, p. 42.

8. Marc Augé, *Non-Places*, trans. John Howe, Verso, 1997, p. 28.

낸다. 아크로니시티는 지리적이고 문화적인 특성을 평평하게 하여 그것을 제거하는 비시간non-time을 선호하기를 거부한다.

예술작품에서 극 중 인물이 개인적 상황을 동시대의 역사적 사건으로 간주하고, 그것을 과거나 미래와 구별되는 수수께끼의 이질적 형태로 형상화하는 영화 속 사례들을 살펴보자.

〈그림 19〉는 안드레이 타르코프스키의 〈노스텔지아〉[1983]에 등장하는 성당 폐허의 이미지이다.[9] 이를 〈화양연화〉에서의

그림 19.
〈노스텔지아〉, 폐허 이미지

---

9. 〈노스텔리아〉의 줄거리는 다음과 같다. 러시아 작가 '안드레이 고르차코프'는 18세기에 이탈리아로 유학 온 노예 출신의 러시아 작곡가 파벨 소스노프스키의 생애를 연구한다. 안드레이는 소스노프스키가 머물렀던 이탈리아 토스카나를 방문한다. 그는 이탈리아 여인인 '유제니아'의 통역과 안내를 받으며 그의 여정을 되밟는다. 소스노프스키는 다시 노예가 될 것이 두려워 러시아로 돌아가지 않고 방황하다가 고향에 대한 향수를 견디지 못해 결국 러시아로 돌아가 노예 생활을 하다가 자살했다. 소스노프스키의 여정을 밟으면서 안드레이는 그와 같은 향수병을 겪게 된다. 안드레이는 온천 지역에서 만난 도메니코로부터 세상을 구원하는 것을 도와달라는 부탁을 받는다. 물이 빠져 없는 온천장 안에서 두 개의 불꽃이 불타오른다.

앙코르와트 폐허의 이미지와 겹쳐볼 수 있다.

우선 타르코프스키의 〈노스텔지아〉의 폐허 장면을 살펴보자. 마지막 장면에서 고르차코프는 한 마리의 개와 함께 야외에 앉아 카메라를 응시하고 있다. 이 장면의 시작 부분에서 그는 마치 고향으로 돌아간 듯 보인다. 고르차코프가 자신의 기억 속에서 등장하는 러시아의 집 앞에 앉아 있기 때문이다. 하지만 카메라가 서서히 뒤로 물러나고 러시아의 집 뒤로 지붕이 없는 유적지와 같은 대성당 건축물이 보인다.

이러한 풍경은 영화 내내 육체적으로는 이탈리아에 있지만, 정신적으로는 러시아를 그리워하던 고르차코프의 정신적 풍경을 재현한 것이다. 폐허는, 이미 소멸하여 부재하는 빈 공간을 상징하며 그 빈 공간을 가득 채우고자 열망하는 노스텔지아를 상징한다.

여기서 주목해야 할 지점은 〈화양연화〉의 엔딩 시퀀스에 등장하는 캄보디아의 유적지 앙코르와트 사원이다. 차우는 1960년대의 홍콩에서의 자기 비밀을 캄보디아의 한 폐허 속 구멍에 봉인함으로써 과거의 홍콩을 영원히 묻어버린다. 차우의 이러한 행동을 통해서 캄보디아와 홍콩은 시공간을 초월해서 통합된다. 이는 마치 안드레이 타르코프스키의 〈노스텔지아〉의 마지막 장면에서 무너진 이탈리아 성당 유적지 안에 러시아의 농가가 통합되는 기적이 벌어지는 것과 유사하다. 사라진 홍콩의 시간은 시간의 개념이 사라진 앙코르와트 사원에서 영속화되고 그로써 영원한 생명을 얻는다. 영화의 마지막에 제시되는 자막은 다음과 같다. "지나간 시절은 먼지가 쌓인 유리창처럼 볼 수는 있지만 만질 수는 없기에 그는 그 시절을 그리워한다." 이것은 흔적으로만 퇴적되어 남아 있는 과거의 층위들을 의미한다고 볼 수 있다.

중국 여성의 걷기에 대한 탐미적 형상화

〈화양연화〉2000의 산책자를 〈작은 마을의 봄〉1948과 〈아비정전〉1990 같은 관련 작품들과 비교해서 살펴보자.

우선 〈작은 마을의 봄〉과 〈화양연화〉의 영상미학을 비교해 보자. 〈화양연화〉는 21세기판 〈작은 마을의 봄〉이라고 해도 무방할 정도로 두 영화는 많은 특징을 공유한다. 앞에서도 언급했듯이 〈작은 마을의 봄〉이 제작되었던 1948년은 국공내전과 한국 전쟁의 사이에 놓인 전환 시점이다.[10] 이 당시의 중국 영화는 구체적인 이념 편향보다는 보편적인 인간 욕망과 사랑

10. 제2차 국공내전 또는 중국공산혁명은 중일전쟁 직후 1946년부터 시작된 국공내전 두 번째 단계이다. 마오쩌둥의 중국공산당 정부는 1949년 10월 1일 모든 중국의 통일을 수장하며 중화인민공화국의 설립을 선언했다. 장제스와 60만 명의 국민당군, 그리고 200만 명의 중국 국민당 지지자들은 대만 섬으로 도망을 가서 그곳에 중화민국 정부를 수립했다. 1949년 12월 장제스는 타이베이를 중화민국의 임시 수도로 선포했다. 하지만 1950년 6월 한국 전쟁이 발발한다. 그러자 당시 미국은 대만의 중화민국에도 한반도와 비슷한 상황을 예상하고 대만 해협에 함대를 파견했다.

을 전통사회의 관습 속에서 형상화했다. 〈화양연화〉는 이 시기 미학으로의 회귀를 통해 홍콩의 원천에 관해서 탐구한다.

깊이 있는 비교 고찰을 본격적으로 하기 전에 〈작은 마을의 봄〉의 플롯과 구조를 구체적으로 살펴보자.

비목 감독의 〈작은 마을의 봄〉은 제목에서부터 이미 이 영화가 한 공간의 특정 시간에 대한 기록임을 파악할 수 있다. 중국 남쪽에 있는 한 작은 마을에 긴 겨울이 가고 봄이 찾아온다. '봄'은 으레 그 계절에 떠오르는 정동과 인물들의 마음 상태를 암시하며 이는 영화 감상의 무드mood와 같은 정서적 기반이 된다. 무너진 폐허들은 작은 마을의 대戴 가문에도 전쟁의 상흔이 깃들어 있음을 암시한다.[11]

〈작은 마을의 봄〉의 오프닝 시퀀스는 다음과 같다. 카메라는 오른쪽에서 왼쪽으로 천천히 패닝이 되면서 시골 주변의 경관을 보여준다. 그리고 화면이 디졸브되면 다시 한번 카메라는 오른쪽에서 왼쪽으로 패닝이 되면서 들판을 보여주다가 살짝 카메라가 틸트 업을 하면 한 집의 지붕이 보인다. 다시 화면이 디졸브되면 오른쪽에서 왼쪽으로 패닝을 하다가 멀리서 왼쪽에서 우측으로 이동하는 주인공 유웬이 등장한다. 다시 디졸브되면 시골 여성답지 않게 우아한 의상을 입은 유웬이 바구니를 들고 카메라 쪽으로 천천히 다가온다. 한 번 더 디졸브되면

---

11. 영화 〈작은 마을의 봄〉의 줄거리는 이 책 2장을 참조하라.

의사 일행이 마을로 들어오는 뒷모습이 보인다. 그리고 페이드 아웃을 했다가 페이드 인이 되면 성벽 터에서부터 카메라가 왼쪽으로 천천히 이동한다. 그리고 화면에 장바구니를 들고 우아한 자태로 걷고 있는 유웬의 뒷모습이 등장한다. 이 이미지와 동시에 유웬의 내레이션이 시작된다. 화면이 디졸브되면 카메라 앞쪽으로 걸어오고 있는 유웬이 보인다. 이렇게 차분한 필치로 시작된 영화는 시종일관 이런 호흡으로 일관하며 천천히 진행된다.

이 영화는 유난히 몸매가 드러나는 옷을 입은 유웬의 우아한 자태가 드러나도록 인물의 동선을 짜고 카메라의 위치를 통해서도 유웬의 자세와 제스처를 강조한다. 그리고 이 영화에서는 유웬이 혼자 걷는 장면이 많이 등장하는데 이것은 유웬의 억제된 욕망이 표출되는 순간이라고 볼 수 있다. 유웬은 옛 애인인 지첸이 갑자기 나타나면서 투병 생활 중인 남편 리얀과 지첸 사이에서 갈등하게 되는데 사회적 시선과 남편에 대한 감정 때문에 지첸을 향한 그녀의 욕망을 노골적으로 드러내지 못한다. 또한, 이 영화는 노골적인 성적 표현을 억제하고 배우의 몸짓을 통해 에둘러 표현한다. 영화 서사에 대한 고려와 실제적인 제작 환경 때문에 비록 감독은 이런 식으로 절제된 표현 속에 은밀하게 유웬의 욕망을 드러내야 했다. 감독은 몸매가 드러나는 옷이 에로틱한 긴장감을 자아내는 가운데 걷기라는 자율적인 행동을 통해 그녀의 욕망을 세련된 방식으로 그려내는 데 성공했다. 유웬의 걷기는 또한 시간의 흐름을 자연스럽게 담아내는 데 유용하며 흔들리고 있는 그녀의 미묘한 심리를 효과적으로 드러낸다.

〈작은 마을의 봄〉에서의 유웬의 욕망 표현 방식이 〈화양연화〉에 재현되어, 이러한 특징은 왕가위의 후기 작품, 〈2046〉까지 이어진다. 〈작은 마을의 봄〉과 〈화양연화〉를 비교하면 둘 다 성벽을 배경으로 주인공들이 대화를 나누는 장면이 등장하며, 이를 통해 주인공들의 감정과 대화의 분위기를 자연스럽게 묘사한다. 〈화양연화〉에서 차우와 리첸이 이별을 연습하는 장면은 〈작은 마을의 봄〉의 특정 장면들과 매우 유사하게 구현된다.

〈작은 마을의 봄〉에는 〈화양연화〉가 연상되는 쇼트가 여러 번 등장한다. 성벽을 배경으로 지첸과 유웬이 서서 대화를 나누는 장면들이 특히 그러하다. 〈작은 마을의 봄〉에서 유웬은 시골길의 무너진 한 성벽에 등을 대고 서서 지첸과 이야기를 나눈다. 그리고 그 성벽을 따라서 유웬이 지첸과 같이 걷기도 하고 홀로 걷는 장면도 나온다. 이와 유사하게 〈화양연화〉에서도 리첸이 벽에 기대어 서서 차우와 대화를 나누고 그러한 벽을 따라서 그와 함께 골목을 걷거나 홀로 걷는 장면이 나온다. 〈화양연화〉의 무드를 설정하는 가장 중요한 장면으로 차우와 리첸이 이별을 연습하는 장면을 들 수 있다. 이별을 연습하는 장면은 〈작은 마을의 봄〉의 장면들과 주인공들의 걸음걸이,

의상, 특히 벽과 인물의 배치를 통해 구현되는 무드와 매우 흡사하다.

〈작은 마을의 봄〉에서 유웬과 지첸이 무너진 성벽을 배경으로 대화하는 장면과 〈화양연화〉에서 차우와 리첸이 이별을 연습하는 장면을 좀 더 구체적으로 비교해 보자. 〈작은 마을의 봄〉에서 무너진 성벽이 등장하는 장면은 맑은 날의 낮에 촬영되었다. 이에 반해서 〈화양연화〉에서 이별을 연습하는 장면은 비가 내리는 밤을 배경으로 한다. 그리고 〈작은 마을의 봄〉에서의 무너진 성벽과는 달리 〈화양연화〉의 경우에 오래되어 낡은 벽이 나온다. 벽의 일부에는 녹슨 쇠창살들이 드러나 있고 쇠창살 위로 빗방울들이 맺혀 있다. 이런 낡은 벽은 〈작은 마을의 봄〉에서 등장하는 무너진 성벽, 곧 폐허의 공간이라고 볼 수 있다. 폐허의 공간은 의식의 선형적인 흐름을 무너뜨리는 경향이 있다.

폐허 이미지와 관련된 주요한 개념으로 18세기 학자 드니 디드로의 '숭고한 폐허'les sublimes ruines가 있다. 1767년 디드로는 위베르 로베르의 풍경화에 대한 평론에서 폐허가 먼 미래의 다가올 시간에 대한 두려움을 느끼게 한다고 설명한다. 드디로는 폐허를 소재로 한 풍경화가 고고학적 유적의 재현일 뿐만 아니라 상상과 알레고리가 가미된 것이라고 역설한다.[12] 디드로는

---

12. 드니 디드로, 『살롱』, 백찬욱 옮김, 지식을만드는지식(지만지), 2014.

인간이 상상할 수조차 없는 거대한 흐름처럼 통제할 수 없는 시간의 지속성과 영원함이 퇴적된 폐허에서 숭고의 개념을 발견하고 이를 '숭고의 폐허'라고 지칭하였다.[13]

〈작은 마을의 봄〉에서 그려진 폐허 미장센을 자연적이거나 목가적이라고 볼 수도 있지만, 도덕의 부재 또는 여전히 잔존하고 있는 도덕 관습의 표현으로도 해석할 수 있다. 이에 반해서 〈화양연화〉에서의 이별 연습은 도시를 배경으로 밤거리의 골목에서 일어나며 하늘에서는 비가 오다가 그친다. 그래서 사운드적 측면으로 봤을 때 〈화양연화〉의 이별 연습 장면은 〈작은 마을의 봄〉에서의 무너진 성벽 장면보다 좀 더 입체적이다. 그리고 시각적으로도 전경, 중경, 후경을 이용해서 계속 깊이감을 만들어 낸다. 특히 〈화양연화〉의 앙코르와트 엔딩 시퀀스는 인간이 상상할 수조차 없는 거대한 흐름처럼 통제할 수 없는 시간의 지속성과 영원함을 지닌 폐허의 알레고리, 곧 숭고함과 관련된다.[14]

앙코르와트의 '숭고한 폐허'는 각자 방으로 돌아가기를 너무 아쉬워하는 차우와 리첸의 이별 연습 장면의 배경이 되는 은밀한 골목에서 먼저 등장한다고 볼 수도 있다. 그들이 아쉬워하는 도시의 뒷골목은 낡은 건물 사이에 은밀하게 존재하는 그들

---

13. 신상철, 「18세기 프랑스 미술에서 고전 취향의 부활과 위베르 로베르의 폐허 미학」.

14. 같은 글, 8쪽.

만의 아지트 같은 특징을 띤다. 그리고 이 이별 연습 장면에 등장하는 오래되고 낡은 벽과 쇠창살은 차우와 리첸의 사이를 가로막고 있는 사회적 관습을 시각적으로 형상화한다.

〈작은 마을의 봄〉에서 관능적인 치파오를 입은 유웬처럼 〈화양연화〉에서 리첸은 치파오를 입고 여성성을 드러내고 여성으로서의 자유에 대한 갈망을 표현한다. 하지만 유웬의 소도구(바구니, 약)처럼 리첸의 소도구(핸드백, 국수 통)는 그녀의 책임 또한 표현하고 있다. 영화의 풍경 속 여성의 걷기는 파토스를 구현하며, 특정 인물의 심리 상태와 공간의 분위기를 창조하는 역할을 한다. 인물의 몸짓이 공간의 분위기에 더해져 무대화된 풍경으로 그녀의 감성이 드러난다. 〈화양연화〉에 필름느와르 장르 관습이 녹아 있는 장면의 예로는 그녀 치파오의 반소매와 그녀의 이마에 맺힌 땀방울들이 있다. 이는 대표적인 필름느와르 영화인 〈밀드레드 피어스〉1945의 오프닝 장면에서 빗방울이 이마에 맺힌 정장을 입은 밀드레드의 모습을 연상시킨다.

왕가위 영화는 형식을 통해 내용을 강화하는 혹은 형식이 곧 내용이라는 점에서 대중영화인 필름느와르와의 접점을 가진다. 그의 스타일과 구조는 필름느와르의 스타일을 빌린다. 그리고 과거 지향적인 파편화된 에피소드들을 느슨하게 이어 붙이는 그의 영화 미학은 탐미적이라고 할 수 있다. 이처럼 탐미적인 영상미학은 홍콩인의 정체성에 대한 모호함과 예측할 수 없는 미래에 대한 홍콩인의 불안한 심리가 반영된 결과라고 볼 수도 있다. 왕가위의 영화에서 주인공들은 모호한 관계를 유지하며 사랑하는 사람과 방황하고, 비극적인 개인사를 재경험한다. 그러한 비극의 원천은 정체성, 곧 젠더·이름·기억·언어·가족에 의한 것이다. 인물들은 상실한 대상에 대한 이해에 실패함으로 인해서 멜랑콜리로 침잠한다. 그들이 밤거리를 걷는 장면은 이런 상황을 형상화한다.

5장

〈밀레니엄 맘보〉

타이베이의 비키, 서기

〈밀레니엄 맘보〉의 개요와 위상 및 구조

〈밀레니엄 맘보〉2001의 주인공 비키(서기)는 2001년, 타이베이와 도쿄, 유바리의 거리를 걷는다. 이 작품은 모호한 대만의 정체성에 대해 질문하면서 그에 대한 대답으로 영화적 형상화, 즉 유바리 영화의 거리 산책을 통해 '영화관 속 산책자'의 사유를 제시하는 예술영화이다. 2000년 대만은 정치·경제적으로 성공적인 압축적 근대화를 이룩한 것처럼 보였지만, 국내외의 내국인과 외국인 사이, 중국과 대만 사이에서 모호한 정체성 문제로 인한 갈등을 겪고 있었다. 특히 정치·경제적으로 성장하고 있던 중국에 회귀한 홍콩이 맞이하는 뉴 밀레니엄은 당시 불투명한 대만의 미래를 유추하는 거울과도 같았다. 〈밀레니엄 맘보〉는 2000년 대만의 이런 상황을 서기의 걷기 이미지를 통해 알레고리적으로 형상화한다. 영화도시 타이베이에서 비키의 산책은 이런 상황에 대한 질문과 대답일 뿐만 아니라 타이베이의 미美 자체에 대한 놀라운 영상미학적 성취임이 틀림없다.

도시산보가 등장하는 대만 뉴웨이브 영화 중에서 2000년대 이전 작품과 그 주인공으로는 〈공포분자〉1986의 슈안(무건인), 〈고령가 소년 살인 사건〉1991의 샤오밍(양정이), 〈음식남녀〉1994의 가진(양귀매)/가천(오천련)/가령(왕유문), 〈애정만세〉1994의 메이린(양귀매) 등이 있다. 이 영화들은 동아시아 모더니즘 영화 미학에서 선구자적인 성취를 이뤘다. 2000년대 이후의 대만 뉴웨이브 영화와 여성 캐릭터로는 〈하나 그리고 둘〉2000의 팅팅(켈리 리), 〈밀레니엄 맘보〉2001의 비키(서기), 〈쓰리 타임즈〉2005의 슈메이/아메이/칭(서기), 〈떠돌이개〉2013의 여성1(류이칭)/여성2(첸샹치) 등이 있다.

2000년대부터 대만 영화산업은 모더니즘 미학보다는 대중의 수요에 집중한 상업 영화들, 그중에서도 특히 청춘 멜로 영화들이 강세를 보였다. 이때의 대표적인 영화와 여성 산책자는 〈남색대문〉2002의 몽크루(계륜미), 〈말할 수 없는 비밀〉2007의 샤오위(계륜미), 〈청설〉2009의 양양(천옌시) 등이 있다. 이어서 2010년대의 대표적인 여성 캐릭터들로는 〈그 시절 우리가 좋아했던 소녀〉2011의 선자이(천옌시), 〈여친남친〉2012의 메이바오(계륜미), 〈나의 소녀시대〉의 린전신(송운화/진교은), 〈안녕, 나의 소녀〉2017의 은페이(송운화), 〈장난스런 키스〉2018의 위안샹

친(임윤), 〈나의 청춘은 너의 것〉2019의 린린(송운화) 등이 있다. 2000년대 이후 대만 영화는 홍콩 영화가 그러했듯 기본적으로 중화권 배우들과 그들의 배경을 적극적으로 반영하는 제작 방식을 채택하였다. 이로 인해 2010년대 이후 대만과 홍콩, 중국 3국의 영화를 구분하는 일은 점점 더 어려워지고 있다.

〈밀레니엄 맘보〉는 대만 뉴웨이브의 대표작이라기보다는, 대만 뉴웨이브(1980/90년대)와 대만 청춘멜로물(2000/10년대) 사이에서 중요한 위치를 차지하는 작품이다. 〈밀레니엄 맘보〉는 이 두 흐름 사이의 접점에 있으면서, 대만 뉴웨이브의 영화미학적 영향과 더불어, 상업적으로 성공한 대만 청춘멜로물의 특성도 반영한다. 이런 의미에서 이 작품은 대만의 뉴 밀레니엄 이후의 불확실한 미래, 특히 '하나의 중국'이라는 복잡한 국제 관계의 문제를 직면한 대만 상황을 형상화하는 독특한 미학적 성취를 이룩한 것으로 평가할 수 있다.

영화 〈밀레니엄 맘보〉의 줄거리는 다음과 같다. 이 작품은 2011년 29살의 비키(보이스오버 내레이션으로 등장)가 뉴 밀레니엄인 2001년의 19살 비키(서기)를 바라보듯 그녀 자신의 젊은 시절을 회상하는 회고록과 같다. 영화는 19살에 두 번의 사랑을 겪은 그녀의 방황을 이야기한다. 영화는 2001년, 19살의 비키가 친구의 마술대회 우승을 즐거워하며 시작한다. 비키는 화려한 DJ처럼 보이지만 심각한 성격 장애와 마약 중독에 시달리는 남자친구 하오하오와의 관계의 늪에서 헤어 나오지 못하고 있다. 비키에 대한 소유욕이 너무 심한 하오하오는 클럽에서 호스티스로 일하는 비키의 주변을 늘 질투하고 의심한다. 그래서 여자친구의 지갑을 샅샅이 뒤지고 영수증이나 통화 목록을 시간대별로 조사하며 그녀에게서 다른 남자의 냄새가 나는지 확인하기 위해서 머리·목·다리 주위의 냄새를 맡는다. 그녀는 하오하오를 떠나려 하지만 그의 애원으로 다시 주저앉기를 반복한다. 그런 와중에 비키는 클럽에서 만난 잭에게 호감을 느낀다. 잭은 친절하고 다정하며 모두에게 인기가 많다. 이 캐릭터는 허우 감독이 가장 좋아하는 배우 잭 카오가 연기하며, 잭 카오의 전작인 〈남국재견〉1996에서의 캐릭터와 매우 유사하다. 잭은 비키가 하오하오에게서 벗어나기를 바란다. 그녀는 우연히 만난 일본인 형제를 따라 충동적으로 일본 홋카이도의 유바리 시를 방문한다. 타이베이로 돌아와 비키는 하오하오와 이별하고 자신을 이해하는 중년 남성 잭의 거처로 이사한다. 잭의 집에서 머무르던 비키는 갑자기 사업상의 이유로 떠난 잭을 따라 다시 일본으로 건너간다. 그러나 그녀는 잭을 만나지 못한다. 비키는 일본인 형제와 함께 방문한 유바리의 눈 덮인 '영화의 거리'에서 평온을 찾는다. 이것은 모두 29살의 비키가 회상하는 10년 전의 일이다.

위 줄거리는 이 영화의 서사적 사건들을 순서대로 이야기한 것이다. 하지만 혼란스러운 부분은 영화의 중간부에 갑자기 삽입되는 홋카이도 유바리의 장면이다. 술집에 있던 비키는 일본 홋카이도 출신으로 홍콩에서 DJ를 하는 형제를 만난다. 그들은 그녀를 눈 덮인 유바리의 가족 여관으로 초대한다. 홋카이도에서 여관을 운영하며 음식을 만드는 나이 든 이모가 따뜻하게 그들을 반겨준다. 홋카이도 시퀀스에는 이 영화에서 유일하게, 적절한 인서트 샷들이 포함되어 있다. 이 시퀀스에서 비키는 눈놀이를 하거나 눈으로 덮힌 유바리의 거리를 걷다가 눈 더미에 뛰어들어 자신의 얼굴 자국을 만든다. 이어서 카메라는 그녀가 만든 눈더미 속 얼굴 부조를 비춘다. 이런 꿈같이 평화로운 삶의 이미지는 막간의 휴식처럼 느껴지는데 영화는 유바리 시퀀스 이후에 비키의 타이베이 일상생활로 돌아온다. 엔딩 부분에서 영화는 비키가 거대한 영화 포스터가 늘어선 눈 덮인 유바리의 영화 거리를 DJ 형제와 함께 산책하는 장면으로 돌아간다.

여기서 우리는 비키가 언제 유바리에 갔는지 질문을 던지게 된다. 영화 중간 그녀가 나쁜 결정의 소용돌이에 빨려 들어가기 전에 잠시 행복의 휴식을 취했던 것인가? 아니면 결국 일본에 혼자 남겨진 그녀가 자신이 아는 유일한 일본인들을 기억하고 그들에게 연락해서 유바리로 향했고, 그제야 타이베이 생활에서는 영위하지 못했던 자유와 기쁨과 따뜻함이 존재하는 유토피아를 발견한 것인가? 영화는 이런 질문에 대한 답을 쉽게 찾을 수 없도록 비약하며 이야기를 생략한다. 여기에서 사용되는 비약은 굉장한 비밀이 아니며 지각의 한계와 관련된 인식론적인 문제도 아니다. 그것은 영원히 메워질 수 없는 어떤 근원적인 결핍에 관한 존재론적인 문제일 것이다.

〈밀레니엄 맘보〉 중반에 등장하는 유바리 장면과 오프닝 시퀀스 장면은 미래의 이야기를 끌고 오는 플래시 포워드와 플래시백 사이의 무언가일 수 있다. 또는 다른 관점에서 이것은 과거의 기억이며 미래에는 상황이 나아질 것을 상기시키는 것일 수도 있다. 한 장면을 어떤 방식으로 해석할지를 영화 전체의 구조와 내용을 바탕으로 추론할 수 있겠지만, 서사의 해답은 보통 다양한 가능성으로 열려 있다. 이러한 열린 면모로 인해 영화는 역설적으로 미니멀한 서사 방식을 통해서 시대의 알레고리로 기억될 여지를 남기고 있다.

비키(서기)의 걷기와 수행적 풍경

〈밀레니엄 맘보〉의 오프닝 시퀀스에서 '여성 산책자 그라디바'로서 논의될 수 있는 몇 가지 요소들이 등장한다. 특히 이 영화의 오프닝 장면과 엔딩 장면에서의 비키의 걸음걸이는 매혹적인 이미지이다. 영화의 타임라인에서 볼 때 플래시백인지 플래시 포워드인지 모호한 오프닝과 엔딩 장면은 전체적인 분위기가 궁극적으로 명확하지 않은 이 영화의 감정을 형상화하고 있다.

오프닝 시퀀스에서 비키가 걷고 있는 다리는 중산 랜드 브리지로, 1970년대에 만들어진 도시 연결 구조물이다. 이 다리는 도시의 지역을 잇는 연결고리로서, 곡선 형태와 푸른 캐노피는 마치 거리를 질주하는 청룡처럼 보인다. 이 130미터의 복도는 무한히 확장되는 듯한 이미지를 연출한다. 비키가 중산 랜드 브리지를 걷는 장면을 구체적으로 설명하면 다음과 같다. 비키(서기 분)의 걷기는 서기를 쫓는 고속 촬영 슬로 모션, 부드러운 움직임을 만들어 내는 스테디 캠을 통해 포착된다. 어두운 밤을 배경으로 카메라가 형광등이 쭉 늘어서 있는 통로의 천장을 훑으면서 아래쪽으로 향한다. 그러면 비키가 머리를 휘날리며 경쾌하게 팔을 휘두르면서 리듬감 있게 걷고 있다. 이어서 비키가 담배를 한 모금 뿜어내는 모습이 보인다.

그림 20. 〈밀레니엄 맘보〉, 오프닝 시퀀스에서 비키의 걷기

이 장면 전체는 슬로 모션으로 보인다. 그녀는 색채가 풍부한 상의를 입고 있고 가벼워 보이는 가방을 대각선으로 메고 있다. 그녀가 미래 시점에서 말하고 있는 내레이션이 깔리는 가운데 그녀는 명랑하고 경쾌하게 앞을 향해 나아간다. 이곳저곳을 자연스럽게 쳐다보면서 걷는데 중간중간 뒤를 살짝 돌아보면

서 카메라 쪽으로 고개를 돌리고 미소 짓는다. 손은 자유분방하게 위아래로 상쾌하게 움직인다. 그녀가 계단을 가벼운 걸음으로 뛰어 내려가는 것을 멈춰 선 카메라가 부감 쇼트로 바라본다. 그녀가 화면 아래쪽으로 점점 멀어져 계단 밑으로 사라질 때쯤 검은 화면으로 전환되며 타이틀 〈밀레니엄 맘보〉가 뜬다. 사운드는 10년 뒤 미래에 삼인칭 시점으로 속삭이는 비키의 보이스오버 내레이션이 들리고, 그 위로 임강林强의 몽환적인 일렉트로닉 음악 '단순적인'單純的人, A Pure Person이 흐른다. 내레이션은 다음과 같다.

그녀는 하오하오와 헤어졌지만 그는 그녀를 쫓아다녔다. 전화를 걸어 돌아와 달라고 애원하길 수차례, 주술이나 최면에 걸린 것처럼 그녀는 도망치지 못해 언제나 돌아왔고 자신에게 다짐했다. 예금해둔 대만 달러 NT$500,000[1,600만 원]을 다 써버리는 날 그를 떠나리라…. 그 일은 10년 전인 2001년의 일이었다. 새로운 밀레니엄 시대를 맞아 세계가 들떠 있던 그때.

이 내레이션에서 비키는 하오하오와 헤어지고 만나기를 되풀이했던 과거의 답답한 상황을 설명한다. 이런 내용을 들으면서 관객은 자신이 고가 다리 위로 비키를 계속 따라가는 것처럼 느낀다. 관객은 지금 보고 있는 것 이외에는 그녀에 대해 아무것도 모른다. 10년 뒤의 비키는 현재의 비키에 대해 계속해서 혼잣말을 한다. 비키는 은행 계좌에 있는 50만 대만 달러를 전부 쓰고 나면 그를 떠날 것이라고 다짐한다. 이 오프닝 시퀀스에서의 비키의 걷기는 왕가위 감독의 영화, 특히 〈화양연화〉에서 수리첸의 걷기와 유사한 부분이 있다. 〈밀레니엄 맘보〉와 〈화양연화〉에서 걷기를 표현할 때 공통적으로 슬로 모션이 사용되고 있으며 그 슬로 모션을 통해서 각각의 시대에 적절한 무드가 탁월하게 만들어지고 있기 때문이다.

〈밀레니엄 맘보〉 오프닝 시퀀스의 사운드트랙은 오랫동안 캐릭터의 마음에 남아 있는 클럽 댄스홀의 메아리처럼 약동하고 생생하게 살아 있는 일렉트로닉 음악이다. 바람 속의 먼지처럼 맘보는 타이베이의 스릴 넘치고 위협적인 도시 배경과 인간관계가 천천히 붕괴되는 모습을 암시한다. 돈을 벌기 위해 비키는 술집 호스티스로 취직하고 나이 든 갱스터 잭(잭 카오)을 만난다. 관계의 발원이 성적 욕망이든 아니면 플라토닉 사랑이든, 이 관계의 본질은 불분명하다. 하지만 결국 하오하오가 비키의 모든 옷을 갈기갈기 찢어버리자 비키는 공포에 질려서 잭의 거처로 숨는다. 영화는 이후 진행에서 연속성을 보여주지 않는다. 비키는 하오하오와 헤어지기 전 어느 시점엔가 클럽에서 만난 한 쌍의 일본인 형제와 함께 홋카이도로 여행을 떠난다. 또 그녀는 불가피한 상황에서 일본으로 돌아간 잭을 찾아 타이베이를 떠나며 영화의 마지막에 일본으로 다시 돌아온다. 허우와 영화 열세 편을 함께 작업한 시나리오 작가 추 티엔은 타원형의 순환적 스토리텔링으로 극적 긴장감을 유지한다.

영화 중반부에 등장하는 한 장면에서는 비키가 잭의 차를 타고 터널을 지나가다 선루프 위로 몸을 내민다. 신이 난 비키는 바람을 맞으며 양손을 뻗어서 마치 하늘을 나는 새와 같은 자세를 취한다. 이 장면은 고속 촬영으로 담아낸 슬로 모션 기법을 이용한다. 평소에는 유쾌한 모습을 거의 보여주지 않는 비키가 여기서만큼은 활짝 웃는 모습으로 표현되고 있다. 터널의 불빛과 임광의 테크노 음악이 조화롭게 어우러져 몽환적인 느낌을 자아낸다. 이 장면은 영화의 오프닝 시퀀스와 유사한 기법과 무드를 공유한다. 그러나 이때는 비가 내리고 있으며, 비키는 잭의 어깨에 기대어 있다.

〈밀레니엄 맘보〉의 엔딩 시퀀스는 영화 전체의 극영화적인 부분을 느슨하게 만드는 세미다큐멘터리적인 특징을 가진다. 비키가 유바리에서 행한 도시 산보가 어떻게 해석될 수 있는지 살펴보자. 잭을 찾아 일본으로 간 그녀는 결국 잭을 만나지 못한다. 일본인 형제와 함께 유바리를 방문한 비키가 눈 덮인 '영화의 거리'에서 평온을 찾는 지점에서 영화는 끝난다. 〈밀레니엄 맘보〉에서 흥미로운 것은 허우 샤오시엔이 자신의 조국인 대만을 부정적 감정을 통해서 형상화한다는 점이다. 오프닝을 제외하면 대만 타이베이의 장면들은 주로 실내에서 촬영되고 주인공에게는 출구가 없는 듯이 답답하게 느껴진다. 그리고 이 영화에서 도심의 거리 이미지는 거의 사용되지 않는다. 타이베이 도심 이미지는 오프닝 쇼트에서 파리의 아케이드처럼 지붕이 있는 육교 터널을 걷는 비키의 뒷모습을 고속으로 촬영하는 스태디캠 기법을 통해 생성되고 있다. 이 쇼트는 몽환적이지만, 출구가 없는 비키의 미래처럼 끝이 보이지 않아 암울한 분위기를 자아낸다. 이와 반대로 일본을 배경으로 한 도쿄와 유바리의 장면들은 주로 실외에서 촬영되어 상대적으로 탁 트인 인상을 준다. 도쿄는 인파가 넘치는 숨 막히는 공간으로, 유바리는 하얀 눈으로 가득한 신비스러운 공간으로 묘사되며 이는 대만의 타이베이와 대조를 이루고 있다. 도쿄 시내 전철이 등장하는 장면은 〈카페 뤼미에르〉2003를 예고하는 듯하다.

비키는 여행객의 눈으로 센티멘탈한 감정을 내비치고 있다. 일본인 형제들의 안내를 받으며 유바리에 있는 영화의 거리를 천천히 걷는다. 그녀가 입고 있는 코트는 잭이 입었던 것이며, 보이스오버 내레이션은 그녀가 잭이 입었던 코트에서 풍기는 애프터 셰이브 향에서 잭의 체취를 느꼈다고 말한다. 잭은 도쿄에서 그녀를 맞이하지 않았지만, 그녀는 잭을 원망하지 않는다.

맑은 미소를 가진 두 명의 일본인 형제는 영화의 거리에서 벽에 걸려 있는 영화 포스터들의 내용을 비키에게 하나씩 읽어주며 하얀 눈길을 천천히 걷는다. 유바리의 밤거리는 홋카이도라고 하면 연상되는 하얀 눈이 뒤덮인 전형적인 도시의 겨울 풍경으로 묘사된다. 영하 30도의 강추위를 피하려는 듯 비키는 예쁜 귀마개와 머플러를 하고 있다. 영화의 거리를 걷던 비키는 어느 순간부터 화면에서 사라지고 그녀의 내레이션만이 들려온다. 그리고 그 내레이션에 맞춰서 일본, 프랑스, 할리우드에서 제작된 다양한 장르의 영화 포스터들이 몽타주되어 천천히 비춰진다. 이때의 카메라는 비키의 비인칭적인 시선인 것으로 보이며 비키는 여성 산책자로서 관객들을 대신해서 거리를 활보한다. 마지막으로 '영화의 거리'라고 적힌 큰 표지판을 배경으로 여성 산책자가 부재한 겨울밤의 풍경을 익스트림 롱 쇼트로 보여준다. 이때의 카메라의 시선은 누구의 것인지 모호하다.

그림 21. 〈밀레니엄 맘보〉, 엔딩시퀀스의 유바리 영화거리에 대한 장면

이런 과정에서 '영화관 속 산책자'는 익명의 다른 군중과 함께 영화관에 앉아 이미지의 숲을 '산책'하게 된다.[1] 파리의 아케이드를 걸어 다니면서 아무 연관이 없이 진열된 상품들을 하나하나 살펴보는 산책자처럼, 비키는 텅 빈 유바리 영화의 거리를 둘러보며 산보한다. '영화관 속 산책자'는 스크린에서 다양한 이

1. 이윤영, 「사유하는 영화」, 『철학연구』 136집, 2015, 81~82쪽.

미지들이 흘러가는 것을 지켜본다. 장-뤽 고다르는 "영화는 구체화된 사유이자 사유하는 형식이다."[2]라고 말했다. 영화작품 속에서 감독의 사유는 무엇보다 영화형식으로 소통하려는 시도를 통해서 드러난다. 반대로 관객은 관습에서 벗어나는 영화형식에 주의를 기울임으로써 감독의 사유에 접근할 수 있다. 영화에서 내러티브가 흘러가지 않은 시간, '죽은 시간'temps mort이라는 개념은 일반적인 영화 문법에서 용납되지 않는 방식이지만, 서사의 전개를 위한 편집 전략을 따르지 않는 〈밀레니엄 맘보〉는 영화의 결말에서 유바리의 영화 거리를 '죽은 시간'으로 재현한다. 이는 특히 도시의 빈 공간 개념과 결합되어, 외면당한 그녀의 삶을 통해 사회의 감정 구조를 드러내고 있다. 크리스 마커의 에세이형 다큐멘터리처럼, 느린 카메라 움직임, 현대적인 몽타주, 문학적인 보이스오버 내레이션, 그리고 세련된 음악으로 관객의 정신에 날카로운 감각을 자아낸다.

대만 근대화를 형상화하는 여성 산책자

이제 〈밀레니엄 맘보〉를 〈해상화〉[1998], 〈남국재견〉[1996], 〈애정만세〉[1994]와 비교해 보자.

---

2. Antoine de Baecque and Philippe Chevallier (dir.), *Dictionnaire de la pensée du cinéma*, Paris, Presses Universitaires de France, 《Quadrige》, 2012, vii.

우선 〈밀레니엄 맘보〉에서 비키가 음악에 취해 있는 상태에 초점을 맞추면, 이전 작품인 〈해상화〉와 연결 지을 수 있다. 〈해상화〉는 사람들이 아편에 취한 상태를 보여주는 영화이다. 이 영화에서 허우 샤오시엔 감독은 아편에 취해 몽롱한 상태를 관객이 경험하게 하려고 화면에 몽롱한 상태를 그려내고 있다. 페이드인과 페이드아웃으로 눈앞의 장면이 천천히 사라지는 몽롱함을 묘사하였고, 이는 붉은 미장센과 뿌옇게 퍼진 조명, 그리고 환각적인 음악과 함께 술과 아편에 취한 무드를 만들어냈다.

〈밀레니엄 맘보〉의 테크노 음악과 다양한 색깔의 조명, 〈해상화〉의 페이드 기법과 붉은색 계열의 미장센 모두 영화의 환상성을 드러내는 영화적 장치라고 할 수 있다. 이를 통해 허우 샤오시엔은 영화를 보는 물리적 경험이 자연스럽게 서사 속 역사적 맥락과 연결되어 공명하도록 유도하고 있다. 허우 샤오시엔은 매치 컷match cut을 사용하여 시간과 공간을 연결하고 눈 깜짝할 사이에 시간을 앞당긴다. 그러고는 과잉 행동 의식의 흐름을 모방하여 영화가 실제보다 덜 선형적으로 느껴지는 시간적 불안정성의 느낌을 자아낸다. 매치컷은 서로 다른 장소의 장면 전환에 사용되는 편집 기법으로, 서로 다른 두 장면을 시각적 매칭 요소를 만들어 자연스럽게 이어지도록 한다.

〈해상화〉는 〈밀레니엄 맘보〉와 마찬가지로, 그리고 허우의 첫 로맨틱 코미디 〈귀여운 여인〉1981과는 달리 음악의 끊임없이 사용을 특징으로 한다. 〈해상화〉의 사운드트랙은 마치 매음굴 어딘가의 인접한 방에서 우연히 들려오는 방향도 끝도 없는 소음처럼 느껴진다.

다음으로 허우 샤오시엔의 〈남국재견〉에서 〈밀레니엄 맘보〉의 터널 장면과 유사한 장면을 비교 고찰해 보자. 〈남국재견〉의 중반부에 잭의 일행이 오토바이를 타고 구불구불한 길을 지나가는 장면은 롱테이크로 연출된다. 이는 〈밀레니엄 맘보〉와 유사한 구도로 찍었고 그 장면에 흐르는 음악에 의해 몽환적인 무드를 풍긴다.

〈남국재견〉은 주인공 잭 일행이 자동차로 끊임없이 이동하는 모습을 장면과 장면 사이의 브리지처럼 반복적으로 삽입한다. 그렇게 끊임없이 이동하던 자동차는 영화의 말미에 가서 논두렁에 처박히면서 영화는 갑자기 끝나버린다. 이러한 엔딩을 통해 사실 대만인들에게 출구가 없다는 것을 강조하고 있다. 허우 샤오시엔은 중국과 복잡한 관계를 맺고 있는 대만의 미래가 불투명하다는 것을 이러한 엔딩을 통해 암시한다.

〈남국재견〉에서의 이동이 출구 없음을 시사하기 위한 것이었음을 상기해 본다면 〈밀레니엄 맘보〉에서 두 번 나오는 터널 장면도 보이는 그대로의 이미지와는 다른 의미로 새겨볼 수 있다. 10년 뒤의 미래에서 과거를 추억하는 비키의 시점으로 진행되는 〈밀레니엄 맘보〉 속 비키의 미래 또한 〈남국재견〉에서의 잭 일행과 크게 다를 바가 없다. 〈남국재견〉과는 다르게 하얀 눈의 이미지로 끝나는 〈밀레니엄 맘보〉는 다소 희망을 품고 있다고 볼 수도 있다. 그러나 〈밀레니엄 맘보〉가 마지막에 도달하는 공간이 대만이 아니라 일본의 영화도시 유바리라는 것은 이 공간이 품고 있는 환상성을 환기시킨다.

〈밀레니엄 맘보〉의 엔딩 시퀀스에는 유바리 영화의 거리에 즐비해 있는 영화 포스터들이 등장한다. 그 영화 포스터들은 과거의 것들로, 이 시퀀스에서 여러 번에 걸쳐 자세하게 보여준다. 그것들은 일본과 프랑스, 이탈리아의 고전영화 포스터들이다. 쿠마이 케이의 〈쿠로베의 태양〉1968, 쇼치쿠 영화사의 대표적인 시리즈인 야마다 요지의 〈남자는 괴로워〉1969, 앙리 베르누이의 〈지하실의 멜로디〉1963 등이다. 영화 포스터 속에는 알랭 들롱, 장 가뱅, 아츠미 키요시, 타카미네 히데코, 이시하라 유지로, 미후네 토시로, 찰스 브론슨 등이 그려져 있다. 이들 모두 영화 팬의 기억 속에 남아 있는 스타들이다. 이 포스터들로 인해 자연스럽게 과거의 기억들이 소환된다.

이 시퀀스와 유사한 장면이 에드워드 양의 〈공포분자〉에 등장한다.3 이립중李立中은 아내와 직장 상사 모두로부터 배신을 당한다. 이립중은 자신이 단절과 고립으로 점점 무너져 가는 와

---

3. 〈공포분자〉에는 총 네 명의 주인공이 있다. 의사 이립중, 그의 아내이자 소설가 주울분, 젊은 사진가 소강, 그리고 가출소녀 숙안이다. 이 영화는 1980년대 대만의 불안정한 시대상을 투영해 단절과 고립의 인간상을 나열한다. 권태로운 일상 속 네 주인공은 장난전화 한 통으로 비극으로 치닫는다.

중에 도시 건물 외벽에 쭉 붙어 있는 영화 포스터들을 배경으로 무기력하게 걸어간다. 에드워드 양 감독은 이립중이 포스터들을 지나치는 모습을 롱 쇼트의 위치에서 패닝으로 천천히 보여준다. 이는 영화 속의 영화로 현실과 재현에서의 메타 시네마적 형상화로 해석할 수 있다. 하지만 다른 한편으로, 〈밀레니엄 맘보〉에서 비키가 도달하는 유바리는 〈남국재견〉 속 논두렁과 크게 다르지 않을지도 모른다. 영화적 판타지가 깃든 공간의 환상성을 빌려 비키의 미래에 대해 모호하게 제시하는 것이다.

이제 〈밀레니엄 맘보〉와 같은 맥락에서 이해할 수 있는 차이밍량의 〈애정만세〉1994에서의 여성의 걷기, 즉 부동산 중개회사 직원인 메이린(양구매)의 여성 산책자로서의 행보를 살펴보자. 〈애정만세〉는 여주인공인 부동산 중개회사 직원 메이(양구이메이)와 납골당 판매원인 시아오강(리캉성), 불법 노점상 아정(천샤오잉)을 통하여 산업화 속에서 누구와도 진정한 관계를 맺지 못하는 현대인의 공허한 삶을 묘사하였다.

1980/90년대 전성기를 구가했던 대만 뉴웨이브는 2000/10년대 전성기를 구사하는 대만 청춘 로맨스물과는 형식적으로나 내용적으로나 정반대에 위치한다. 예를 들면 대만 뉴웨이브의 대표작 중 하나인 〈애정만세〉는 출구 없는 폭력의 사회 구조 속에서 한 개인의 폐기를 성애적인 관계를 통해 형상화하고 있다. 〈애정만세〉가 사건들과 그 사건들 사이의 긴장감을 전개하는 방식은 전형적인 영상 문법을 벗어나 있다. 대화가 거의 없

으며 평상 속도의 화면만이 진행되어 무미건조한 정서를 표현한다. 그래서 〈애정만세〉는 미칼란젤로 안토니오니로 대표되는 유럽 예술영화의 모더니즘 영화들 〈정사〉1960, 〈밤〉1961 등과 궤적을 같이한다. 〈애정만세〉는 대만 뉴웨이브의 모더니즘 영상미학 성취를 전 세계에 알린 예술영화이다.

〈애정만세〉는 아파트에 꽂혀 있는 열쇠 이미지로 시작한다. 부동산 중개인 메이가 그녀가 관리하는 빈 아파트 문에 열쇠를 꽂아둔 채 가버린 것이다. 납골당을 판매하는 시아오강이 우연히 그 열쇠를 발견한다. 시아오강은 그 열쇠를 손에 넣은 김에 빈집에 몰래 들어가서 생활을 시작한다. 그러던 어느 날 메이는 아정과 찻집에서 우연히 만난다. 아정은 하루 벌어 하루 먹고사는 무기력한 청년이다. 메이는 아정과 하룻밤을 즐기기 위해 빈집으로 그를 데리고 들어온다. 그렇게 메이와 아정은 아파트에서 정사를 나눈다. 아정 역시 열쇠를 몰래 가지고 와서 빈집에 잠입한다. 두 명의 낯선 남자는 그 빈집에서 숨어 지낸다. 그러던 어느 날 그들은 빈집에서 서로 마주치게 되고 친구가 된다. 그 후로 아정과 시아오강은 매일 인스턴트 음식으로 끼니를 때우고, 맥주를 마시고 담배를 피우며 하루하루를 보낸다. 어느 날, 잠을 이루지 못하던 메이는 아정을 찾아 빈 아파트에서 공허한 정사를 나눈다. 그렇게 메이는 새벽녘에 조용히 밖으로 나와 홀로 공원을 걷다가 여전히 혼자 있는 자신을 발견하고 돌연히 통곡한다.

〈애정만세〉는 등장인물의 내면세계를 각기 다른 장면을 통해 묘사할 뿐 셋 사이의 복잡다단한 사건 전개를 추구하지 않는다. 인물 간의 관계를 통해 이야기가 같은 공간에서 진행된다. 하지만 이들의 상호관계는 최소화되어 병렬적으로 진행된다. 이러한 형식은 이들 삶의 본모습을 있는 그대로 드러내려는 감독의 의도이기도 하며 이런 측면에서 〈애정만세〉는 모더니즘 기법을 따르면서도 기본적으로는 현실주의의 규율을 지키고 있다고 할 수 있다. 이들 셋은 한 아파트에 살면서도 함께 살고 있지 않다. 한 아파트에 얹혀 있다거나 깃들어 있을 뿐이지 상대방과의 의사소통을 위해 노력하지 않는다. 그들은 아파트에서 타인의 흔적을 확인하면서도 그 흔적을 추적하지 않는다. 그들 모두 자신의 삶을 즉자적으로만 살 뿐 자신의 삶 속에 타인을 끌어들인다거나 타인의 삶과 관련되고자 하지 않는다.

시아오강은 슈퍼마켓에 들렀다가 다방에서 차를 한잔하면서 납골당 선전지를 정리하고는, 오토바이를 타고 요소요소에 선전지를 돌리고 아파트로 돌아온다. 아파트 안에 아무도 없는 것을 확인한 뒤 아파트로 들어간 시아오강은 사 온 수박에 칼로 구멍을 두 개 뚫어 볼링 연습을 하는데, 수박에 정겨운 뽀뽀를 하거나 벽에 부딪혀 수박이 깨지자 깨진 수박을 먹기도 한다. 그는 또 수박을 볼에 비비기도 하다가 또 메이의 여자 옷들로 갈아입고 하이힐을 신고 팔굽혀펴기를 하는 등 역할극을 한다. 시아오강은 복장 전도를 통해서 트랜스젠더 캐릭터로서의 정체성을 보여주고 이를 통해 관객에게 볼거리를 제공하는 퍼포먼스를 수행한다. 어느 날 함께 있던 시아오강과 아정은 메이의 인기척을 지각하고 아파트를 나와, 공중화장실에서 함께 세수한다. 이후 아정은 바로 아파트에 있을 메이에게 전화를 걸지만, 시아오강에게서 빌린 동전이 모자라는 바람에 통화를 제대로 끝내지 못한다. 이후 아정이 길거리 한구석에 옷을 깔아놓고 파는데 갑자기 경찰이 나타나 아정은 후다닥 옷가지를 챙긴다. 그리고 메이가 길거리에 나타나자 아정은 그녀와 아무런 대화도 나누지 않고 길거리에 서서 국수를 함께 먹는다. 메이와 아정은 아파트로 돌아가 두 번째 정사를 벌인다. 그런데 이때 아파트에 있던 시야오강은 하는 수 없이 침대 밑에 숨는다. 그들이 정사를 마친 뒤 메이가 옷을 챙겨 입고 떠나고 나서야 아정은 침대 밑에서 나온다. 그 후, 벗은 채로 침대 위에서 잠들어 있는 아정에게 시아오강이 입을 맞춘다.

메이는 아침에 신문배달소에 가서 아파트 선전지를 넣어달라고 부탁한다. 그녀는 아파트 근처 나무에 매물로 나온 아파트에 대한 선전 판넬을 붙이고 자동차 위에도 판넬을 세워놓는다. 그리고 매물로 나온 다른 아파트에 가서 수첩에 적힌 사람들에게 전화를 걸어 아파트 매매를 종용한다. 점심때가 되면 길거리에서 적당히 끼니를 때우며 핸드폰으로 거래 전화를 받는다. 매물로 내놓은 아파트에 가서 약속한 손님과 만나 거래하려 하지만 잘되지 않고, 이내 담배를 한 대 피우거나 귀찮은 모기를 잡기도 하며, 아파트로 돌아와서는 목욕도 하고 배가 고파 냉장고에서 빵도 꺼내 먹기도 한다.

〈애정만세〉가 제작된 1990년 초반은 대만의 경제 발전이 꽤 높은 수준에 도달한 시기였다.[4] 이미 1970년대에 컬러TV가 일상적으로 보급되었고 자가용 보급도 한국보다 훨씬 앞선 시기에 이루어졌다. 참고로 1980년대와 90년대 초반까지의 대만 경제력은 중국 대륙 전체의 40%에 해당하는 수준이었다. 덕분에 대만은 1997년 동아시아 IMF 외환위기의 유탄을 여유롭게 넘길 수 있었다. 하지만 성장 가도를 달려오던 대만의 경제는 2000년대 이후 침체되고 있다. 사실 성장률 자체는 2007년까지도 상당했지만 이미 1990년대 말부터 임금 수준이 동결되기 시작했다. 그리고 결국 2001년 닷컴버블 붕괴로 역성장하면서 성장률과 무관하게 임금이 동결되는 추세가 굳혀졌다. 반면 집값은 고공행진 하면서 실제로 체감하는 삶의 질이 떨어졌다.[5] 그

4. 대만은 1992년 1인당 국민소득 1만 달러를 달성하게 된다. 대만은 이미 1983년에 개발도상국에서 선진국으로 분류된 최초의 국가이다. 대만은 1993년~2002년까지 그리스보다 1인당 GDP가 높은 상태를 유지하였고 1990년대까지는 한국에서도 모범적인 경제성장을 이룩한 나라이자 따라잡아야 할 국가로 언급되는 나라였다.

5. 1980년대 중반 이후 한 부부당 자녀의 수가 두 명 아래로 떨어졌고 고령화가 급속도로 진전되었으며, 동시에 변화하는 세계 시장에서 입지가 흔들리기 시작했다. 2008년 이후에는 중소기업이 줄줄이 도산하면서 대기업 위주의 산업구조로 재편 중이다. 2022년 대만은 코로나19 팬데믹 이후 반도체 산업에 대한 지원을 집중적으로 강화했으며 다시 한국과 일본의 1인당 GDP를 앞서게 된다.

리고 대만 내부적으로는 독립 문제가 심각한 갈등을 유발하고 중국 경제에 의존하는 경제구조가 내부 역량을 깎아내리는 요인이 되었다. 대만의 국가 경쟁력은 2020년대 이후 TSMC 반도체 호황으로 다시 전성기를 맞이했지만, 중국의 대만 침공과 관련된 위기로 인해서 과거와 비슷한 현상을 겪게 될 것으로 예측된다. 이러한 사회경제적 배경은 〈애정만세〉에서 묘사되는 캐릭터들의 생활에 영향을 미치며, 그들이 대면하는 현실과 삶의 어려움을 더 잘 이해하게 해 준다.

〈애정만세〉의 엔딩 시퀀스는 〈밀레니엄 맘보〉의 엔딩 시퀀스처럼 영화도시를 걷는 여성을 시청각적으로 형상화하고 있다. 〈애정만세〉의 영화도시를 걷는 여성에 대해 살펴보자. 이 장면에서도 메이의 현실적인 극복 의지를 찾아볼 수 없다. 메이는 새벽녘 아파트에서 홀로 나와 걷기 시작한다. 그녀는 미니스커트 차림에 울로 된 재킷을 입고 우측 어깨에 핸드백을 멘 채로 화면의 대각선 방향으로 이동한다. 그녀는 앞쪽을 바라보며 무심한 표정으로 하이힐을 신고 또박또박 리듬감 있게 걷는다. 배경으로는 질퍽한 흙들과 함께 황량한 평지가 펼쳐지고 멀찌감치 건물들이 보인다. 그녀가 걷고 있는 길에는 공사 현장임을 알려주는 노란색 띠가 보인다. 다음 화면은 익스트림 롱 쇼트로 넘어가 공사가 진행 중인 것 같은 황량한 공원의 풍경이 보인다. 공원 뒤쪽 멀리 수평으로 이어져 있는 건물들이 보이고 공사 중인 공원에는 드문드문 나무들이 보인다. 그녀는 화면 뒤쪽에서 우측으로 걷는다. 카메라는 천천히 좌측으로 패닝을 하면서 거의 360도로 회전하기 시작한다. 그리고 공원 주변 풍경을 비추고 메이는 화면 밖으로 사라진다. 아침에 조깅을 하거나 산보하러 나온 사람들이 드문드문 보인다. 원경에는 차들이 지나다니는 도로가 보인다. 다시 메이가 나뭇가지들이 바람에 휘날리는 길을 따라 걸어간다. 층계가 있는 계단에 대각선 방향으로 쭉 벤치들이 드문드문 보인다. 화면의 우측 한 노인이 신문을 읽고 있고 메이는 몇 계단을 내려와서 벤치에 앉아 흐느끼기 시작한다. 노인은 신문을 읽고 있다. 뒤쪽으로는 빈 벤치들이 대각선으로 펼쳐져 있는 가운데 메이의 우는 얼굴이 보인다. 바람이 불어와 그녀의 머리카락이 휘날린다. 머리카락 때문에 그녀의 얼굴은 일부 가려진다. 그녀는 앞쪽을 바라보고 한동안 눈물을 흘리며 훌쩍거린다. 그녀는 숨을 진정시키면서 서서히 울음을 그치고 얼굴을 덮고 있던 머리카락을 다시 단정하게 넘긴다. 휴지를 꺼내 눈물을 닦고 담배를 꺼내 피기 시작한다. 마음이 진정된 듯 담담한 표정으로 앞쪽을 바라보며 담배 연기를 내뿜는다. 불어오는 바람에 그녀의 머리가 휘날린다. 그녀는 담배 연기를 한두 번 내뿜으며 머리를 넘긴다. 그녀는 다시 훌쩍이고 카메라는 그녀를 응시한다. 다시 그녀가 눈물을 터뜨리기 직전 영화가 끝난다.

영화 〈애정만세〉의 타이베이 인물들은 자존감을 채워주는 어떠한 관계도 만들지 못하는 외로운 상황에서 흐느끼고 있다. 거칠게 설명하면 '낭만적 아이러니'romantic irony는 개인이 그/그녀 자신 안에 있는 제약을 무한대로 부정하는 행위이다. 〈애정만세〉에서 인물들이 처해 있는 이런 상황에서의 소외는 '낭만적 아이러니'와는 안티테제적인 것으로, 개인의 탄생과 그것이 야기한 주체의 분열로 인해 나타나는 세속화된 세계에서의 아이러니와 관련된다.[6] 특히 동아시아의 도시들은 압축적인 근대화 과정과 함께 외향적으로나 규모 면에서 극도로 빠르게 변화해 왔다. 〈애정만세〉의 엔딩시퀀스에서 공원은 일종의 폐허의 시학과 관련되어 있다. 영화의 걷기가 구성하는 메이의 정신적인 풍경이 공사 중인 공원의 파헤쳐진 땅들을 통해서, 그리고 그녀의 끝없이 흘러내리는 눈물을 통해서 형상화된다. 메이의 타이베이 걷기는 해방과는 안티테제 관계에 놓이며, 사회에 의해 폐기된 개인의 비극적 상황 그 자체를 수행적으로 형상화하고 있다. 이는 앞에서 언급한 일종의 '알레고리를 담은 역사화'로 분류할 수 있다. 도시의 빈 공간은 사회의 집단 기억이 퇴적되고 재구성되는 곳이다. 그리하여 이러한 폐허의 엔딩 시퀀스는 개인과 사회, 주관과 객관, 삶과 죽음의 경계에서 상반되고 모순되는 이중의 개념들을 형상화하고 있다.

---

6. 박현용, 「낭만적 아이러니 개념의 현재적 의미」, 『獨逸文學』, 92집, 2004, 173쪽.

6장

〈여름궁전〉

베이징의 유홍, 학뢰

〈여름궁전〉의 개요와 위상 및 구조

로우예 감독의 〈여름궁전〉[2006]은 1989년 6월 4일 중국 천안문 사건[1]과 그로 인해 영향을 받은 유홍(학뢰 분), 그녀의 친구와 애인 들의 이야기를 다룬다. 특히 이들의 사적 삶과 시각을 중심으로, 베이징과 베를린 등 다양한 도시에서 여성 산책자인 유홍의 걷기를 보여주며 (초)국가적·영화적 지도를 그리

---

1. 천안문 사태는 톈안먼 사건 또는 제3차 천안문 사건, 또는 6·4 사건이라고도 불린다. 2020년대 여전히 공식적인 역사로 합의가 안 된 상태이기 때문에 여기서는 천안문 사태로 칭한다. 1989년 6월 4일 후야오방의 사망 이후 천안문 광장 등지에서 시위대와 인민이 전개한 반정부 시위를 중화인민공화국의 개혁개방 정권이 유혈 진압한 사건이다. 사망자 수는 BBC에 의하면 1만여 명으로 추산된다. BBC News, "Tiananmen Square protest death toll 'was 10,000'", 〈BBC〉, 2017년 12월 23일 수정, 2023년 8월 20일 접속, https://www.bbc.com/news/world-asia-china-42465516.

며, 국가적 트라우마를 드러낸다. 영화는 1980년대 후반부터 2010년대 초반까지 중국의 산업화 과정에서 나타난 영화도시의 여성 산책자를 표상하기 위해 길림성 출신의 여성 배우 학뢰를 캐스팅했다. 그리하여 중국의 미美를, 친밀한 경험의 지도 그리기의 표현인 부드러운 지도로 형상화했다.

로우예(1965년생)는 중국의 시대상을 사실적으로 반영하는 감독으로 〈여름궁전〉 이전에 다섯 편의 영화를 제작했다. 그중 〈주말 연인〉1995, 〈수쥬〉2000는 정부 검열에 맞서 중국 내 청춘의 현실을 보여주는 영화들로, 중국 내 상영 금지 처분을 받았고 감독의 영화 제작 2년 금지 조치를 초래하였다. 〈주말 연인〉은 황량한 미래로 목적없이 나아가는 상하이 젊은이들의 슬픈 현실을 폭력적인 멜로드라마로 그렸다. 감옥에서 출소한 아시는 9년 동안 만나지 못했던 애인 리시안을 찾으러 간다. 그러나 불행히도 리시안에게는 새로운 애인 라라가 있다. 사랑을 차지하기 위한 두 남자의 대결은 점차 폭력적으로 변해간다. 〈수쥬〉는 상하이를 가로지르는, 인어 전설이 전해지는 수쥬강이 중심 배경이다. 비디오 촬영기사인 '나'의 시점으로 두 연인, 마다와 모우단의 목숨까지도 버리는 열렬한 사랑 이야기가 펼쳐진다.

〈여름궁전〉에서는 1989년의 천안문 사건과 1992년 개혁경제(경제 개방)뿐만 아니라 다음과 같은 국내외 정치적 흐름을 몽타주를 통해서 보여준다. 1989년 베를린 장벽 붕괴, 1990년 독일의 재통일, 1991년 소비에트 붕괴, 1991년 유고슬라비아 연방의 해체 등이다. 중국 내에서는 천안문 사건 이외에도 1987년부터 1989년까지의 자유 티베트 운동, 1992년 개혁개방을 통한 시장경제 방식의 도입, 1997년 홍콩 인수, 1997년 2월에는 우루무치에서의 연쇄버스 폭발사건, 반환 이후 1국 2체제를 유지해왔던 홍콩에서의 2019년 민주화 운동 등이 지속적으로 존재해왔다. 특히 천안문 사건은 민주화에 대한 중국 청년들의 요구가 공권력에 의해 무자비하게 진압된 국가 폭력의 대표적인 사례이다. 결과적으로 1980년대 후반 중국 내부에서는 중국다움Chineseness에 관한 질문과 함께 기억과 정체성의 문제가 부상하게 된다. 그리고 1989년 6월 4일 '천안문 사건'을 통해서 일당 독재 국가체제에 대한 변화를 중국의 민중이 요구하고 있음을 알게 된다.

여성 산책자를 발견할 수 있는 대표적인 1930/40년대 중국 영화는 다음과 같다.[2] 예를 들면 평범한 한 소녀가 유명한 배우를 사랑하며 겪는 비극 이야기 〈은하수의 두 별〉[3], 상하이 영화 스튜디오를 배경으로 한 코미디 〈도시 생활의 풍경〉[1935]과

---

2. 중국의 1930/40년대 영화들의 선정은 다음의 참고문헌을 참조하였다. Zhang Zhen, "An Amorous History of the Silver Screen", *A Feminist Reader in Early Cinema*, Duke University Press, 2002 ; G. Andrew Stuckey, *Metacinema in Contemporary Chinese Film*, Hong Kong University Press, 2018.

3. 〈은하수의 두 별〉(1931)에서 소녀를 사랑하고 소녀를 스타로 만드는 유명한 배우는 소녀를 시골에서 쫓아내고, 소녀는 불행한 삶을 살게 된다.

같은 영화가 있다. 이 작품들은 내러티브에서 영화의 매개성과 관람 대상을 직접적으로 주제화한다. 또한 좌파의 걸작 〈길거리의 천사〉[4]나 〈무대 위의 두 자매〉[5] 같은 영화에서 수행성은 핵심적인 영상미학이었다.

또한, 천안문 사태가 있었던 1989년을 전후로 해서 2000년대 중국영화에서 여성 산책자의 원천을 발견할 수 있는 대표적인 영화와 여성 산책자 등장인물(과 배우)는 다음과 같다. 2000년대 이전 작품으로는 〈부용진〉[1986]의 오금(유효경), 〈홍등〉[1991]의 송련(궁리) 〈집으로 가는 길〉[1999]의 쟈오디(장쯔이)

---

4. 〈길거리의 천사〉(1937)는 전쟁 전 상하이에서 영화 산업이 태동한 시기부터 가장 많은 사랑을 받아온 작품 중 하나이다. 이 영화는 상하이가 일본에 함락되기 직전에 개봉하였으며 문화혁명 시기에 상영금지를 당하기는 했지만 지금까지도 배급되고 있다. 〈길거리의 천사〉는 어쩔 수 없이 창녀가 된 가난한 찻집 여가수의 이야기이다. 여가수 역을 맡았던 가수 쩌우쉬엔은 당대 최고의 스타로 종초홍, 관지림과 함께 역대 중국영화계의 9대 미인 중에 한 명으로 꼽히는 1930년대 최고의 가수였다. 〈화양연화〉에서 라디오를 통해 흘러나오던 노래 〈화양적연화〉(1946)가 바로 쩌우쉬엔의 노래로 영화 〈장상사〉에서 쩌우쉬엔이 불렸던 곡이다.

5. 중국의 3세대 감독 시에진(謝晋)의 〈무대 위의 두 자매〉(1964)는 월극 여성 배우의 삶 속에 재현된 격동의 1930년대를 배경으로 하고 있다. 〈무대 위의 두 자매〉에서 가장 두드러지는 점은 여성들 사이의 연대이다. 봉건제의 굴레 속에서 겨우 빠져나온 춘화는 여홍의 부친인 싱 사부의 도움으로 배우의 길에 들어선다. 같이 무대에 서게 된 두 여성은 곧 하나의 운명 공동체가 된다. 의자매는 당시 사회적인 약자로 천대받은 여성 배우들의 현실과 마주한다. 돈만 밝히는 극단 단장 아신은 지방 세도가에게 성 접대를 하라고 여홍을 겁박한다. 거부하는 여홍에게 아신은 '배우라면 그런 걸 해낼 수 있어야 한다'고 말한다. 영화는 무대 바깥의 세상이 여성 배우들에게 결코 호락호락하지 않다는 것을 보여준다.

등이 있다. 2000년대의 작품으로는 〈수쥬〉 2001의 메이메이/모우단(저우신), 〈로스트 인 베이징〉 2007의 핑궈(판빙빙) 등이 있다. 2010년대의 주요 논의 대상으로는 〈산사나무 아래〉 2010의 징치우(주동우), 〈우리가 잃어버릴 청춘〉 2013의 정웨이(양자산), 〈동탁적니〉 2014의 샤오즈(주동우), 〈안녕, 나의 소울메이트〉 2017의 안생(주동우)/칠월(마사순), 〈먼 훗날 우리〉 2018의 팡샤오샤오(주동우), 〈너를 만난 여름〉 2019의 경경(하람두), 〈소년시절의 너〉 2019의 첸니엔(주동우) 등이 있다.

〈여름궁전〉의 유홍은 중국, 북한, 러시아가 국경을 맞대고 있는 도문 지역의 조선족 여성이다. 이야기가 진행되면서 그녀는 중국에서 가장 북쪽에 위치한 도문에서부터 발전된 남쪽 도시로 이동해 나간다(도문-베이징-우환-선전). 이를 통해 관객은 유홍의 개인적인 방황과 중국 도시들 간의 성장과 변화를 공시적으로 목격할 수 있다. 중국 도시들을 돌아다니면서 유홍은 19/20세기 초 파리의 여성 플라네르와 같은 관찰자-주체의 면모를 보인다.

중국영화는 홍콩, 대만, 한국의 영향을 받아 상업 영화로서 큰 발전을 이루고 있다. 2000년대 이후로, 홍콩과 대만의 영화는 범중화권 영화산업의 성장으로 인해 중국 영화에 빠르게 흡수되고 있다. 중화권의 영화들은 중국 본토의 검열 수용과 영화산업의 상업적인 고려에 따라 중화권 배우들과 중국 본토를 연결하는 방식으로 발전해 나가고 있다. 이런 상황에서 홍콩 영화와 중국영화를 구분하는 것은 사실 무의미하다고 볼 수 있다. 이 책에서 2000년대 홍콩 영화를 중국영화와 분리하여 논의하는 것은 1997년 홍콩 반환(혹은 회귀)과 관련된 논의를 확장하기 위한 것이다. 다시 말해서, 이러한 분류는 인위적인 선택일 뿐이다.

〈여름궁전〉에서는 1989년 천안문 사건을 직접적으로 그리는 한편, 성욕과 욕망을 직설적으로 묘사한다. 전체적으로 약 2시간 20분 동안, 여섯 번 이상의 섹스 장면이 롱테이크로 펼쳐진다. 이러한 장면들은 남성과 여성의 신체를 과감하게 드러내며, 자위행위와 동성애 관계를 암시한다. 성에 대한 이러한 관심은 문화와 예술에서 비즈니스와 경제에 이르는 중국 사회의 다양한 영역에서 진행되는 강력한 자유화를 반영한 것이라 할 수 있다. 하지만 유홍의 성적 여정은 그녀가 세상과 소통하고, 자신의 인생에서 의미를 찾아가는 필사적인 시도이다. 유홍의 성적 시도는 영화 전반에 걸쳐 산발적으로 나타나는 그녀의 일기 항목과 결합하여, 비디제시스non-diegesis적으로 그녀의 어두운 내면 세계를 드러내고 있다. 이런 일기 표현은 절망과 슬픔으로 가득한 유홍의 내면 세계를 드러낸다. 〈여름궁전〉은 칸 영화제에 출품되어 전 세계 비평가로부터 긍정적인 평가를 받았지만, 중국 정부로부터는 역시 환영받지 못했다. 중국에서 이 영화는 공개 상영이 금지되고 감독은 5년간 영화제작 참여가 금지되었다. 이는 정부의 공식 승인 없이 칸 영화제에 영화를 출품한 것에 대한 처벌이었다.

〈여름궁전〉의 줄거리를 두 부분으로 나누어 살펴보자.

전반부에서는 1980년대 후반, 북한과 접경 지역인 도문에서 살던 조선족 여고생 유홍의 이야기로 시작된다. 유홍은 북청 대학6에 입학하여, 대도시 베이징에서 락 음악과 디스코 파티, 이성애와 동성애를 아우르는 캐주얼한 섹스, 그리고 문화 토론 등의 문화적 르네상스를 경험한다. 그녀는 친구 리티, 리티의 남자친구 루오구, 그리고 자신의 연인 저우웨이를 만나게 된다. 하지만 1989년 천안문 사건이 일어난 6월 4일 밤 유홍은 리티와 저우웨이가 잠자리를 같이한 것을 목격하게 되고, 그녀의 삶은 갑작스레 변하게 된다. 이튿날 저녁 유홍의 옛 연인 샤오준이 갑자기 찾아와 유홍과 함께 도문으로 돌아가게 된다.

후반부에서는 주요 인물들이 1990년대부터 2000년대 초반까지의 삶을 어떻게 살아가는지를 보여주고 있다. 유홍은 중국 내부의 다른 도시인 선전과 우환에서 일자리를 찾는다. 이러는 동안 그녀는 저우웨이를 잊지 못하면서도 유부남과 연애하고, 직장 동료와의 관계도 깊어져 간다. 한편, 리티·루오구·저우웨이는 독일 베를린에서 평화로운 삶을 영위하며, 리티와 저우웨이는 사랑을 나눈다. 그러나 저우웨이가 중국으로 돌아가겠다는 계획을 들은 리티는 자신의 삶을 끝내버리고, 유홍은 중국

---

6. 북청 대학은 실존하지 않으며 영화 속 가상의 대학이다.

으로 돌아와 다시 사랑을 찾게 된다. 천안문 사건이 발생한 지 10년 이상이 지난 후 유홍은 저우웨이를 다시 만나지만, 서로 더 이상 예전처럼 사랑하지 않는다는 것을 깨닫는다.

〈여름궁전〉에서 로우예 감독은 천안문 사건 자체의 거친 재창조가 아니라 해당 사건에서 당사자들이 받은 압박을 심층적으로 탐색하는 것을 추구한다. 그래서 이 영화는 중국영화사를 통틀어 천안문 사건에 대한 표현의 대담함과 예술성에 있어서 주목할 만한 작품이 될 수 있었다. 영화에는 1989년의 시위와 그에 대한 최종 군사 진압을 전체적으로 묘사하는 시퀀스가 포함되어 있다. 천안문 시위가 있던 날, 학생들에게 발포하기 직전의 중국 인민해방군의 불안한 이미지를 묘사한다는 점에서 특히 그러하다. 이외에도 영화 속에는 사건에 대한 실제 뉴스 영상이 삽입되었고 거리를 따라 걸어가는 학생들의 흐릿한 이미지들 또한 포함되었다. 〈여름궁전〉은 베이징 천안문 시위에 대한 탄압과 그것에 의해 영향을 받는 유홍이라는 여성의 트라우마, 그 증상으로서의 멜랑콜리아로 설명할 수 있다. 이 영화의 주요 인물들은 천안문 사건이라는 트라우마적인 경험을 통과하면서 산책자로서 인터–국가inter-nation와 초–국가trans-nation의 디아스포라를 겪는다. 유홍은 샤오준과 함께 도문으로 돌아갔다가 그 이후 중국 전역을 돌아다니게 되는데 이러한 유홍의 여정을 인터–차이나inter-China의 부유라고 할 수 있다. 한편 리티와 저우웨이는 베이징을 떠나 독일에 루오구와 함께 머물게 되어 초국가적으로 부유하게 된다. 영화는 인간의 맵핑 충동에 기반해서 작가의 세계 인식과 문제의식을 시각적으로 공간 안에 재구성하여 영화적 지도로 표현한다.[7] 절대적인 데카르트식 지도에 저항하면서, 개인적인 몸의 움직임으로 공간을 재영토화하고 지도를 다시 그리는 방법이다.

이런 맥락에서 〈여름궁전〉에서 중국을 인터-차이나 방식으로 횡단하는 듯한 유홍의 방랑과 초국가적으로 이동하는 리티와 저우웨이의 방랑은 외상 후 증후군과 지속적인 자기 파괴적 메커니즘의 실현이다. 나아가 이는 매우 '맵핑 충동'적인 행동으로 트라우마의 영화적 지도 그리기라고 할 수 있다. 브루노는 '맵핑 충동'의 예로 〈히로시마 내 사랑〉[1959]을 분석하면서 개인적이고 친밀한 영화적 공간 탐색에 주목한다.[8] 즉, 걷기라는 수단으로 감정의 지도와 영화의 부드러운 장소-보기를 시도한 사례로 영화를 해석한다. 〈히로시마 내 사랑〉에서 '그녀'는 과거 2차 세계대전 동안 프랑스 중부 느베르에서 독일군과 사랑에 빠졌다가, 전후 부역자 처단 과정에서 머리카락을 모두 잘리고 지하에 감금되어 죽음 직전의 집단적 폭력을 경험한 바 있다. 그로 인해 외상 후 스트레스 장애에 시달리는 그녀는 외상 후 스트레스가 동반하는 멜랑콜리아로 누군가를 온전히 사랑하는

---

7. Castro, "Cinema's Mapping Impulse Questioning Visual Culture."

8. Giuliana Bruno, "Motion and Emotion," *Cities in Transition*, Wallflower Press, 2008, pp. 10~11.

것이 어려운 상황이다. 그녀는 일본 히로시마에서 현재 애인인 일본 남자 '건축가'의 몸을 탐미하며 사랑을 나누면서도 '그녀'의 고향 프랑스 느베르에서의 과거 애인인 독일 남자 '군인'의 몸에 대한 기억을 떠올린다. 브루노는 프랑스인(그녀)과 일본인(그)의 몸이 만들어 낸 친밀한 공간에서 등장하는 육체와 관련된 서사적 지도로서 '부드러운 지도'에 주목한다.

〈여름궁전〉의 유홍과 〈히로시마 내 사랑〉의 주인공을 비교해 본다면, 두 주인공 모두 고향과 타지에서의 은밀한 사랑과 여성 산책자의 시선을 통해 부드러운 지도를 만들어 낸다. 〈여름궁전〉에서 유홍은 중국의 도시 도문과 베이징, 그리고 다시 도문과 선전 및 우한 그리고 충칭으로 이동하며 계속해서 성애적 관계를 맺으면서 부드러운 지도를 형성하고 있다. 영화의 마지막 장면에서 그녀가 저우웨이와 재회하는 장소는 베이다이허라는 또 다른 도시이다. 따라서 〈여름궁전〉에서 중국 전역의 도시들은 유홍과 그녀의 연인들의 몸(그리고 '열정')에 대한 친밀한 지리학, 즉 부드러운 지도의 몸-도시로 재현된다. 그리고 유홍이 사랑을 나누는 그/그녀의 몸이라는 친밀한 공간에서 부드러운 지도가 등장하게 된다. 이렇게 형성된 부드러운 지도들의 총체적 집합은 성애의 파편들과 비교 문화적 여행의 결과로 해석될 수 있다. 이런 관점에서 영화는 관객이 여성 산책자의 감정의 지도를 통해 세계를 알레고리적으로 인식하도록 유도하고 있다.

〈여름궁전〉의 오프닝 시퀀스를 살펴보자. 다음의 구절은 영화가 시작될 때 보이는 텍스트이다.

그것은 뜨거운 여름밤에 불어닥친 바람 같았고 난 그로 인해 중심을 잃고 방황하기 시작했다. 그림자처럼 떨어지지 않는 그것을 뭐라고 정의할 수 없으니 사랑이라고 할 수밖에!

위 텍스트가 나온 이후로 진행되는 도문 배경의 오프닝 시퀀스를 자세히 살펴보자. 이 영화에서는 우체국, 기차역, 병원, 대학 등의 국가 기반시설이 세부적으로 등장한다. 이것은 중국이라는 거대한 국가의 관료제와 국가체제 속에서 유홍이 어디에 있는지를 보여준다. 이런 구조적인 설정에 대한 인식을 구축하기 위한 초도 효과로서 이 영화의 오프닝 시퀀스는 중요한 역할을 한다. 오프닝 시퀀스는 유홍의 조선족이라는 소수민족의 정체성을 구성하기 위해 매우 구체적으로 설계되어 있기 때문이다.

영화는 건물 현관 앞에서 비 오는 대낮에 카메라가 틸트다운하면서 시작한다. 이때 처음 보이는 것은 우체국을 뜻하는 '우전소'郵電所가 한자로 쓰여 있는 큰 간판이고 그 아래의 현관에 머리를 스포츠로 깎은 한 조선족 중국인 청년이 비를 피해 서 있다. 그리고 청년의 머리 위로는 빨간색 바탕에 하얀색의 큰 글씨, 노란색 바탕에 빨간색의 큰 글씨가 보인다. 하얀색의 '최우수단위', 빨간색의 '최우수체신운수업단위', 하얀색의 '문명

단위'가 각각 쓰여 있고 그 아래 한자로 표기된 간판들이 보인다. 한국어 표기와 중국어 표기가 같이 되어 있는 우체국에서 비를 피하는 남자가 편지를 받고 우체국 장면이 끝난다. 이 영화는 이후로도 오프닝 시퀀스처럼 아주 구체적인 장소들을 통해서 리얼리티를 강화시킨다.

유홍의 남자친구 샤오준은 오토바이를 타고 유홍 가족의 잡화상 가게에 도착한다. 유홍은 가게 앞에서 빈 병을 모으다가 샤오준을 맞이한다. 잡화상 가게 안 벽에는 김일성의 사진이 붙어 있다. 이 영화에서 유홍은 북한계 중국인 주민의 딸로 설정되어 있기 때문이다. 영화 속에서 유홍이 한국어를 직접 하지는 않지만, 그녀의 아버지와 샤오준이 한국어로 말하는 부분들이 있다. 이런 장면들을 통해서 유홍이 가지는 이중적 정체성이 자연스럽게 드러난다. 이 영화에서 유홍의 고향인 도문은 중국과 북한의 접경도시로 길림성 연변조선족자치주 중동부에 위치한 조선족 집거 지역이다. 도문이라는 지명은 두만강豆滿江의 앞 두 글자 두만의 중국식 발음에서 온 것이다. 통문統門, 치만馳滿, 토문土門, 두만豆滿 등은 모두 두만강을 지칭하는 말이다. 대부분 중국어로 말하면서도 손님을 맞을 때는 "안녕하세요"라고 말하는 샤오준은 한국 가수 하동진의 〈인연〉이라는 곡을 카세트테이프 스테레오 플레이어로 볼륨을 높여 듣는다.

내 모든 걸 다 주어 봐도. 때가 되면 떠나버리는 무정한 사람이더라. 인연이라는 것은 때가 되어야만 만나지는 것. 지난날은 괴로워 말자. 언젠간 너도 괴로울 테니까.

이 노래의 가사는 유홍에 대한 샤오준의 마음을 형상화한다. 또 이 노래는 사랑과 관련된 유홍의 성향을 암시한다. 유홍의 이런 성향은 다른 도시에서 유홍이 다른 인물들을 만나 사랑을 나눌 때 반복적인 패턴처럼 나타난다.

영화에서 유홍과 샤오준이 사랑을 나누는 장면을 분석해 보자. 이들은 어두운 저녁 공원의 나무 사이에서 사랑을 나눈다. 그러나 이 장면은 아름답지도 로맨틱하지도 않다. 도문, 베이징, 우한 등에서 이와 같은 섹스 장면과 폭력 장면이 반복적으로 등장한다. 이러한 서사적 장치는 인물들의 심리적 상처를 시각화하는 방식이다. 유홍과 샤오준의 사랑 장면은 베이징 여름 궁전에서의 낭만적인 산책, 기숙사에서의 열정적인 섹스 장면, 우한에서의 빈 공간에서의 섹스 장면 등과 대비되며, 베이징 캠퍼스에서의 싸움, 천안문 사건, 우한에서의 낙태 수술과 교통사고 등과 병치되며 표현되고 있다.

낭만적인 걷기와 여성 산책자 유홍(학뢰)

우선 베이징의 북청 대학과 여름 궁전에서의 유홍의 걷기에 주목하여 그녀의 몸짓과 응시를 분석해 보자. 1988년의 베이징에서 유훙은 북청 대학에 입학한다. 이 영화에서 그녀의 걷기는 여러 번 등장하는데, 그 걷기와 관련된 주목할 만한 장면은 바로 베이징에서의 도시 산책이다. 대학생이자 여성 산책자로서, 유훙은 대도시인 베이징을 목격한다. 이를 표현하기 위해, 영화 초반에는 유훙의 대학 생활이 몽타주로 압축되어 표현된다. 이 몽타주는 도시에서 대학을 직접 체험하는 여성의 응시로서의 걷기를 시각화한 것이다. 이 시각화는 움직임 그 자체인 모빌리티뿐 아니라, 표정과 손짓 등 인물의 몸짓으로도 형상화된다. 걷기는 도시 공간에서 항상 리듬과 관련되며, 이 리듬은 모빌리티에 의해 만들어진다. "여름궁전"에서 이는 성별적 측면에서 형상화된다.

영화에서 유훙의 대학 생활과 관련된 몽타주 장면은 도문에서 베이징으로 가는 기차에서 신나는 중국 로큰롤 노래 전주가 흐르면서 미소를 짓는 유훙의 얼굴에 카메라가 줌인하는 클로즈업 샷으로 시작된다. 이어서 천안문 광장, 대학 정문, 길가, 도서관, 기숙사 등이 등장하는데, 이 장면들은 마치 누군가가 걸으면서 그 장소들을 응시하는 것처럼 보인다. 그리고 학생들의 생동감 있는 표정과 목소리와 함께 다양한 행동들이 시각적으로 묘사된다. 이러한 모습은 훙을 돋우며 리듬감이 느껴진다.

이러한 몽타주 장면들을 자세히 살펴보면 다음과 같이 분류할 수 있다. 첫째, 천안문 광장을 마오쩌둥의 사진이 없는 방향에서 보여준다. 둘째, 북청 대학의 정문을 보여준다. 셋째, 젊은 여학생과 남학생 들을 보여주면서 특히 하얀 옷을 입은 젊은 여학생이 환하게 웃는 장면이 등장한다. 넷째, 도서관에서 학생들이 공부하는 장면들이 패닝과 트래킹 샷들의 일련의 몽타주로 이어진다. 다섯째, 기숙사 방에 모인 인물들이 차를 마시고, 책을 읽고, 이야기하고, 춤을 추는 장면들이 있고, 이어서 다른 방에서 여학생이 전통 악기를 연주하는 모습이 병치된다. 이 장면들은 빠른 속도로 컷이 넘어가면서 리듬감을 조성한다. 여섯째, 기숙사 복도에서 여학생들이 노래를 부르고 함께 손을 맞잡고 춤을 연습한다. 일곱 번째, 강의실에서 강의를 듣고 있는 학생들의 얼굴이 보인다. 여덟 번째, 학생들이 빨래와 세면을 하는 공중 세면대가 나온다. 아홉 번째, 거리에서 책이 진열된 판매대가 보인다. 열 번째, 야외에서 한 남학생이 바이올린을 켜고 있다. 열한 번째, 야외 식탁 위에는 맥주와 와인이 있으며, 여러 테이블에는 백인을 포함한 다양한 인종과 국적의 젊은 학생이 식사하며 이야기를 나누고 있다. 동양 여성과 서양 남자가 술을 앞에 두고 서로 사랑스럽게 바라보고 있다. 중국어로 된 로큰롤 음악은 작게, 그리고 바이올린 소리는 크게 들리도록 믹싱되어 있다. 열두 번째, 극장의 복도에서 사람들이 극장으로 들어간다. 그리고 그 극장의 영사실이 나온다. 영사 기사가 작은 사각형 구멍을 통해 스크린에서 영화가 잘 나오는지 확인하고 있다. 이때 프랑스 누벨바그 대표 감독인 프랑수아 트뤼포의 〈400번의 구타〉¹⁹⁵⁹가 상영되고 있는데, 이때의 장면은 앙뜨완느 드와넬이 소년원을 탈출해서 바다를 향해 뛰어가는 모습을 롱테이크로 보여준다. 열세 번째, 유홍은 대학 운동장에서 가슴에 크게 03이라는 번호를 달고 달리기를 한다. 이 몽타주는 유홍과 관련된 인물들을 한 번에 보여주는 효과가 있다. 특히 지속적인 트래킹과 점프 컷은 프랑스 누벨바그의 영향을 받았음을 드러내어 보일 뿐만 아니라, 유홍이라는 여성 산책자의 응시에 대한 몽타주로 해석할 수 있다.

유홍이 보는 베이징은 술집 장면을 통해 표현된다. 이 술집은 영화의 마지막 장면에서 가장 아름다운 순간으로 등장하며, 유홍, 리티, 저우웨이, 그리고 루오구가 만나는 곳이다. 유홍이 술집에 들어가 바텐더 옆의 테이블에 앉은 후에, 포우의 「군중 속의 남자」에서 주인공 '그'가 그랬던 것처럼 술집 안의 모든 사람을 차례대로 살펴본다.

술집에서 다양한 국적의 인물이 모여서 노래하고 토론한다. 한쪽에서는 통기타를 든 가수가 공연하고 다른 쪽에서는 토론이 흘러나오는 술집의 자유로운 분위기에서 우리는 1980년대 후반의 낭만적인 시국 분위기를 느낄 수 있다. 이런 분위기는 19세기 모더니티의 상징적인 도시 파리의 카페를 연상시킨다. 따라서 이 장면에서는 유홍의 시선으로 조망한 베이징의 모더니티를 엿볼 수 있다. 이 부분에서 유홍은 지방 도시에서 중국의 수도 베이징으로 상경한 대학생 여성 산책자로서의 도시관찰자-주체인 것이다.

유홍과 저우웨이가 서로를 발견하고 시선을 교환하는 시점 쇼트들은 피에르 오귀스트 르누아르의 1881년작 〈선상의 점심 파티〉[9]에서의 다양한 인물들과 그들의 엇갈리는 시선의 흐름을 연상시킨다. 〈그림 23〉는 〈여름궁전〉에서 베이징의 청년이 많이 가는 술집이다. 우리는 이 두 그림의 엇갈리는 시선의 흐름을 비교 고찰해 볼 수 있다. 르누아르는 선상 레스토랑에서의 파리지앵들의 뱃놀이와 점심식사를 그렸다. 세느 강 강물이 내려다보이는 선상의 발코니에서 햇살을 받으며 14명의 남녀가 서로 이야기를 나누며 점심을 먹고 있다. 흥미로운 지점은 선상의 14명은 앞에 앉은 상대를 바라보기보다는 다른 이를 응시하고 있다는 점이다. 예를 들면 그림의 왼쪽 모퉁이에 붉은 꽃장식의 모자를 쓰고 푸른색 드레스를 입은 여성은 강아지를 바라보고 있다. 이 여성은 시골에서 올라온 르누아르 집 건너편 공장의 노동자, 21세의 알린 샤리고로 나중에 화가의 아내가 된다. 당시 화가의 여자친구였던 것으로 보인다. 이런 식으로 다른 이들도 자신과 이야기하는 사람을 쳐다보기보다는 시선이 다른 곳을 향한다.

〈여름궁전〉에 나오는 청년들로 가득한 베이징의 한 술집

---

9. 1881년 르누아르는 이 작품을 파리지앵들의 뱃놀이와 점심식사를 주제로 파리 센강의 샤투(Chatou)섬의 선상 레스토랑을 배경으로 그렸다고 한다. 그 당시 샤투섬은 부르주아 파리지앵들이 여가를 즐기던 곳이었다.

그림 22. 〈선상의 점심파티〉, 파리의 파티

장면은 〈선상의 점심파티〉의 한 장면을 클로즈업으로 부분적
으로 확대한 시선의 흐름을 보여준다. 유홍은 자신에게 눈을
맞추려는 다른 사람들의 시선을 피하고 자신이 관심이 있는 사
람을 바라본다. 유홍의 시점 쇼트로 술집 안에서 춤을 추고 있
는 남녀들을 보여주고 그런 무리 속의 루오구가 뒤를 돌아보면
서 유홍을 바라본다. 그때 유홍은 고개를 숙이며 루오구의 시
선을 피한다. 그리고 그녀는 다시 고개를 들어 저우웨이 쪽을
바라보는데 이때 저우웨이와 유홍의 시선의 마주침, 즉 눈맞춤
eye contact이 이루어진다. 저우웨이는 유홍과 눈을 맞추면서 맥
주를 한 모금 마신다. 다시 카메라가 유홍을 비추고 유홍은 수

그림 23. 〈여름궁전〉, 베이징의 술집

줍은 듯 시선을 저우웨이에게서 다른 쪽으로 돌린 뒤 가볍게
테이블을 두드리다가 담배를 산다. 다음 쇼트에는 전경에 루오
구와 리티가 있고 그들의 뒤로 저우웨이가 있다. 루오구는 리티
를 바라보고 있고 리티는 저우웨이 쪽으로 살짝 방향을 틀고
있다. 저우웨이는 루오구와 리티와 같이 대화를 나누는 것 같으
면서도 유훙 쪽을 바라본다. 그다음 쇼트에서 유훙은 저우웨
이의 시선을 맞받으며 저우웨이 쪽을 바라보고 있으며 그를 보
며 활짝 웃는다. 이렇게 강렬한 시선의 교환들을 통해서 그들
간의 거리의 간격이 무너질 정도로 서로에 대한 정서적인 밀도
가 강하게 전달된다. 다음 장면에서 루오구와 리티는 춤을 추러
나가고 유훙은 담배를 피우면서 그들을 바라본다. 저우웨이가
유훙에게 다가오고 둘 사이 미묘한 교감의 기류가 흐른다. 저
우웨이와 유훙은 루오구와 리티가 다가와 같이 춤추자고 하자
함께 어울린다. 저우웨이와 유훙은 들뜬 모습으로 춤춘다.

이 장면에 흐르는 노래는 1959년 폴 에반스의 팝송 〈세븐
리틀 걸즈 시팅 인 더 백 시트〉이다. 자유로운 연애를 찬미하는

미국 팝송에 맞춰서 유홍과 저우웨이가 처음으로 함께 춤을 춘다. 〈여름궁전〉에서 유홍은 이 진부한 노래 가사처럼 파트너를 바꿔 가며 성적인 만족을 찾는다.

> 일곱 명의 소녀가 뒷좌석에 앉아 있네 / 프레드와 어울려 끌어안고 키스하네 / 내가 말하기를 / 너희들 중 아무라도 왜 내 옆에 넘어오지 않는 거니? / 그랬더니 일곱 소녀가 이렇게 대답하네 / 자~ 모두 함께~ 하나, 둘, 셋!… / 운전에나 신경 쓰세요 / 핸들을 꽉 잡으세요 / 실눈을 뜨지 말고 정면을 바라보세요 / 우리는 뒷좌석에서 즐길 거예요 / 프레드와 끌어안고 키스하면서 / 도시를 지나고 / 시골길을 지났네[10]

이 노래는 〈여름궁전〉의 성애적이며 서사적인 무의미함을 부드럽게 암시하고, 유홍과 저우웨이의 춤은 이 노래와 동일하게 순환적인 패턴을 보이고 있다. 이 노래는 또한 유홍과 저우웨이의 이어질 만남과 이별, 그리고 서로에 대한 그리움이 결국 만족스

---

10. 영문 가사는 다음과 같다. Seven Little Girls Sitting In The Back Seat / (Dee doody doom doom) (Dee doody doom doom) (Dee doody doom doom, DOOM) / Seven little girls sittin' in the back seat / Huggin and a'kissin with Fred / I said, why don't one of you come up and sit beside me / And this is what the seven girls said(All together now, one, two, three)(Keep you mind on your drivin')(Keep you hands on the wheel) (Keep your snoopy eyes on the road ahead) (We're havin' fun sittin' in the back seat) (Kissin' and a'huggin with Fred).

럽지 못한 관계를 예고하며, 영화의 엔딩 크레딧에서 반복된다. 이 장면은 유홍의 인생에서 가장 아름다운 순간을 강조하는 동시에, 민주주의를 꿈꿨던 중국 청년들의 순간을 상징한다.

이 장면은 여러 쇼트의 조합으로 이루어져 있고 유홍, 저우웨이, 루오구의 시선 교환을 정교하게 그린다. 이것은 르누아르의 〈선상의 점심파티〉를 연상시키며, 그림은 한 프레임 안에서 여러 남녀의 시선이 교차하는 모습을 통해 감정의 교류를 묘사하고 있다. 그림과 달리 영화는 쇼트들의 연결로 상황을 묘사하는 장점이 있다. 시선 교환을 통한 인물들 간의 교감은 영화의 표현법 중 하나로, 체코 뉴웨이브의 밀로스 포만 감독의 〈금발 소녀의 사랑〉1965의 술집 장면이 대표적이다. 〈여름궁전〉의 술집 장면에서는 주요 인물들의 시선을 주고받는 모습이 각각의 시선 쇼트로 분할되어 나타나고 있다. 이 시선 교환은 인물들 사이의 미묘한 정서적 교류를 촉발한다.

이제 베이징 이화원에서의 저우웨이와 유홍의 낭만적인 걷기를 중심으로 살펴보자. 서태후의 여름궁전으로 불리는 이화원에서의 유홍과 저우웨이와의 데이트 장면은 일종의 백일몽처럼 낭만적이다. 그들의 데이트는 걷기와 자전거 타기 및 뱃놀이로 구성된다. 그리고 이런 장면들은 대학의 수영장, 기숙사, 호수 같은 공간들과 교차 편집되어 비선형적인 시간의 흐름 속에서 다음과 같이 표현된다. 유홍은 텅 빈 눈빛으로 텅 빈 수영장에 앉아서 일기를 쓴다. 그녀의 텅 빈 눈동자는 한산한 수영장의 성찰적인 공간으로서의 가능성을 제시한다. 이 영화에서 수영장은 모든 다른 공간을 수용하는 빈 공간처럼 기능하며 추상적인 공간의 역할을 담당한다. 유홍은 이런 사이 공간에서 인생에서 가장 중요한 순간에 대한 자신의 정신적인 풍경을 글로 표현한다. 이 장면에서는 보이스오버 내레이션 기법이 사용되면서 일기 자체뿐만 아니라 일기를 쓰는 순간 액체와 같은 그녀의 감정이 빈 수영장에 담기듯 형상화된다. 일기를 쓰는 수영장 장면은 가장 아름다운 추억 장면과 교차 편집된다. 추억 속 장면에서는 여름 궁전 주변을 산책하는 유홍과 저우웨이의 실루엣이 노을 진 하늘을 배경으로 비친다. 그들의 뒤로 곤명호의 아름다운 풍경이 보인다. 이 장면은 애잔함을 자아내는 음악과 남녀의 실루엣이 결합해 전반적으로 아름다우면서도 쓸쓸한 감상을 준다. 유홍과 저우웨이가 처음 서로에게 호감을 갖게 되는 순간이 나온 직후에 석양을 배경으로 실루엣만 등장하는 그들의 모습은 마치 사랑이 이미 소멸하고 있다는 인상을 전달한다. 수영장에서 유홍은 무표정한 얼굴을 하고 있는데 이러한 그녀의 모습은 모딜리아니의 그림 속 여성들(특히 잔느 에뷔테른)이나 마네의 〈폴리 베르제르의 술집〉의 무표정한 여종업원을 연상시킨다. 무표정이 자아내는 무심함은 도시성을 대표하는 이미지라고 볼 수 있다.

마네의 〈폴리 베르제르의 술집〉 1882에는 무표정한 여종업원이 그려져 있다. 그녀는 초점을 잃은 듯한 눈과 무심한 얼굴

그림 24. 〈폴리베르제르의 술집〉, 여종업원

로 고객들을 바라보며 대화를 나누고 있다. 이를 도시의 냉정
을 상징하듯 허공을 응시하고 있는 무심한 유홍의 얼굴과 비교
해볼 수 있다. 유홍은 허탈한 눈빛으로 젊음의 열기와 혁명에
대한 이후의 좌절감을 복합적으로 드러낸다.

이 허탈한 눈빛은 유홍이 저우웨이와 섹스를 나누는 순간
에도 나타난다. 섹스 이후의 감정이 그녀의 눈빛을 통해 전해진
다. 유홍과 저우웨이가 격렬하게 섹스를 나누고 있는 도중에 갑
작스럽게 해 질 녘 여름 궁전 곤명호에서 보트를 타며 데이트를
하는 그들의 모습이 병행되어 나타난다. 이 장면에서도 유홍의
허탈한 눈빛이 강조되는 샷이 등장한다.

곤명호에서 배를 타는 유홍과 저우웨이 클로즈업 쇼트와 익스트림 롱 쇼트로 보여주는 롱테이크가 나온다. 카메라는 태양이 서서히 저물면서 호수에 비치는 빛과 그들의 모습이 실루엣으로 변하는 순간을 포착한다. 카메라는 그들이 타고 있는 보트 주변을 360도로 천천히 돌면서 주변의 환경이 어둡게 변하고, 달이 뜨면서 그 빛이 호수에 비치는 밤의 모습으로 전환된다. 이어서 대학교 기숙사에서 섹스 후 함께 누워 있는 유홍과 저우웨이의 모습이 나온다.

그림 25. 〈여름궁전〉, 유홍과 저우웨이가 여름궁전 곤명호에서 배를 타고 있는 장면

〈여름궁전〉에서 베이징 여름 궁전의 호수 곤명호는 유홍과 저우웨이의 강렬한 섹스 장면을 앞뒤로 두고 있어, 그들의 성적인 감정과 연결되어 해석될 수 있다. 하지만 다른 한편으로는, 천안문 사건 이전에 청년들이 꿈꾸었던 이상향을 시각화한 것으로도 볼 수 있다. 이는 이후에 펼쳐질 공권력에 의한 폭력과 대비되며, 중국 청년들의 내면적 균열을 강조하는 판타지로 해석될 수 있다. 영화는 다양한 도시에서 그들의 부유한 삶을 통

해 이런 내면의 균열을 보여준다. 이런 유토피아 같은 풍경은 폭력의 역사로 인한 균열에 대한 반론으로 볼 수 있다. 여름 궁전의 곤명호는 궁전의 일부로 보이기보다는, 그 자체로서의 거대한 자연을 보여준다. 거대한 자연의 일부인 인공 호수에서 포착된 아름다운 풍경과 인물들의 모습은 고요한 숭고함을 강조한다. 이어지는 닫힌 공간에서의 섹스 장면을 통해 그들의 개인적인 이야기는 보편적인 이야기로 전환된다. 특히 이 호수 장면의 그래픽적 조작은 낮에서 밤으로의 극적인 변화를 통해, 순환적인 자연법칙을 시각적으로 드러내며, 인물의 비극적인 운명을 강조한다.

베이징 천안문에서의 집단의 걷기

유홍의 정신적 혼란은 천안문 사태가 최고조에 달한 6월 4일에 극점에 이른다. 영화의 중반부에서 천안문 시퀀스는 "북청대학 학생들이 천안문 광장으로 몰려갔다."는 유홍의 보이스오버 내레이션으로 시작된다. 학생들이 천안문을 향해 트럭을 타고 가는 장면을 3층 기숙사에서 바라보던 유홍이 건물을 나와 트럭에 오른다. 이 장면은 로베르토 로셀리니의 〈무방비도시〉1945에서 안나 마냐니가 트럭을 쫓아가다가 총에 맞아 쓰러지는 장면을 떠올리게 한다. 카메라는 핸드헬드로 학생들과 함께 뛰어가며 트럭을 향하는 장면을 생동감 있게 잡는다. 이에 따라 학생들의 감정은 점점 고조되고, 트럭이 "애국민주자유정신고취"라는 구호가 적힌 대학 캠퍼스를 통과하며 북청 대학의 입구로 나오는 장면은 관객의 감정을 뒤흔든다. 천안문 시위 장면에 이어 실제 시위의 아카이브 영상이 나온다.

학생들이 트럭을 타고 가는 재연 화면이 갑자기 화질이 떨어지고 입자가 거친 화면으로 바뀌면서, 아카이브 영상이 사용되고 있음을 분명하게 알 수 있다. 입자가 거친 화질의 아카이브 영상에서는 주인공들이 보이지 않지만, 실제 현장에서 포착된 극도의 사실감이 관객을 숙연하게 만든다. 아카이브 영상은 카메라가 현장에 있었음을 가리키는 강력한 증거다. 아카이브 영상의 구체적인 내용은 다음과 같다. 천안문을 향해 트럭을 타고 가는 학생들의 희망에 찬 이미지이다. 기차역에 도착한 수많은 청년이 포착되어 있다. 역에 도착한 기차에서 문으로 나가기를 기다리다가 답답함에 창문으로 나가는 청년들의 모습은, 당시 그들이 얼마나 강렬한 감정을 품었는지를 생생하게 보여준다. 집단을 중심으로 시작된 각각의 영상은 후반에 개인들의 감정을 절실하게 드러내는 클로즈업 장면으로 이어진다. 이런 영상들은 기차역에 도착한 수많은 학생의 표정과 몸짓을 잘 포착하고 있으며, 이를 통해 그 당시 청년들이 어떤 감정을 느꼈는지를 추론할 수 있다. 그들의 자유를 갈구하는 얼굴에서는 "언론의 자유를 보장하라", "나라의 주인은 인민이다" 등의 구호가 터져 나온다.

천안문 사태에 대한 시퀀스는 재연-아카이브-재연의 순서로 구성되어 있다. 아카이브 영상들의 몽타주는 재연된 영상으로 시작하고, 그와 유사한 상황의 아카이브 영상으로 연결된다. 청년들이 희망찬 마음을 담아 천안문으로 출발하는 모습이 이에 해당한다. 트럭을 타고 대학을 떠나는 청년들의 모습은 전국에서 기차를 타고 도착한 청년들과 연결된다. 거대한 군중이 천안문 광장을 가득 채우는 장면은 기차역에서 기차를 타고 도착한 청년들의 모습에서 시작한다.

유홍, 리티, 저우웨이는 시위의 흥분이 가시지 않은 상태에서 텅 빈 8차선 도로를 질주한다. 화면은 처음에 두 사람이 손을 잡고 달리는 모습을 보여준 후, 카메라가 앞으로 이동해 저우웨이의 모습을 보여준다. 그는 만세를 외치며 달린다. 이어서 유홍을 업고 빙빙 도는 저우웨이의 모습을 보여주고, 고가도로를 지나는 그들의 모습을 다시 보여준다. 이후에는 사랑에 대한 노래를 부르며 걷는 그들의 모습이 보인다. 이렇게 시위 후에 사랑에 대한 노래를 부르는 모습은 민주주의에 대한 그들의 열망과 상실감을 사랑이라는 감정으로 연결시키는 것을 보여준다. 이후 차분하게 도로를 걷는 그들의 모습은 시위 후의 허탈감을 잘 보여주며, 이는 마치 미래는 결국 혼자서 직면해야 한다는 인식을 상기시키는 듯하다. 가로등 불빛만이 도로를 밝히는 풍경은 배우들이 무대 위에 선 것처럼 그들을 강조해 준다.

리티와 저우웨이가 사랑을 나누다가 학생들에게 들키게 된 것을 들은 유홍은 실망감에 집으로 돌아온다. 샤오준이 그녀를 위로하기 위해 방문한다. 그녀는 샤오준에게 집으로 돌아가고 싶다는 욕구를 토로하며, 샤오준은 그녀를 위로한다. 그러나 어느 순간 샤오준이 사라지고, 그를 찾으려는 그녀는 자연스럽게 시위대에 휩쓸리게 된다. 시위대의 다양한 모습이 그녀의 시선을 통해 보여지며, 이를 통해 시위대의 여러 얼굴들이 파편적으로 보여진다. 유홍이 시위대의 인파에 휩쓸려 어디로 가야 할지를 모르는 모습은 당시 중국 청년들의 혼란스러운 내면을 잘 나타낸다. 동동은 유홍이 사라졌다는 사실을 저우웨이에게 알리고, 두 사람은 유홍을 찾기 시작한다. 그와 동시에, 리티와 루오구는 시위대 인파 속에서 만나게 된다. 이런 흐름 속에서 주요 인물들이 각자의 사랑을 찾는 모습을 보여주며, 천안문 사태의 혼란스러움을 잘 보여준다. 총격이 시작되면서, 군인들로부터 도망치는 동동과 저우웨이의 모습, 시위 현장의 분위기가 대자보와 문구, 깃발 등을 통해 추상적으로 그려진다. 비가 내리고, 유홍이 자신의 방으로 돌아온 후, 그녀는 동동에게 자신이 도문으로 떠날 것이라고 말한다. 동동은 저우웨이에게 유홍의 말을 전한다. 유홍이 '그들의 사랑이 끝났으며 그녀를 찾지 말'고 말했음을 알려준다.

이후 영화는 1989년 천안문 사건 직후부터 1997년까지 유홍, 샤오준, 루오구, 리티, 저우웨이의 인생을 차례로 탐색한다. 베를린 장벽의 붕괴와 소련 연방의 붕괴, 그리고 홍콩이 중국으로 반환되는 과정 등의 역사적 순간들이 허구적인 장면들과 함께 삽입된다. 1989년에 유홍은 샤오준과 함께 도문으로 돌아가며, 1991년에는 도문을 떠나 선전으로 이동한다. 1995년에는 왕보와 함께 선전에서 다시 우한으로 간다. 유홍은 1997년에 사고를 겪어, 그 결과로 낙태 수술을 받고 중경으로 이동한다. 그와 동시에, 1989년에 루오구는 베를린으로 돌아가며, 1994년에는 저우웨이와 리티가 베를린으로 간다. 리티는 베를린에서 자살하고, 2000년에 저우웨이는 베를린에서 중경으로 돌아온다.

이제 우한에서의 유홍의 걷기와 베를린에서의 저우웨이의 걷기를 통해 산책자의 걷기를 살펴볼 차례다.

영화 〈여름궁전〉에서는 1989년 6·4 천안문 사건을 경험한 주인공들이 역사적 현장을 떠나며, 유홍은 고향으로 돌아가고 저우웨이는 루오구의 도움으로 리티와 함께 독일로 유학을 떠난다. 저우웨이와 헤어진 유홍은 고향으로 돌아가 여러 남자와 섹스를 나누는데 이는 유홍이 자기 정체성을 찾는 과정과 관련되어 있다.

도문에서 섹스 파트너로 만난 직장 동료에 대한 유홍의 내레이션은 그녀에게 섹스가 일종의 감정 표현임을 보여준다. 그녀에게 섹스는 자신이 살아 있음을 확인하고, 상대로부터 인정받아 심적 안정감을 얻는 존재 증명의 수단이다. 그리고 이것은 결국 그녀가 자신에 대한 집착을 나타내는 방식이다. 유홍이 반복하는 섹스는 혼란스러운 시기에 생존하기 위한 개인의 행동으로 해석될 수 있다.

유홍은 베이징을 떠나 도문으로 돌아간 이후 중국 내에서 도시에서 도시로 이동하며 파트너를 바꾸고 일상적인 사무직 일을 하며 점차 길을 잃어간다. 이런 유홍의 방랑은 그녀의 젊음과 저우웨이를 향하는 열정에 대한 그녀의 헛된 집착을 보여준다. 2000년대에 저우웨이는 베를린에서 돌아와 중경에 정착한다. 유홍과 가슴 아픈 재회를 시도하지만 결국 둘은 서로를 다시 받아들이지 못한다.

베를린에서 리티는 저우웨이, 루오구와 함께 거리를 걸으며 퍼레이드에 참여한다. 퍼레이드를 따라 거리를 걷다 보면 그들은 거대한 빨간 천 위에 검은 선으로 그려진 맑스, 레닌, 마오쩌둥 등, 사회주의 세계의 플래카드를 들고 있는 시위대를 만난다. 베를린 장벽이 무너진 후, 저우웨이와 리티는 집단적인 걷기를 수행한다. 그러나 이후 리티는 옥상에서 갑작스럽게 자살한다. 그녀의 묘비에 적힌 글은 그녀의 이상주의적인 소망을 보여준다. "자유와 사랑을 알았든 몰랐든 죽음 앞에서는 모두 평등하다. 죽음이 너에게 끝이 아니길. 빛을 사랑한 너였으니 어둠이 아무리 짙어도 결코, 두려워하지 말길!"

영화사적으로 〈여름궁전〉처럼 성과 정치를 연결하려는 일련의 시도들이 있었다. 예를 들면 영화사에서 〈여름궁전〉은 전체주의를 비판하는 두샹 마카베예프의 〈W.R : 유기체의 신비〉[1971], 〈스위트 무비〉[1974], 오시마 나기사의 〈감각의 제국〉1976, 베르나르도 베르톨루치의 〈파리에서의 마지막 탱고〉1972, 〈몽상가들〉2003, 필립 가렐의 〈평범한 연인들〉2005과 같이 성과 파시즘의 상충된 대립을 알레고리적으로 다룬 작품들의 계보에 속한다. 이런 맥락에서 〈여름궁전〉의 성애적 표현은 문화와 예술부터 비즈니스와 경제에 이르기까지 중국 사회의 다른 모든 영역에서 진행되는 강력한 자유화를 반영하는 것으로 읽을 수도 있다. 그러나 유홍의 성적인 여정은 그녀가 세상과 소통하고 인생에서 의미를 창조하려는 필사적인 방법이다. 많은 수의 여성과 남성을 욕망의 대상으로 삼는 유홍의 성애적인 시도는 영화 전체에 산발적으로 삽입되는 그녀의 비디제시스의 음성(일기)으로 표현된다. 이런 표현 방식은 유홍의 내면 세계를 드러내고 새로운 이야기의 층위를 만들어서 텍스트 해석의 가능성을 확장한다.

7장

〈아사코〉

도쿄의 아사코, 카라타 에리카[1]

〈아사코〉의 동일본대지진 이전과 이후의 청춘 군상들

하마구치 류스케의 〈아사코〉[2018]에서 아사코(카라테 에리카 분)는 거대한 자연재해를 경험하고 그로 인한 직간접적 트라우마의 기억을 가진 여성이다.[2]

〈아사코〉는 일본 도쿄, 오사카, 센다이의 길을 걷는 아사코와 그녀의 두 연인(히가시데 마사히로의 1인 2역)인 바쿠, 료헤

---

1. 7장은 '남승석, 「일본 에코시네마의 도시산보녀」, 『아시아영화연구』 14권 1호, 2021, 147~199쪽을 수정 보완한 것이다.
2. 이 영화는 2018년 제71회 칸영화제 경쟁 부문에 선정되면서 국제적 관심을 받았다. 하마구치 류스케는 〈아사코〉를 연출하기 이전에는 동일본대지진 피해자들을 대상으로 한 인터뷰 중심의 다큐멘터리인 도호쿠 3부작을 연출한 바 있다. 이어서 4시간이 넘는 극영화 〈친밀함〉(2012)과 5시간이 넘는 극영화 〈해피 아워〉(2015) 등을 연출하였다.

이 사이에서 그녀가 통과하는 주변의 풍경을 전면화한다. 또 동일본대지진 전후의 도시와 자연이 아사코의 신체(동선과 몸짓)와 감성(얼굴과 목소리)과 상호연관되어, 여성 배우의 수행적 감성으로 담아낸 풍경 이미지로 형상화된다.

일본 고전영화와 현대영화 속에서 나타난 여성 산책자를 먼저 살펴보자. 고전영화 속 여성 산책자를 〈아사코〉에서의 여성의 걷기와 차례로 비교해 보자.

고전 영화로는 〈나니와 엘리지〉[1936] 같은 1930년대 영화에서 여성이 도시를 걷는 장면을 찾아볼 수 있으며, 1950/60년대의 영화 중에서는 〈오하루의 일생〉[1952]의 오하루(다나카 기누요)와 〈산쇼다유〉[1954]의 타마키(다나카 기누요) 그리고 〈여자가 계단을 오를 때〉[1960]의 게이코(다카미네 히데코), 〈흐트러진 구름〉[1967]의 유미코(츠카사 요코), 〈그럼 안녕 여름 햇살〉[1968]의 나오코 토바(오카다 마리코)를 논의할 수 있다.

2000/10년대는 일본영화가 극적인 변화를 맞이한 시점이다. 디지털 기술의 도래로 인해 저예산 영화 제작 환경이 만들어지고 영화 관련 학과와 전문학교가 생겨나며 영화에 대한 교육도 활발해졌다. 그리고 스튜디오 시스템의 제작방식이 무너지고 독립 디지털 제작방식에 의한 영상미학을 발전시켰다.

2000년대의 일본 영화 중 도시를 걷는 여성들에 대한 영화로는 〈릴리 슈슈의 모든 것〉[2001]의 사오르 츠다(아오이 유우), 〈조제, 호랑이 그리고 물고기들〉[2003]의 조제(이케와키 치즈루), 〈하나와 앨리스〉2004의 하나(스즈키 안)/앨리스(아오이 유우), 〈나나〉2005의 나나(나카시마 미카), 〈혐오스런 마츠코의 일생〉2006의 카와지리 마츠코(나카타니 미키), 〈훌라 걸스〉2006의 키미코 타니카와(아오이 유우), 〈허니와 클로버〉2006의 하구미(아오이 유우), 〈제로 포커스〉2009의 데이코(히로스에 료코) 등이다.

2010년대의 일본 도시를 걷는 여성들이 나오는 영화는 〈리틀 포레스트 : 여름과 가을〉2014와 〈리틀 포레스트 : 겨울과 봄〉2015의 이치코(하시모토 아이), 〈갈증〉2014의 후지시카 카나코(고마츠 나나), 〈바닷마을 다이어리〉2015의 코우다 사치(아야세 하루카)/코우다 요시노(나가사와 마사미)/코우다 치카(카호)/아사노 스즈(히로세 스즈), 〈이니시에이션 러브〉2016의 마유(마에다 아츠코), 〈물에 빠진 나이프〉2016의 모치즈키 나츠메(고마츠 나나), 〈나는 내일 어제의 너와 만난다〉2016의 후쿠쥬 에미(고마츠 나나), 〈도쿄의 밤하늘은 항상 짙은 블루〉2017의 미카(이시바시 시즈카), 〈너의 췌장을 먹고 싶어〉2017의 야마우치 사쿠라(하마베 미나미), 〈너의 새는 노래할 수 있어〉2018의 사치코(이시바시 시즈카), 〈바람의 목소리〉2020의 하루(모토라 세리나) 등이다.

〈아사코〉는 시바사키 도모카의 소설 『꿈속에서도 깨어나서도』를 원작으로 류스케가 영화화한 작품이다. 원작 소설과 영화의 가장 큰 차이점을 감독의 인터뷰 기사를 기반으로 살펴보자.[3] 첫째, 원작은 아사코의 일인칭 시점으로 서사가 진행되지만, 영화는 주인공의 시점을 서사를 진행하는 여러 시점의 하나로 비중을 줄인다. 이는 관객이 인물의 갑작스러운 행동의 이유를 상상할 수 있도록 주인공과의 거리감을 형성한다. 둘째는 원작에 없던 동일본대지진 에피소드가 영화에 추가되었다. 감독은 대지진과 관련된 다큐멘터리 작업을 했는데 한편으로는 그로 인해 〈아사코〉에 대지진을 포함하는 것이 더 조심스러웠으며, 다른 한편으로는 사회파 작품으로 영화를 간주하는 것을 경계했다고 한다. 이러한 두 가지 이유로 인해서 영화에서 지진에 대한 시각적 표현이 최소화되었다.

요약하면 〈아사코〉는 전통적인 극영화 제작방식에 감독 자신이 작업했던 다큐멘터리 제작방식을 적용하여 구체화한 작품이다. 자아와 타자, 인간과 자연의 상호작용에 대한 알레고리 미학이 돋보이는 감독 역량의 총집합체라고 할 수 있다.

〈아사코〉의 구조와 줄거리를 상세히 살펴보면 다음과 같다. 영어 제목이 'Asako I & II'인 것에서도 드러나듯이 영화의 전반부와 후반부를 나눌 수 있다. 이 장에서는 이 작품을 다음과 같이 네 개의 부분으로 고찰하였다.

---

3. 杉本穂高, 「現代の日常を描くのに震災に触れないのは不自然」, *huffingtonpost*, 2018년 8월 31일 수정, 2023년 8월 22일 접속, https://www.huffingtonpost.jp/entry/movie-20180831_jp_5c5aae25e4b0cd19aa9466e4.

- 1-1 : 오사카에서 아사코는 바쿠와 사랑에 빠지고 바쿠가 사라진다.
- 1-2 : 2년 뒤 도쿄에서 아사코는 지진을 경험하고 료헤이와 사랑에 빠진다.
- 2-1 : 5년 뒤 도쿄에서 아사코는 료헤이와 살다가 돌아온 바쿠와 떠난다.
- 2-2 : 오사카에서 아사코는 바쿠와 헤어지고 료헤이에게 돌아온다.

이제는 네 부분의 줄거리를 주요 사건을 통해서 살펴보자.

1-1. 오사카에서 여주인공 아사코는 고초 시게오의 사진전 '자아와 타자'에 방문했다가 바쿠와 운명적인 사랑에 빠진다. 거리에서는 폭죽이 터지고 그 소리에 놀란 두 사람이 서로를 바라보는 순간 바쿠가 아사코에게 다가와 키스한다. 그리고 둘은 연인이 된다. 아사코의 친구 하루요는 바쿠가 잘생겼지만 결국 그녀를 울게 만들 나쁜 남자라며 걱정한다. 아사코는 바쿠가 언제 그녀를 떠날지 모른다는 불안감에 빠진다. 어느 날 바쿠는 구두를 사러 나가서는 다시 돌아오지 않는다.

1-2. 2년 후 도쿄 시내, 아사코는 카페에서 일을 한다. 카페 근처의 회사에 커피 케이터링을 갔다가 바쿠와 똑같이 생긴 료헤이를 만나게 된다. 료헤이는 바쿠와 성격이 반대이며 안정적이고 성실한 회사원이다. 아사코는 도쿄에서의 고초 시게오 사

진전에 친구 마야와 함께 늦게 도착한다. 하지만 료헤이의 도움으로 사진전을 보게 된다. 료헤이는 아사코를 만나기 위해 그녀의 친구 마야가 공연하는 극장에 찾아간다. 연극이 시작하려는 순간 지진이 발생한다. 료헤이는 지진으로 공포에 빠진 이들을 위로하며 군중과 함께 시내를 걸어 집으로 돌아간다. 그날 밤거리를 걷던 료헤이는 아사코를 만나고 둘은 서로를 안고 키스를 나눈다.

2-1. 5년 뒤 도쿄, 아사코와 료헤이는 함께 살고 있다. 아사코와 료헤이는 동일본대지진의 피해지인 도호쿠의 재건 축제에 봉사활동을 다닌다. 아사코는 오사카에서 만난 친구 하루요를 도쿄에서 다시 만나고 스타가 된 바쿠에 관해서 이야기한다. 아사코와 료헤이는 오사카의 아마노강 옆으로 이사를 계획한다. 하지만 레스토랑에 바쿠가 나타나자 아사코는 료헤이를 버리고 바쿠와 함께 떠난다. 홋카이도로 향하던 중 둘은 센다이의 해변에 도착한다. 아사코는 료헤이를 사랑한다며 바쿠에게 이별을 고한다. 그녀는 방파제 위에 서서 거친 파도로 가득한 바다를 바라본다.

2-2. 아사코는 센다이 방파제에서 도호쿠의 난민을 위한 집단 거주 지역을 향해 걸어간다. 아사코는 도호쿠 재건 축제로 알게 된 히라카와 씨에게 차비를 빌려 오사카로 돌아온다. 그러나 료헤이는 그녀에게 고양이 진탄을 버렸다고 말한다. 아사코는 루게릭병을 앓고 있는 바쿠의 친구 오카자키를 만나러 가

서 그의 어머니로부터 위로를 받는다. 아사코는 고양이 진탄을 찾아 아마노 강변 갈대숲을 헤맨다. 아사코는 그녀를 비난하며 달아나는 료헤이를 좇아 달린다. 결국 아사코는 료헤이의 집 2 층 베란다에서 정면으로 흐르는 강을 료헤이와 함께 바라보며 강에 대한 그들의 서로 다른 관점을 이야기한다.

아사코(카라타 에리카)의 걷기와 수행적 풍경

〈아사코〉는 일본 청년들의 내면적 혼란을 동일본 대지진 전후의 배경 위에서, 인물들의 걷기와 뛰기를 통한 풍경을 통해서 미학적으로 형상화하고 있다. 청년들이 도시와 전원을 오가며, 그 경계를 시적 참여로 수행적인 공간으로 바꾸고, 그 공간에서 세계와 인간의 균열을 재현하는 과정에 집중한다.

이 장은 〈아사코〉가 대재난을 직접적으로 재현하기보다는, 그로 인한 인간의 내면적 균열을 포착하는 방식에 주목한다. 이 영화는 도시 공간을 배경으로 재난의 비극적 상황을 스펙터클로 재현하는 대신, 도시와 전원의 경계를 배경으로 반 영웅적 인물들의 로맨스 같은 사적 사건을 낭만주의의 상상력을 통해 형상화한다. 아사코는 자신의 상상력과 감정을 가장 중요한 요소로 간주하며, 자신의 의지로 현재의 제약을 극복하려 시도한다. 도시와 전원의 경계에서 자연과 문화의 생태적 관계성에 대한 '생태적 감성'을 표현하는 배우의 퍼포먼스로 '수행적 풍경'이 형상화되고 있다.

〈아사코〉는 표면적으로는 순수하고 잊을 수 없는 첫사랑을 다룬 영화인 것처럼 보인다. 하지만 이 영화의 테마는 개인적인 사랑에 한정되기보다는 두 가지 서사를 통해 보다 큰 맥락으로 확장된다. 영화는 2009년, 2011년, 2016년의 시간 순서대로 전개된다. 극이 진행되면서는 2011년 동일본대지진 전후의 일본 사회와 개인, 판타지와 현실, 문명과 자연이 형상화된다. 아사코는 초월적인 세계 어딘가를 절실하게 추구하기보다는 도시와 전원의 경계에서 그려지는 수행적 풍경 안에서 타자와 상호작용하며 그녀 자신의 정체성을 변화시키는 식으로 삶을 영위해 나간다. 아사코는 성격이 극과 극이지만 외모가 똑같은 두 남자 바쿠와 료헤이를 각각 오사카와 도쿄에서 만나 운명적인 사랑에 빠진다. 이러한 과정은 상실한 대상, 즉 행복했던 과거를 되찾으려는 욕망으로 설명할 수 있다. 하지만 이런 욕망은 실현 불가능한 것이다. 아사코는 바쿠와 료헤이와 만나 사랑하는 과정에서 상대와 정신적으로 상호 침투해 그 내면을 변화시킨다. 그래서 아사코는 그녀 자신의 정해진 본성에만 귀속하지 않고 상대를 변화시키거나 반대로 그녀가 대상의 극성에 포섭당해 새롭게 거듭나는 매 순간에 집중한다.

〈아사코〉의 흥미로운 점은 아사코의 가족관계나 집이 등장하지 않는다는 것이다. 영화에서는 그녀의 친구나 연인인 오카자키의 집, 마야의 집, 료헤이의 집만 등장한다. 아사코의 사적인 영역은 영화 내내 통째로 생략되어 있다. 아사코에게는 오로지 그녀의 육체와 그녀가 일하는 카페만이 존재한다. 아사코의 핵심적인 정체성은 바쿠와 료헤이의 정체성으로 정해진다. 하지만 그렇다고 해서 아사코가 전통적인 가부장적 구조에 속박되는 인물은 아니다. 그녀는 세상에 미련이 없으며 어떠한 관계에도 절대적으로 얽매여 있지 않다. 근거지 없음 혹은 중심점이 없음, 즉 집이 없음의 상태로 그녀의 정체성을 정의할 수 있다. 영화에서 그녀는 오직 현재만을 사는 존재로 형상화된다. 사람들은 일반적으로 장소애를 가지는 지향하는 장소가 있고 그곳을 중심으로 사고하고 행동하는 경향이 있다. 하지만 아사코는 이러한 장소애를 드러내 보이지 않으며 가지고 있더라도 적어도 표현하고 있지 않다. 거주지는 그녀에게 단지 일시적인 것이다. 그래서 그녀는 고향이나 부모로 인해 구축된 정체성과 관련해서는 텅 '빈' 존재이다. 이러한 '빈' 존재로서의 그녀는 그녀가 관통한 장소들로만 채워진다.

결과적으로 '빈' 존재로서의 그녀의 정체성으로 인해서 영화 안에서 그녀만의 친밀한 장소들이나 그녀 소유의 장소는 부재하며 그녀가 위치한 장소는 모두 타인에게 속해 있다. 그녀의 이주 혹은 이사의 결정에는 장소애로 인한 망설임 따위는 없다. 영화에서 아사코는 일본의 남동부(오사카)에서 일본의 중부(도쿄)로 이동한다. 그 반대로 료헤이가 일본의 중부(도쿄)에서 다시 남동부(오사카)로 이사하겠다고 하자 일말의 망설임 없이 동의한다. 그런 과정에서 아사코는 바쿠가 나타나자 료헤이를 떠난다. 또 바쿠의 부모님이 계신 북부(홋카이도)를 향해 바쿠를 따라 이동한다. 그리고 바쿠를 버리고 다시 료헤이를 만나기 위해서 북동부(도호쿠)를 거쳐서 남동부(오사카)로 이동한다. 이렇게 영화에서 아사코는 거리나 시간이 그다지 중요하지 않은 부유하는 존재로 그려진다. 〈아사코〉의 풍경과 지도는 관객이 영화에서 볼 수 있는 것보다 더 넓은 공간을 제공하면서도 더 자유롭게 관객이 상상할 가능성을 제공한다. 그리고 이를 통해서 관객은 영화의 의미를 해석할 기회를 얻는다.

〈아사코〉는 도시극과 전원극의 요소를 모두 가진 작품이다. 도시극은 일반적으로 도시를 공간적 배경으로 하는 연극이나 영화를 뜻하며 고도로 문명화되고 발전된 메트로폴리스에서 군중 속 한 개인의 멜랑콜리아를 형상화한 드라마이다. 반면에 전원극pastoral drama은, 전원시가 극적인 목가나 시골극의 형태를 거쳐 발전된 목동의 극을 뜻한다. 목동의 전원생활에서 인간과 자연의 조화를 추구하고 화합을 노래하는 로맨틱한 목가극이다.[4]

사물 세계에서 시간이란 역사적인 시간만이 존재한다. 이에

---

4. 대표적인 목가극의 사례로 문학에서는 윌리엄 셰익스피어의 『겨울이야기』가 있으며, 영화에서는 에릭 로메르의 〈겨울이야기〉(1992)가 이런 목가극적 요소를 가진다. 테렌스 맬릭의 〈황무지〉(1973), 〈천국의 나날들〉(1978), 〈트리 오브 라이프〉(2011) 등에서도 낙원적인 무시간성을 목격할 수 있다.

대한 안티테제로 자연 동경을 형상화한 낙원적인 무시간성을 사례로 들 수 있다. 목가극의 서정시에서는 시간의 흐름이 공간 속으로 투사되어 재현된다. 그리고 주요 인물의 인생에서 삶은 세계 도피적이지만 세계에 대한 비판이며 이를 통해 새로운 세계에 대한 인식을 가능케 한다. 이러한 맥락에서 벤야민은 전원극을 인간의 단순한 삶과 본성적인 선함을 향한 문학가들의 평화주의적인 고백으로 간주한다.[5] 여기서 더 나아가 벤야민은 목가시에는 문명이 인간에게 강요하는 고통의 자연사가 퇴적되어 있다고 본다. 그리고 목가시에서의 자연 풍경은 도시의 안티테제적인 성격을 지니며 자연 동경과 연결된다고 지적한다.[6] 서정시에서는 일반적으로 자연 동경이 표현되지만, 이는 안티테제적인 자연 동경인 것이다. 인간의 영혼을 구원해 보려는 시도로서의 자연 풍경의 탐닉은 공적인 역사와 자연의 상호 관계 안에서 안티테제성을 극복하려는 시도라고 볼 수 있다.

〈아사코〉의 도시극 영역에서는 극 중 인물에게 내면의 균열이 일어나며 그것이 지진을 통해 드러나는 장소가 바로 사물 세계의 도시, 도쿄이다. 전원극의 영역에서 〈아사코〉는 도시보다는 교외를 배경으로 하며 인간의 단순한 삶과 인간의 선함을 찬양한다. 이는 인간의 삶과 파괴된 그들의 삶을 원래의 상

5. Walter Benjamin, *The Origin of German Tragic Drama*, Trans. George Steiner and John Osbourne, Verso, 2003, p. 55.
6. 같은 책.

태로 되돌리려는 평화로운 삶에 대한 욕구로 바라볼 수 있다. 아사코는 자신의 감성, 상상력을 자연스럽게 발산하며 거침없이 행동하는데 이것은 매우 낭만주의적인 경향이다. 낭만주의는 자기 눈앞에 보이는 것을 표현하는 것을 넘어서 자신의 내부에 있는 것도 표현하려는 사조로 표현주의의 기원이라고 할 수 있다. 그리고 전원극은 도시극의 안티테제적 표현이라고 할 수 있다. 아사코는 동일본대지진이라는 자연재해 이후에 세계와 인간 사이에서 정신적 균열의 상황에 부닥치게 된다. 아사코의 걷기는 도시극과 전원극의 경계 풍경들을 관객들이 지각하고 그것이 함의하는 정동에 대해 사유하도록 유도한다. 그래서 이러한 수행적 풍경은 관객의 감정을 심화시키는 역할을 한다.

〈아사코〉에서 자연환경은 아사코의 장소들이며 서로 연관된 듯하다. 그리고 멜랑콜리한 여성 산책자는 감성의 자의식을 행위하는 자로 간주할 수 있을 것이다. 그리고 이 영화는 그녀가 이동하는 장소들 사이의 거리와 속도와 관련된 벡터의 자질들을 제거하는 경향이 있다. 종합적으로 이러한 특질들로 인해서 그녀의 장소들은 위상학적인 경향을 보인다고 할 수 있다.

이 영화는 트라우마의 아카이브를 탐색하면서 문화 경험을 구성하고 공적 문화의 기반이 되는 '감정의 구조'를 포착 및 재현하여 그것에 대한 미학적 경험을 가능하게 만든다. 예를 들어, 센다이 해변에서 아사코가 바다를 바라보는 장면을 살펴보자. 이 장면에서 아사코는 거친 파도가 몰아치는 바다 풍경을 바라보며 홀로 남겨진 고독의 상태임을 깨닫는다. 여기에서 주목할 점은 아사코의 얼굴 클로즈업 쇼트 다음에 그녀의 시점으로 바다의 단독 쇼트를 보여주지 않는다는 것이다. 바다의 풍경은 아사코가 두 다리로 당당히 서 있는 뒷모습을 포함한 쇼트로만 나올 뿐이다. 아사코가 바라보는 풍경이 그녀의 의식을 재현하고 있다고 해석할 수 있다. 이 해석에서 의미를 더욱 확장시키면 이 장면은 세잔느의 〈생 빅투아르 산 연작〉에 대한 말을 상기시킨다. 아사코는 세잔느처럼 말할 수도 있을 것이다. "바다는 내 안에서 스스로 생각한다. 나는 그것의 의식이다."

이 장면과 관련지어 볼 수 있는 다른 장면들은 다음과 같다. 우선 바쿠가 아사코와 함께 차를 타고 홋카이도로 이동하는 도중에 둘이 오로라에 관해 대화하는 부분이다. 아사코는 바쿠에게 오로라를 봤냐고 묻는다. 바쿠는 오로라를 봤는데 하늘이 바다처럼 보였다고 말한다. 그리고 오로라를 보면서 왠지 꿈을 꾸고 있는 것 같았다고 말한다. 그러자 아사코는 자신이 지금까지 긴 꿈을 꾸고 있었는데 꿈에서 깨어보니 아무것도 변하지 않았다고 말한다. 이 대화에서 바쿠는 아사코에게 현실보다는 판타지에 가까운 존재라는 것이 드러난다. 그리고 조명효과가 더해져 장면이 내포하는 의미가 더더욱 비현실성과 맞닿아 있음이 암시된다.

동일본대진재東日本大震災로 명명된 2011년 3월 11일의 지진으로 인해 도호쿠 지방과 간토 지방 사이 동일본 일대는 지진 외에도 지진 해일, 화재, 액상화 현상, 후쿠시마 제1 원자력 발전소 사고, 대규모 정전 등 다방면의 2차 피해까지 막대한 인명피해와 재산피해를 입었다. 일본 경찰청 보고서에 의하면 일본의 12개 도도부현에서 15,899명이 사망하고, 6,157명이 상해를 입고, 2,529명이 실종되었다.[7] 일본부흥청의 보고서에 의하면 파손된 건축물은 총 40만 4893호이며, 지진 발생 직후의 피난민은 약 47만 명, 정전 가구는 800만 가구 이상, 단수 가구는 180만 가구로 피해가 보고되었다. 2019년 집계된 총피난민의 수는 5만 271명이며 피난이 장기화되고 있다. 이재민의 65%는 지진으로 인해 원전 사고가 발생한 후쿠시마현의 주민이다.[8]

생태비평ecocriticism은 일반적으로 인간이 비인간 세계와 상호작용하는 방식에 초점을 맞추어 환경 인식을 높이는 데 목적

---

7. 동일본대지진은 2차 세계대전 이후 일본에서 발발한 가장 큰 재난이었다. 1차 피해자수: 12개 도도부현의 사망 15,899명, 상해 6157명, 실종 2,529명. 「平成23年(2011年)東北地方太平洋沖地震の被害状況と警察措置」(보도자료), 警察庁緊急災害警備本部, 2019년 12월 10일 수정, 2023년 8월 22일 접속, https://www.npa.go.jp/news/other/earthquake2011/pdf/higaijokyo.pdf. 2차 피해로는 해일, 화재, 후쿠시마 제1원자력 발전소 사고, 정전 등이 있었다. 도호쿠 지방과 간토 지방의 동일본 일대 피해: 건축물 총 40만 4893호, 지진 발생 직후의 피난민: 약 47만 명, 정전 가구: 800만 가구, 단수 가구: 180만 가구. 2019년 이재민: 5만 271명(65퍼센트가 원전 사고지인 후쿠시마현 주민임). 「全国の避難者等の数(所在都道府県別・所在施設別の数)」, 〈復興庁〉, 2019년 8월 11일 수정, 2023년 8월 22일 접속, https://www.reconstruction.go.jp/topics/main-cat2/sub-cat2-1/hinanshasuu.html.
8. 「全国の避難者等の数(所在都道府県別・所在施設別の数)」.

이 있다. 비인간 세계는 자연이 우주의 중심이 아니라는 사고에 기반하여 자연을 주변화하고 타자화해서 인간이 착취할 수 있는 자연으로 구성한 세계이다. 생태비평은 인간의 창의성이 어떻게 작용하는지에 대해 문화 연구의 방향과 범위를 확장하는 노력으로 볼 수 있다.[9] 예를 들어 현상학이나 탈식민주의 같은 이론을 환경 문제에 초점을 맞추어 새롭게 확장할 수 있다.

다음으로는 인물들의 걷기가 나오는 〈아사코〉의 세 장면을 수행적 풍경을 중심으로 고찰한다. 첫째로 동일본대지진 직후 도쿄 시내에서의 료헤이의 걷기와 오프닝 시퀀스로 나오는 오사카에서의 아사코의 걷기 장면을 비교 분석한다. 둘째, 센다이에서 오사카로 귀환하는 과정에서의 아사코의 걷기 장면을 분석한다. 셋째, 오사카 강가 근처 갈대밭에서의 아사코(와 료헤이와 달리기)의 걷기 장면을 분석한다. 첫 번째 장면은 남성 산책자와 여성 산책자의 도시풍경, 두 번째 장면은 도시들을 가로지르는 여성 산책자의 모빌리티, 세 번째 장면은 도시 주변부에서 여성 산책자(와 남성 산책자의 함께 달리기)의 장면이다.

오프닝, 귀환, 엔딩 시퀀스에서 아사코의 걷기

오사카의 여성 산책자로서의 아사코의 걷기를 볼 수 있는

---

9. Alan C. Braddock, "Ecocritical Art History," *American Art*. 23.2., pp. 24~28.

오프닝 시퀀스를 살펴보자. 이 장면은 아사코가 고초 시게오 사진전을 보러 걸어가는 강가에서 시작한다. 그리고 오사카의 에펠탑이라고 불리는 츠텐카쿠 타워에는 'HITACHI'라는 브랜드명이 세로로 크게 쓰여 있다. 그 건물은 우뚝 솟아 있어서 멀리에서도 잘 보인다. 그녀가 사진전 전시를 보다가 바쿠와 스치듯 마주친 후 사진전이 열린 미술관 근처 강가에서 바쿠와 운명적인 키스를 하는 장면으로 이어진다. 이는 아사코가 일상에서 판타지로 넘어가는 시퀀스이다. 오프닝 시퀀스의 첫 쇼트는 도시 주변을 흐르는 강의 이미지로 오사카의 건물과 강이 각각 화면의 절반 정도를 차지하고 있다. 아사코는 사진전을 보러 가기 위해서 강가를 걷는다. 아사코는 강가의 길에서 불꽃놀이를 하는 아이들을 본다. 아사코는 잠시 멈칫하다가 다시 몸을 움츠리면서 계단을 내려간다. 사진전이 열리고 있는 장소는 오사카 나카노시마에 위치한 국립미술관이다. 나카노시마는 원래 오사카 기타구에 있는 지마강과 토사보리강 사이의 길이 3킬로미터, 넓이 50헥타르의 좁은 모래톱이었다. 이곳에 오사카 시청과 관청 및 박물관 등이 자리 잡고 있다. 아사코는 국립 미술관으로 가는 과정에서 토사보리강을 건너기 위해서 치쿠젠 다리를 건넌다.

아사코는 미술관을 향해 횡단보도를 건너고, 관객은 그 미술관을 보게 된다. 이 미술관의 외관은 주변의 깔끔한 건축물들과 대조를 이루며 마치 폭발하려는 듯한 이미지를 보여준다.

미술관의 외부 조형물은 하야키와 요시오의 작품으로, 하늘과 땅으로 뻗어가는 무언가를 조형한 것이다. 위에서 언급했던 데이비드 보드웰의 영화적인 "유형적 질감"의 개념은 관람객이 보고 듣는 감각적 표면이자, 미학적 상상을 통해 재구성하는 다감각적 "주변의 효과"로 이해할 수 있다.[10] 이 건축물과 아이들의 불꽃놀이는 서사에서 현실로 침투하는 판타지를 암시하는 것으로 볼 수 있다. 그리고 다른 한편으로는 이 장면 이후에 펼쳐질 동일본대지진과 관련해서 영화 초반부에 배치된 암시로도 해석할 수 있다. 이렇게 영화는 아사코의 걷기로써 일상생활 속 오사카의 특정 장소에 대해 생태적 감성과 같은 정서적 긴장을 생산하고 수행적 풍경을 형상화한다.

〈아사코〉의 오프닝 시퀀스는 이미지와 사운드를 통한 지각을 구현하는 방식에서 서사의 '요소를 신중하게 숨기고 적절한 순간에 드러내는 것'으로, 생략을 기초로 구성된다. 아사코는 쭈뼛쭈뼛 뻗어 나온 거대한 철골 구조의 외향으로 된 건물을 향해서 횡단보도를 빠르게 건넌다. 고초 시게오[1946-1983]의 사진 작품은 단 3개의 사진 출판물로만 남아 있다. 사진 화보집들은 『친근한 도시 장면들』[1981], 『자아와 타자』[1977], 『나날들』[1971]이다. 특히 『자아와 타자』는 작가의 삶과 경험을 반영한다. 자

---

10. David Bordwell, *Figures Traced in Light*, University of California Press, 2005, p. 32.

신과 타인의 경계 및 관계를 주제로 자신은 사회 및 타인과 더불어 있음에 주목한다. 고초 시게오 사진전에서 아사코는 여자 쌍둥이 사진을 유심히 보는데 이 사진은 아사코의 두 가지 다른 모습을 암시한다고 이해할 수 있다.[11] 또한, 아사코의 연인들인 바쿠-료헤이를 암시한다고 보는 것도 가능하다. 이 여자 쌍둥이 사진은 사진작가인 다이앤 아버스의 쌍둥이 자매 사진이나 스탠리 큐브릭의 〈샤이닝〉1980에 등장하는 쌍둥이 자매를 연상시킨다.

이후로는 오프닝 시퀀스의 효과적인 사운드 디자인에 주목할 필요가 있다. 아사코가 여자 쌍둥이 사진을 보고 있을 때 갑자기 화면 밖에서 휘파람 소리가 들리기 시작한다. 그리고 잠시 후 휘파람 소리를 내는 바쿠가 프레임 안으로 들어온다. 이 휘파람 소리는 아사코가 에스컬레이터를 타고 올라가는 장면에서도 반복된다. 이때 에스컬레이터를 타고 올라가는 아사코의 앞쪽에서 바쿠가 휘파람 소리를 내고 있다. 마치 아사코는 피리 부는 사나이의 마법에 홀린 것처럼 바쿠의 작고 불확실한 휘파람을 따라가는 듯 보이다가 계단을 올라가서는 바쿠와 반대 방향인 계단의 왼쪽으로 걸어간다. 하지만 바로 그때 그들 사이에 있는 아이들이 불꽃놀이를 하면서 폭죽을 터뜨린다. 아사코와

---

11. "Shigeo Gocho : Self and Others," 〈josef chladek : on photos and books〉, 2023년 8월 20일 접속, https://josefchladek.com/book/shigeo_gocho_-_self_and_others.

바쿠는 그 폭죽 소리에 뒤돌아보고 이때 둘의 시선이 마주친다. 그리고 그들은 키스를 나누게 된다. 이 장면은 슬로 모션으로 표현된다.

다음으로 아사코가 바쿠와 헤어진 뒤 도호쿠 지역 센다이에서 오사카의 료헤이에게로 걸어서 돌아오는 장면을 살펴보자. 아사코가 료헤이를 버리고 바쿠와 함께 떠났을 때 료헤이와 관련된 타인과 그녀 사이 친밀한 관계는 대부분 종료된다. 아사코는 이런 상황에 직면하자 실존적으로 홀로 남게 된다. 이런 상황은 빈 공간의 미학적 가능성을 한층 더 높여준다. 빈 공간은 지형학적인 논의를 구체화하기 위한 핵심 개념들 중 하나이다. 아사코의 눈앞에는 동일본대지진을 상기시키듯 거친 파도로 가득 찬 센다이 바다가 마치 냉혹한 세상처럼 요동치고 있다. 하지만 그녀는 그 바다 앞에 당당히 두 발로 선다. 그녀의 얼굴은 전혀 동요하지 않는다. 그녀의 기억은 더는 유효하지 않다. 왜냐하면, 그녀의 내면을 지탱해 주던 과거의 장소들은 더 이상 의미가 없기 때문이다. 이 순간 그녀의 사적 기억 속 장소들의 풍경과 아사코 사이의 상호연결성은 사라진다. 이러한 타인과의 관계망의 붕괴와 그로부터 촉발된 과거 기억 속 장소들과의 비연결성은 현시점에서 지향성이 없어진 그녀의 실존적인 상황을 반영한다. 에리카 피셔 리히테는 배우의 신체, 그들의 세계-내-신체 존재가 등장인물이 되기 위한 현상적인 실존을 형성한다고 설명한다. 배우의 신체는 그 자체로 세계-내-신체 존

재이자 퍼포먼스를 위한 미적 재료로 사용된다.[12]

〈그림 26〉의 왼쪽은 센다이 바다의 방파제 위에 서서 거친 파도가 치는 바다를 바라보는 아사코의 모습이다. 오른쪽은 앞 장에서도 언급한, 낭만주의를 시각적으로 형상화한 카스파 다비드 프리드리히의 〈안개바다 위의 방랑자〉(1818)이다. 이러한 분위기는 앞에서 언급한 환멸의 낭만주의로 "현재의 삶에 대립되는, 이상적인 삶을 향한 상승되고 고조된 욕망이자, 이러한 동경이 무위로 끝나 버릴 것이라는 사실에 대한 절망적 통찰이다."[13] 이는 세계가 자아와 사회, 유한과 무한, 절대와 상대라는 이분법을 통해 정립될 수 있다는 사고와 관련된다. '낭만적 아이러니'는 자유 개념으로 현실을 넘어선다는 사유 방식이며 이는 근대 이후 도래하는 분열된 자아로부터 출발해 자기 창조와 파괴가 무한으로 반복되는 과정을 통해 주관과 객관의 경계를 가로지른다.

하이데거는 맑스가 "소외" 개념을 통해 근대인의 본질적인 "집 없음"을 경험했다고 언급한다.[14] 이 "집 없음"의 상황에 처한 아사코는 침착하게 대처한다. 그녀는 동일본 대지진의 트라우

---

12. 백인경, 『에리카 피셔-리히터의 퍼포먼스 이론 연구』, 석사학위논문, 서울대학교, 2014, 14~15쪽.

13. 게오르그 루카치, 『소설의 이론』, 반성완 옮김, 심설당, 1995.

14. Beatrice Hanssen, *Walter Benjamin's Other History*, University of California Press, 1998, p. 166.

마를 연상시키는 거친 파도를 뚫어져라 쳐다보고 있다. 그녀의 시선 앞에 펼쳐진 센다이 바다는 격정으로 가득 차 있다. 하지만 아사코는 두 발로 단단하게 서서, 거센 바람에 흩날리는 머리카락과 함께 바다의 격렬한 움직임에 공감하고 있다. 그녀는 전통과 규범에 얽매이지 않고, 오로지 자신의 감정과 내면의 움직임에 따라 자신의 삶을 결정하고 현실을 초월하려 한다.

그림 26. △ 〈아사코〉에서 방파제 위의 여성 ▷ 〈안개바다 위의 방랑자〉

아사코는 바쿠와 헤어진 후, 동일본 대지진 피해자 집단이 거주하는 조립식 주택 사이의 아스팔트 도로를 걸어간다. 이 조립식 주택들은 최소한의 생계를 유지할 수 있는 기본적인 거주 공간으로 보인다. 화면의 원경에는 고가도로가 보이며, 그 아래 도로를 차량들이 지나다닌다.

조립식 주택들은 규칙적인 간격으로 배치되어 있다. 아사코

그림 27. 〈아사코〉, 센다이 바다에서 도호쿠의 집단거주지로 걸어온 아사코

는 카메라의 왼쪽 하단에서 프레임으로 들어오며, 카메라를 등지고 걷는다. 그녀는 가방이나 지갑 없이, 반팔 티셔츠를 입고, 신발만 신고 걸어간다. 히라카와 씨의 집을 방문하기 전까지 이 주택 단지에 대해 자세히 알 수 없다. 히라카와 씨가 전자레인지로 간단한 음식을 데우고 있을 때, 벨이 울리고 문을 열면 아사코가 문 앞에 서 있다. 그제서야 이 주택 단지의 열악한 조건이 동일본 대지진으로 인한 도호쿠 난민의 상황임을 알게 된다. 이때 반대편 주택의 유리창에 비친 아사코의 뒷모습은 이 주택 단지의 협소함을 암시한다. 그리고 아사코가 히라카와 씨에게 돈을 빌려달라고 인사하면서 화면 뒤에 보이는 화분의 흰 꽃은 미래에 대한 희망을 상징한다. 오사카로 향하는 버스 터미널에서 히라카와 씨는 료헤이에게 돌아가는 아사코에게 그녀가 료헤이로부터 용서받지 못할 것이라고 말한다. 그럼에도 불구하고 아사코는 오사카로 향한다. 이때 아사코의 일관된 맹목적인 태도에 주목할 필요가 있다. 아사코는 바쿠와 떠날 때도, 센다이 해변에서 바쿠와 헤어지고 오사카의 료헤이에게 돌아갈 때

도 맹목적으로 행동한다.

아사코가 료헤이를 버리고 바쿠와 떠났다가 다시 료헤이에게로 돌아가는 서사, 즉 사랑하는 사람을 배신했다가 다시 돌아가는 서사는 영화사적 계보가 있다. 페데리코 펠리니의 〈백인 추장〉1952에는 아사코와 유사한 여성이 등장한다. 〈백인 추장〉은 로마로 신혼여행을 온 신부 완다가 평소에 흠모해 왔던 백인 추장 역의 남성 배우를 만나 그를 따라가게 되면서 벌어지는 소동을 그린 작품이다. 완다가 남성 배우의 판타지에 빠져 있다가 다시 현실로 돌아와서 남편인 이반에게 용서를 구하는 과정이 아사코와 유사하다. 〈백인 추장〉에서 남성 배우와 남편 이반은 각각 판타지와 현실을 상징하는 인물이다. 아사코에게 바쿠가 판타지의 존재이고 료헤이가 현실의 존재인 것과 유사하다.

아사코는 버스를 타고 오사카의 료헤이가 있는 집으로 돌아온다. 그녀가 오사카로 돌아오는 여정 중에 감독은 아사코의 걷는 장면을 많이 보여준다. 아사코의 걷는 행위는 그녀의 성장과 주체성을 나타내는 중요한 요소로 표현된다. 이러한 걷는 여성의 표현은 일본 영화사에서 드문 특별한 경우이다. 고전적인 일본 영화에 여성이 혼자 걷는 장면이 등장하기는 하지만, 대부분 남성이나 다른 일행과 함께 걷는 장면이 주를 이룬다. 걷는 행위 자체로 판타지와 현실의 경계를 넘나드는 경우는 흔하지 않다.

〈아사코〉에서 (인물의 걷기와 관련된) 풍경은 인물과 자연이 상호 침투하는 '공감각적 총체성'으로 구성된다. 수행적 풍경은 정서적, 감각적으로 부과되는 미학적 영역이다.[15] 그리고 수행적 풍경의 정신, 몸, 세계 간의 상호 침투 구조는 분위기의 미학에서 정서적, 지각적으로 심미적인 영역이다. 이것이 생태적 사유의 시학에서 핵심인 '비어있음'과 관련된다. 정신, 몸, 세계의 다차원 속에서 이루어지는 상호 침투는 동일한 것들 속으로 이질적인 것이 침투하는 것을 뜻하며 그 주변의 '비어있음'에 의해 가능하다. '비어있음'은 특정한 공간 속 인물의 육체적 수행성을 통해 공감각적 총체성을 지각하게 함으로써 미학적 도식의 틀을 확장해 주는 개념이다. 예컨대 〈아사코〉에서 아사코가 바쿠와 헤어진 직후 바라보는 텅 비어있는 바다 풍경과 관련된다. 모든 것을 버리고 바쿠와 길을 가다가 결국 그와도 헤어진 아사코가 방파제 위에 올라가서 멍하니 눈앞에 있는 바다를 바라본다. 단호한 시선으로 바다를 바라본 이후 아사코는 도호쿠 동일본대지진의 현장을 통과하며 걸어간다. 영화는 센다이에서 오사카로의 여정을 진행하는 동안 아사코가 통과하는 장소들과 거기에서 체화된 그녀의 지각을 상호 연결하고 있다. 그리고 아사코는 여행하는 자아로서 여정 속의 장소들 안으로 수행적 풍경을 구성한다.

---

15. Bertrand Westphal, *Geocriticism*, Palgrave, 2011, pp. 133~134.

엔딩 시퀀스에서의 아사코의 뛰기와 걷기, 즉 아마노강 근처 갈대밭을 거닐다 언덕을 달리는 장면을 살펴보자. 아사코는 비 오는 날 고양이 진탄을 찾아서 갈대밭을 헤매다가 료헤이와 만나고, 달아나는 료헤이를 쫓아가기 위해 언덕을 달린다. 아사코가 오사카로 돌아온 뒤 처음으로 료헤이와 대면하는 이 장면에서 료헤이의 대사에 주목해볼 필요가 있다. 료헤이는 아사코에게 고양이 진탄을 버렸다고 말한다(이는 이후 거짓말이었음이 밝혀진다). 료헤이는 진탄을 버린 것으로 아사코도 버렸다고 표현하는 것으로 보인다. 그러자 아사코는 료헤이에게 자신이 진탄을 찾겠다고 말하고 여전히 그를 사랑하며 그것을 전하려고 오사카에 왔다고 말한다. 료헤이는 아사코에게 언젠가 이렇게 될 것 같다는 두려움을 계속 갖고 있었다고 말한다. 아사코는 료헤이와 헤어진 뒤 갈대숲에서 진탄을 찾기 시작한다. 그녀는 화면 상단의 중앙에서 프레임 인을 해서 천천히 계단을 내려오는데 이때 그녀의 좌우측에 갈대숲이 일부 보인다. 그리고 내려오는 층계들 사이에 풀들이 나 있다. 갈대숲 속에서 아사코를 보여줄 때 카메라는 화면의 상단 부분에 다리나 강을 함께 포착한다. 도쿄 도심에서 인공적인 고층빌딩으로 화면을 거의 채우던 것과 대조적으로 건축물을 최소화하고 강과 갈대숲, 하늘로 화면을 가득 채우는 방식을 취한다. 이를 통해 영화는 문명과 자연의 경계를 오가는 생태 환경을 관객이 인식하도록 유도한다.

아사코는 환경과 인간의 상호작용을 위한 생태적인 소통의 단계를 충분히 수행하기 때문에 '생태적 감성'이 풍부하다. 그녀는 이 단계 이후에 가능한 미학적이며 윤리적인 소통의 단계로 나아가게 된다. 아사코가 생산하는 수행적 풍경은 실천 윤리적 측면에서 그녀가 움직이는 장소들 사이에서 생성된 예술적 효과를 전달하는 수단일 뿐만 아니라 그로 인해 촉발되는 정서적이고 주제적인 잠재력을 제시한다. 마음과 세상 사이의 좀 더 깊은 공생을 추구하는 것은 '생태적 감성'의 충만함이다. 더 나아가 인간과 환경을 연결하는 생성의 행동과 더 관련이 있다.[16]

이 영화에서 아사코와 그녀의 부모 간의 서사는 바쿠나 료헤이와 비교했을 때 철저히 부재한다. 이런 서사의 여백으로 인해서 영화에서 아사코 캐릭터는 다른 인물들에 비해 원래 배우 카라타 에리카의 캐릭터 자체, 즉 낭만주의적 인물로 형상화된다고 볼 수 있다. 결과적으로 에리카는 본인의 캐릭터를 그대로 사용하는 비전문 배우로서 해야 할 역할을 충실히 하고 있다.[17]

---

16. Lisa Christine Woynarsk, *Towards an Ecological Performance Aesthetic for the Bio-Urban*, Ph.D Dissertation, University of London, 2015, p. 69.
17. 아사코 역을 맡은 카라타 에리카는 데뷔 에피소드부터 생태 환경과 관련된 인물로 기획되었다. 에리카는 고등학생(17살) 시절 일본의 한 테마파크 목장에서 아르바이트를 하던 중 목장을 방문한 기획사 관계자에 의해 캐스팅되었다고 홍보되었다. 김진우, 「목장에서 칸까지, 일본의 라이징 스타 카라타 에리카」, 『씨네21』, 2018년 5월 9일 수정, 2023년 8월 20일 접속, http://www.cine21.com/news/view/?mag_id=90089.

오카자키의 집을 방문한 이후 비가 내리는 갈대숲에서 아사코는 다시 고양이 진탄을 찾기 시작한다. 아사코가 진탄을 찾고 있던 도중에 료헤이를 쫓아 달리는 장면은 익스트림 롱 쇼트까지 포함해서 총 열 개의 쇼트로 구성되어 있다.

(1) 롱 쇼트로 아사코가 진탄을 찾고 있는 모습이 나온다. 이 쇼트에서 화면의 후경에 건물들이 조그맣게 보인다.

(2) 아사코는 그녀를 내려다보는 료헤이를 올려다본다. 아사코가 료헤이를 부른다. 그가 말한다. "쓸데없는 짓 하지 마."

(3) 작은 언덕 위에서 아사코 쪽을 내려다보는 료헤이의 시점 쇼트는 두 인물을 오버 더 숄더 쇼트의 형태로 포착한다. 료헤이는 그녀에게 말한다. "가버려." 그리고 걷기 시작한다.

(4) 료헤이의 시점에서 포착된 아사코의 단독 풀 쇼트가 나온다. 아사코도 앞쪽으로 걷기 시작한다.

(5) 아사코의 시점에서 포착된 료헤이의 풀 쇼트가 나온다. 그는 걸으면서 그녀를 바라보며 다시 말한다. "가버려."

(6) 료헤이의 시점에서 포착된 아사코의 풀쇼트가 나오는데 아사코가 우산을 던지고 료헤이 쪽으로 뛰어올라가기 시작한다.

(7) 아사코의 시점에서 그녀로부터 뛰어 달아나는 료헤이를 포착한 언덕 위의 료헤이의 풀 쇼트가 이어 나온다.

(8) 이어지는 쇼트에서 34초 동안 익스트림 롱 쇼트로 료헤이를

쫓아가는 아사코의 모습을 포착한다. 이 쇼트는 부감 쇼트로 촬영되어 아사코와 료헤이의 추격전을 위에서 내려다보면서 포착한다. 이때 아사코와 료헤이가 수직으로 이동하는 움직임에 맞추어서 햇빛이 그들이 이동하는 방향으로 함께 이동하는 멋진 광경이 펼쳐진다.

(9) 우측에서 좌측으로 이동하는 료헤이의 풀 쇼트가 나온다.

(10) 료헤이를 따라 이동하는 아사코의 풀 쇼트가 보인다.

(8)은 아사코가 료헤이를 쫓아서 달리는 마스터 장면처럼 촬영되었다. 풍경의 무대화가 어떻게 구성될 수 있는지 보여주는 쇼트이다. 카메라는 아사코가 료헤이를 뒤쫓아 뛰기 시작하는 순간에 풍경의 주체적인 힘을 포착한다. 그리고 두 인물로부터 극단적으로 거리가 멀어지면서 제삼자의 시점이 된다. 거대한 하늘 아래 햇빛의 움직임과 작은 점들로 표현되는 두 인물의 움직임은 일종의 수행적 풍경의 전형을 보여주는 듯하다. 이런 복합적인 움직임은 화면 속에 보이는 인간과 자연의 상호관계를 시각적으로 형상화한다. 그래서 이 모든 자연환경이 마치 하나의 거대한 배경의 역할을 한다.

쇼트 (9)와 (10)은 이어지며 우측에서 좌측으로 뛰어가는 료헤이와 아사코를 보여준다. 이때 그녀의 신체적 움직임은 절박하게 그를 따라잡기 위한 몸부림으로 느껴진다. 이 익스트림 롱 샷에서 두 점처럼 보이는 두 사람은 열심히 달려가지만, 35초라는 긴 시간 동안 달리다 보니 거대한 풍경 안에서 그 둘은 마치 제자리에서 계속 달리는 것처럼 보인다. 이들의 갈등은 잠시 거대한 자연의 맥락에 묻혀버린다. 이는 일본 예술영화 〈라쇼몽〉과 〈카리스마〉의 풍경과 비슷한 점이 있다. 이 수행적인 풍경은 분위기의 측면에서 인물들의 감정의 구조를 형상화하는 '비이성적인 무언가' 또는 '표현할 수 없는 무언가'를 보여준다.

그림 28. △ 〈아사코〉의 달리는 장면 ▽ 〈8월의 광시곡〉에서 인물들이 달리는 장면

이 장면은 또한 〈8월의 광시곡〉1991의 엔딩 시퀀스에서 폭우가 쏟아지는데 앞으로 나아가는 할머니의 장면을 연상시킨다. 그리고 할머니의 뒤를 쫓아 달리는 사람들의 역동적인 쇼트들이 료헤이와 아사코가 달리는 모습과 유사하다. 〈8월의 광시곡〉은 미국인과 일본인의 혼혈로 클라크(리차드 기어)가 일본

나가사키를 찾아가 어느 노파를 만나는 이야기이다. 할머니는 나가사키에 투하된 원자폭탄으로 인해 남편을 잃었고 그 후 40년을 홀로 살고 있다. 여름 방학을 맞이하여, 네 명의 손자가 그녀를 방문하고 손자들은 할아버지에 대해 이야기해 달라고 조른다. 두 영화에서 폭풍우 속을 달리는 인물의 모습은 거대한 재난 앞에서 인간의 삶 속에 인간의 파토스 자체를 형상화한 장면으로 해석할 수 있다. 그리고 여기서는 젠더적 발걸음 혹은 포즈 자체는 중요하지 않다.

관객은 이런 풍경을 통해 극 중 인물들의 지각과 느낌을 공유한다. 앞서 언급한 분위기의 총체성으로도 이를 논의할 수 있다. 분위기는 세상을 바라보거나 시각을 밝히고 특정한 빛을 모든 것에 입혀서 단일한 느낌의 상태로 다양한 인상들을 통합한다. 또한, 이렇게 생산된 '재현적 공간'은 인간과 자연 사이에서 상호작용하는 상상의 공간이라는 특성을 가진다. 주체의 신체와 세계에 대한 지각은 특정한 공간과의 관계 속에서 순간적으로 주체와 환경의 통일성을 가져온다. 이러한 맥락에서 풍경을 무대화한다는 것은, 주관적 의식을 장소가 품은 시각적인 의미를 통해 형상화하는 것을 의미한다. 무대화된 풍경은 수행적이며 객관적 및 주관적 범주의 경계에서 숭고함을 획득하게 된다.

〈아사코〉의 엔딩 시퀀스는 이런 무대화된 풍경을 바라보는 아사코와 료헤이의 대화로 마무리된다. 료헤이가 문을 열고 고양이 진탄을 아사코에게 건네주며 시작된다. 아사코는 진탄을 받아서 집 안으로 들어가고 진탄은 마룻바닥에 앉는다. 아사코는 계단을 올라가서 료헤이가 있는 방으로 가고, 료헤이는 몸을 닦던 수건을 아사코에게 던져준다. 료헤이는 아사코의 친구인 마야가 조산이지만 문제없이 딸을 출산했다는 소식을 전한다. 아사코는 료헤이가 준 수건으로 몸을 닦다가 겉옷을 벗고 료헤이가 있는 베란다로 나간다. 아사코는 료헤이가 다정하다고 말하지만, 료헤이에게 더는 의지하지 않겠다고 말한다. 료헤이가 아사코에게 평생 그녀를 믿을 수 없을 것이라고 말하자, 아사코는 "나도 알고 있다"고 대답한다. 이후 진탄이 계단을 뛰어 올라오는 장면이 연속되며, 이어서 세차게 흐르는 강물의 인서트 컷으로 강의 모습이 삽입된다. 두 사람은 모두 정면으로 눈앞의 강을 바라본다. 이 장면에서는 강물이 흐르는 소리가 들리며, 두 사람의 얼굴이 화면에 잡히면서 정면성이 강조된다. 그러나 이후로 그들이 응시하는 아마노강의 풍경은 더 이상 나오지 않는다. 베란다에서 아마노강을 바라보며 료헤이가 강물이 불어났다고 말하면서, 풍경을 말로 묘사한다. 그리고 료헤이는 "정말 더러운 강이야"라고 말하자, 아사코는 "그래도 아름다워"라고 답한다. 료헤이는 고개를 돌려 아사코를 바라보다가 카메라 정면을 향해 눈길을 돌리면서 영화는 끝나게 된다. 이 장면에서 료헤이가 아사코를 바라보는 시선은, 더럽지만 아름다운 강처럼 그가 그녀를 생각하는 방식을 암시하고 있는 것으로 보인다. 관객은 더럽지만 아름다운 강을 상상하고 사유하게 된다.

이 책은 '아시아의 미' 개념을 탐색하면서 고유한 아시아의 미를 외부 시각에서의 '다름'을 중심으로 이해하는 대신 주체적인 관점에서 공통점을 찾는 방식으로 탐구하였다. 이 과정에서 우리는 개인이 속해 있는 다층적인 콘텍스트를 이해하고자 하는 지향점을 갖고 출발하였고, 집단의식과 문화적 정체성이 영화에 어떻게 반영되는지, 그것이 어떻게 해석될 수 있는지, 그리고 그렇게 표현된 영화가 대중에게 어떤 영향을 미치는지에 대해 고찰하였다. 근대화와 세계화의 흐름 속에서 '아시아다움'에 대한 문화연구의 필요성은 점점 더 커지고 있다.

이 책에서는 아시아의 미를 탐색하며 21세기 동아시아의 다섯 도시를 배경으로 한 다양한 영화들을 조사하였다. 이 책이 선택한 영화들은 〈엽기적인 그녀〉2001, 〈화양연화〉2000, 〈밀레니엄 맘보〉2001, 〈여름궁전〉2006, 그리고 〈아사코〉2018이다. 우리는 이들 영화를 통해 전지현, 장만옥, 유홍, 서기, 카라타 에리카 등의 여성 배우들이 어떻게 도시를 돌아다니는지, 그리고 1990년대부터 2010년대까지의 시기에 서울, 베이징, 도쿄, 타이베이, 홍콩 등의 도시에서 여성들이 어떻게 젠더적으로 형상화되는지에 대해 탐구하였다.

이 영화들은 주로 멜로드라마 혹은 로맨틱 코미디 장르에 속한다. 청춘들이 성공을 위해 도시로 떠나는 서사이거나, 일반 시민의 일상 이야기이다. 그리고 이들 영화는 동아시아의 산업화 과정, 즉 근대화 과정에서의 세대 갈등, 지역 격차, 청년층의 고용 문제, 연애 등 동아시아 여성이 직면한 문제들을 현실적으로 그린다.

영화는 기록 매체로서 현재와 과거를 연결하고 새로운 미래를 열어주는 역할을 한다. 이 책에서 살펴본 동아시아의 다섯 도시는 1980년대와 1990년대에 고등학교와 대학교를 다닌 세대들의 의식을 반영하고 있다. 이 영화들의 공통적인 특징은 다음과 같다.

첫째, 청년들의 사랑과 꿈은 종종 현실 앞에서 파괴되며, 그들은 대개 과거의 잃어버린 사랑을 되찾지 못한다. 대부분의 영화에서 주인공들이 큰 짐을 안고 도시에 도착하는 모습을 보여주고 있다. 2010년대 동아시아 영화, 예를 들어 〈여름궁전〉처럼 베이징이나 상하이를 배경으로 하는 영화들은 성공을 향한 열망과 상실감에 집중한다.

현대 중국 영화 속 주인공은 대도시에서 경제적인 성공을 추구하며, 영화는 그들의 욕망을 사실적으로 드러낸다. 이러한 욕망은 명문 대학, 유망한 직장, 좋은 차, 부유한 배우자 등을 포함하고 있다. 그러나 모든 것은 폭력적인 상황 앞에서 무력해진다. 예를 들면 〈먼 훗날 우리〉[2018]의 팡샤오샤오(주동우)

는 대도시에서 돈을 많이 벌겠다고 큰 소리로 선언한다. 그리고 〈소년시절의 너〉2019에서 첸니엔(주동우)의 유일한 목표는 베이징 대학 입학이다.

이런 흐름 속에서 〈여름궁전〉과 〈먼 훗날 우리〉는 결말에서, 과거의 사랑을 회상하다가 다시 만나 긴 여정을 함께하게 되는 주인공들의 이야기를 그린다. 그러나 결국, 그들은 과거의 트라우마를 극복하지 못하고 서로 다른 삶을 살아가기로 한다. 성인이 된 이들은 과거에 꿈꾸었던 낭만주의적이거나 전복적인 시도를 할 상상을 하지 못한다. 상실로 인한 그들의 상처가 너무 크기 때문일 것이다. 그 대신 그들은 안정적인 삶을 추구하며, 더 이상 잃고 싶지 않은 것들 안에 숨어버리고 만다.

둘째, 영미 서구유럽과 관련된 지향성을 보여준다. 이것은 동아시아 영화들의 특징이기도 하며, 이는 동양권 국가가 근대화와 산업화의 모델을 서구 유럽에 두고 있기 때문으로 보인다. 〈여름궁전〉2006에서 저우웨이와 리티는 독일에 정착하려 하지만 리티는 자살하고 저우웨이는 절망하고 다시 중국으로 돌아온다. 〈우리가 잃어버릴 청춘〉2013에서 여주인공 정웨이(양자경)의 첫사랑인 동네 오빠 천샤오정(조우정)는 한마디 말도 없이 미국으로 떠나버린다. 〈동탁적니〉2014의 여주인공 샤오즈(주동우)은 서부의 명문 대학인 스탠퍼드 대학 입학이 꿈이며 남자 주인공 린이(임경신)는 뉴욕에서 일한다. 〈안녕, 나의 소울메이트〉2016의 이안생(주동우)은 실제로는 중국 전역을 돌지만 그녀가 쓰는 소설 속의 죽은 친구인 임칠월(마사순)은 안생의 상상 속에서 남아메리카와 유럽을 여행하는 것으로 묘사된다. 그리고 〈안녕, 나의 소울메이트〉에서 여주인공은 캐나다 시민권자와 결혼해 중국을 떠나려고 한다. 〈소년시절의 너〉의 여주인공은 영문법 학원 교사로 나온다. 앞에서 언급한 〈밀레니엄 맘보〉에서 비키는 일본의 도쿄와 유바리를 방문한다. 일본의 식민지를 경험했던 대만인들에게 일본은 일종의 서구 유럽을 대체하는 국가로 보인다. 이와는 달리 한국영화에서는 여성이 일본이나 중국보다는 서구 유럽으로 떠나는 것이 일종의 해방으로 그려진다. 〈엽기적인 그녀〉에서 견우가 영국으로 2년 동안 유학을 다녀오는 것처럼 〈건축학개론〉 2012에서는 남자 주인공 승민이 약혼녀와 미국으로 유학을 떠난다. 〈벌새〉의 학원에서는 한자와 다도가 나오는데 여기서는 한국 내 중국 문화권의 영향을 볼 수 있다.

셋째, 2010년대의 동아시아 영화 속에서는 세대 간의 직업과 지향이 다르며 그들 사이의 깊은 소통이 부재하다. 그리고 그들은 서로 소통하기에는 너무나 다른 지향점과 문화 향유 성향을 가지고 있다. 새로운 세대의 주인공들은 뉴 미디어와 IT, 금융권과 관련된 성공을 시도하고 성공하는 인물들로 그려진다. 〈안녕, 나의 소울메이트〉에서 등장인물들은 은행원, 웹소설 작가이며 〈우리가 잃어버릴 청춘〉에서는 건축 설계자, 〈먼 훗날 우리〉에서는 게임 제작자, 〈소년시절의 너〉에서는 스마트폰 수리인, IT 범죄자들로 등장한다. 이에 비해서 그들의 부모들은 기본적으로 정부 산하의 관료, 선생님, 음식점 주인 등의 전통적인 직업을 갖고 있으며 그와 관련된 사고를 고수한다. 〈먼 훗날 우리〉에서 춘절에 젠칭(정백연)의 아버지는 음식점을 하고 있으며 〈소년시절의 너〉에서 첸니엔의 홀어머니는 물품을 직접 파는 개인 방문판매 일을 하고 있다. 〈건축학개론〉에서 승민은 건축물을 설계하는 건축가로 등장하지만, 그의 어머니는 전통 시장에서 국밥집을 운영하고 있다. 〈아사코〉에서는 신체적으로 건강한 인물들이 부모에 의존하지 않고 독립적으로 그려지며 세대 간의 소통은 거의 불가능한 것처럼 보인다. 그럼에도 전통적인 가족관계와 인간애적인 관계의 기반에 의해서 서사가 진행된다.

넷째, 명문 대학 입시 경쟁을 중심으로 한 서사가 사회 구조를 반영한다. 〈집으로 가는 길〉이나 〈산사나무 아래에서〉 같은 작품에서는 교육이 강조된다. 그러나 고등교육 자체가 거대한 시스템으로 그려지지 않는다. 반면 〈우리가 잃어버릴 청춘〉2013, 〈동탁적니〉2014, 〈안녕, 나의 소울메이트〉2016, 〈먼 훗날 우리〉2018, 〈소년 시절의 너〉2019에서는 교육이 산업화의 노동자를 체계적으로 생산하는 시스템인 것처럼 그려진다. 이는 동아시아 국가들 전반에 걸쳐서 일어나는 일이다. 근대화의 근간으로서의 교육을 내세운 동아시아 국가들은 겉으로는 국가와 도시의 구성원으로서의 국민과 시민을 양성한다는 기치를 내걸지만, 실제로는 관료와 노동자를 양성하는 방식의 교육 체제를 운영하여 여러 부수적인 문제들을 촉발하고 있다. 〈소년 시절의 너〉에서는 경찰, 형사, 부모, 교사 등 어떤 어른도 위기에 처한 주인공들을 돕지 못한다. 대만이나 홍콩에서 만들어진 청춘물은 클리셰를 적극적으로 이용한다. 중국의 청춘물이 대만과 홍콩의 청춘물과 다른 특징을 지니는 것은 중국의 검열 자체가 주요한 이유로 보인다.

다섯째, 한류의 부상과 그로 인한 영향력의 강화이다. 동아시아의 청춘 로맨스 영화는 점점 이전 세대와 젊은 세대의 갈등 그리고 사회 비판을 최소화하려는 경향이 있다. 이는 한류 영화와 드라마 및 노래의 특징인 것만이 아니다. 뉴미디어인 웹 소설, 웹툰, 게임(모바일, 콘솔) 등에서도 주제와 소재에 대한 자유와 관련하여 유사한 경향을 볼 수 있다.

특히 동아시아의 압축적 근대화 과정에서 '밀크티 동맹'Milk Tea Alliance과 같은 흥미로운 개념이 탄생했다. 2020년 3월 태국 유명인들이 '하나의 중국'一個中國에 대항하는 소셜미디어 게시물을 올렸다는 이유로 중국인들로부터 비난받는 사건이 발생했다. 태국과 중국 사이에서 전개된 인터넷 소셜미디어 설전이 홍콩과 대만 누리꾼의 참여로까지 확대되었고, 이 반反 중국 운동을 밀크티 동맹이라고 부른다. 밀크티 동맹은 영국의 식민지였던 동아시아 국가들을 상징하는 개념이기도 하다.

태국, 홍콩, 대만 등의 젊은 누리꾼들의 공통된 문화 중 하나는 케이팝을 즐겨 듣는 것이다. 2020년 7월 18일부터 태국에서 반정부 시위가 한창 전개되고 있는 가운데, 홍콩과 대만에서는 태국 반정부 시위를 지지하는 집회가 열렸다. 2020년 태국 반정부 시위는 대학생을 중심으로 전개되었는데, 이들은 의회 해산 및 새로운 총선 실시, 군부 제정 헌법 개정, 반정부 인사 탄압 중지 등을 요구하였다. 당시 시위 현장에서는 케이팝 팬들이 행동력을 발휘하기도 했다. 케이팝 팬클럽이 약 300만 바트(1억 962만 원)의 성금을 모아 시위대에 전달한 것이다. 또 홍콩 우산 혁명의 주역인 조슈아 웡은 2020년 7월 자신의 트위터에 태국 시위를 지지하는 글을 올린 뒤 '#MilkTeaAlliance'이라는 해시태그를 덧붙였다. 동아시아 국가들은 서로 경제적으로만 연결된 것이 아니라 케이팝 등의 대중문화를 공유하고 있으며 이는 사회정치적 현장에서도 흥미로운 방식으로 나타난다.

앞서 말했듯 〈소년시절의 너〉의 여자 주인공은 오로지 베이징 대학 입학만을 목표로 하고 있다. 〈동탁적니〉에서도 베이징 대학에 떨어지고 이후 스탠퍼드 대학에 떨어진 여주인공은 자존감을 상실하고 좌절하게 된다. 〈안녕, 나의 소울메이트〉에서 두 여주인공 중 칠월은 대학에 가서 은행원이 되고 안생은 중국을 방황하다가 소설가가 된다. 이 영화들뿐만 아니라 대만 영화인 〈나의 소녀시대〉에서도 대만 국립대학이 주인공의 목표로 제시된다. 여기에서 주목할 만한 부분은 〈나의 소녀시대〉의 여러 구성과 장면은 기본적으로 로맨틱 코미디인데 한편으로 일본의 학원 폭력물인 〈비밥 하이스쿨〉1985을 연상시킨다는 지점이다. 그리고 두 조직이 나뉘어 싸우다가 서로를 죽이려 하는 장면들은 〈고령가 소년 살인 사건〉1991을 연상시키기도 한다. 〈나의 소녀시대〉는 유덕화가 나오는 〈천장지구〉의 서사와 관련이 있기도 하다. 하지만 대만을 배경으로 만들어진 학원 로맨스물은 중국을 배경으로 한 학원 로맨스물과 차이가 있다. 그것은 일차적으로 대만의 이데올로기와 중국의 이데올로기 사이의 충돌로 인한 것이다. 대만은 일본 식민지 당시 일본의 유화정책으로 인해서 일본 친화적인 측면이 있다. 이후에는 일본을 경제 모델로 기술 이전을 해서 과거 1980년대에 이미 중국 전체와 대등한 경제 규모를 이루고 있었다. 이에 반해서 현대 중국의 기반에는 5·4운동 혹은 5·4 정신이 있다. 5·4운동은 1919년 5월 4일 중국 베이징의 학생들이 일으킨 항일운동이자 반제국주의, 반봉건주의 혁명운동을 말한다. 1919년 5·4운동이 제시한 근대 중국의 비전은 '과학'과 '민주'였다. 중국의 근대화는 중일전쟁과 난징대학살 이전에 이미 5·4운동에 기반을 둔 뿌리 깊은 반일에 기반을 두고 있다.

지금의 대만은 중국의 경제 발전으로 인해서 반대의 상황에 처해 있다. 경제 분야의 중대 결정에서 중국 시장에 대해 고려해야 하기 때문에 전체적으로 보수적이며 반일적인 성향을 보일 수밖에 없다. 이러한 이유로 중화권 전체를 통합하는 코드를 최근 청춘 로맨스 영화들 속에서 발견할 수 있다. 아이러니하게도 그것은 대만, 홍콩, 한국에서의 뉴웨이브의 영향으로도 독해 가능하다.

이런 상황에서, 확장된 동아시아 OTT 시장에서 유통되는 작품들은 장르적으로 로맨스가 지배적이다. 그리고 한류 영화 및 드라마의 폭발적인 인기로 각국 대중은 검열에서 조금 벗어나 미디어 콘텐츠를 접할 수 있게 되었다. 많은 한류 작품들이 기본적으로 모두가 평등한 교육을 통해 원하는 것을 이룰 수 있는 정의로운 사회에 살고 있다는 신념 체계에 기반하여 서사를 전개한다. 예를 들면, 한국영화 〈건축학개론〉2012에서 승민은 서연을 사랑하는 과정에서 재욱과의 계층적 차이를 인지하고 자기혐오를 하게 된다. 멋진 승용차를 소유하고 있는 선배 재욱은 강남의 번듯한 원룸에 살고 있다. 이는 강북의 허름한 단독주택에서 국밥집을 하는 어머니와 사는 승민의 자기혐오를 강화한다. 서연은 제주도에서 서울에 있는 대학으로 진학해 TV 아나운서가 되거나 전문직 종사자와 결혼해 서울 강남의 아파트에 살고 싶어 한다. 〈벌새〉2018에서 주인공 '은희'에게 고등학생인 오빠는 집안의 희망과 같은 존재이다. 가부장적인 분위기의 가정에서 특목고와 명문대 입시를 강요받는 오빠와 그로 인해서 일탈을 일삼는 언니 아래서 은희는 평범한 삶을 사는 중학생이다. 이 영화에서 은희의 걷기는 그녀가 당시의 한국 사회를 관찰하고 경험하고 성찰하는 데 중요한 리듬과 템포를 가진 수행적 행위이다.

결과적으로 동아시아 멜로드라마에서 자기혐오는 매우 중요한 서사적 장치로서 기능한다. 자유로운 주인공은 그/그녀의 연애가 실패할 때 자기를 탓하는 경향이 있다. 그리고 자기혐오에 기반하는 상대방에 대한 비방은 사회에 대한 분노로 변환되기에는 자기애적 특징이 너무 강하다. 왜냐하면, 부정적인 감정인 혐오는 일반적으로 대상을 경험하고 평가하는 과정을 전제로 하고 있으며, 이러한 과정은 타자를 대하는 시각에서 발생함과 동시에 타자를 무시하지 못할 존재로 간주하기 때문이다.

〈안녕, 나의 소울메이트〉에서 가명의 약혼자인 칠월은 중산층이다. 반면, 가난한 안생은 가명에게 숨겨둔 첫사랑과 같은 존재이다. 이 영화에서 결국 주인공들은 모두 우리가 왜 이렇게 되었는지 한탄하는 후회의 눈물을 흘린다. 이들의 눈물은 심층적인 자기혐오와 연관된다는 점에서 페이소스를 경험하는 성장의 과정이라고 볼 수도 있다.

이러한 맥락은 동아시아 영화의 엔딩 시퀀스와도 연결된다. 〈건축학개론〉의 후반부에 승민은 10여 년 만에 다시 만난 서연의 집을 지어주고 그 집에서 잠시 그녀와 키스를 나누고 사랑을 확인한다. 하지만 그들의 관계는 지속될 수 없으며 그렇게 상황은 끝이 난다. 영화의 엔딩 시퀀스에서 승민은 약혼녀와 미국 유학을 떠나고 서연은 승민이 지어준 제주도 집에서 병세가 잠시 호전된 아버지와 살아간다. 영화는 이러한 결말을 통해 서연이나 승민이 계층 문제에 대해 얼마나 무력한지를 드러낸다.

이러한 경향은 〈동탁적니〉에서 씁쓸하리만큼 더 현실적으로 드러난다. 영화 후반부에 남자 주인공의 내레이션과 대비되는 주인공의 생활을 보여주는 장면은 관객을 슬프게 한다. 그의 내레이션은 좋은 집에서 리무진을 끌고 좋은 여자친구와 좋은 직장을 다닌다며 당당하고 자랑스럽게 이야기한다. 하지만 실제 시각적으로 보이는 린이의 현실은 매일 아침은 서브웨이로 해결하고 회사에서 상사에게 매일 욕을 먹는 것이다. 그리고 특히 그의 초라한 집의 문을 열자 다른 남자와 사랑을 나누고 있는 여자친구를 목격하게 된다. 이는 첫사랑과 헤어질 수밖에 없었던 〈건축학개론〉 주인공의 상황보다 더 냉혹한 것이다. 주인공들은 지레짐작으로 포기하고 마는 승민이나 안정된 전문직이라는 이유만으로 의사와 결혼한 서연과 마찬가지로 주체적인 삶을 살 수 있다는 신념이 부족한 상태이다. 승민의 약혼녀는 부유한 집안의 딸이며, 미래의 장인은 미국 유학 동안 그들이 거주할 공간을 지원해 주겠다고 제안한다. 승민은 그 제안을 거부함으로써 부유한 약혼자를 선택할 때 자신의 순수함을 가까스로 증명한다.

혐오는 이념을 강화하는 서사가 유도하는 강요된 규범을 부정하는 것으로 볼 수 있다. 이는 혐오가 비관의 일반적 형태를 넘어서서 혐오의 정치적 상관관계를 드러낼 때이다. 혐오는 부정적인 감정 반응으로 이 정치적 소통을 방해하며, 혁명적 행동의 복잡한 양면성을 드러낸다. 즉 혐오는 혁명적인 영화의 가능성과 한계를 동시에 보여준다. 그렇기에 혐오는 '정치적 표현'과 '사회적 책임감'을 유발하며, 근대화 과정에서 한국 영화의 주요 감정 구조로 자리잡는 유산이다.

이 책에서 다룬 영화들 속 도시들은 1990년대 초기의 대중과 우리 자신의 이미지를 공적인 기억의 재현을 통해 빈 공간에 드러낸다. 2000년대 동아시아 영화에서 이런 빈 공간은 인식론적 중간 지점과 같은 기능을 한다. 동아시아 영화의 재현된 풍경은 자연재해와 경제 위기의 경험을 거친 뒤의 폐허 이미지다. 이런 폐허의 이미지는 황폐화된 정신적 풍경을 암시하는 방식으로 등장하며, 표면적으로 구체적으로 직접 드러나지는 않는다. 예를 들면, 〈건축학개론〉의 재건축 전의 폐허 이미지(IMF 외환 위기 혹은 닷컴 버블로 인해 완성되지 못한 것)는 〈벌새〉에서 성수대교의 붕괴된 폐허(압축적 근대화) 이미지처럼 나타난다. 〈아사코〉에서는 아마노강의 이미지가 아사코의 말처럼 더럽지만 아름답게(장기 저성장의 경제 상황을 암시하며) 드러난다. 〈화양연화〉에서는 마지막 장면에서 앙코르와트 사원 같은 거대한 유적에 홍콩 반환의 이야기를 숨겨 놓는다. 〈여름궁전〉에서 (공산당 정부하의 중국을 암시하는 듯한) 추운 겨울 바다에서 유홍과 저우웨이는 서로를 진심으로 따뜻하게 안아주지 못한다.

이 책은 아시아의 미를 탐색하기 위해 여성들이 걷는 영화 도시를 살펴보았다. 현대 동아시아의 산업화와 세계화 경험, 주요 국가적 트라우마가 영화에 끼친 새로운 양상을 살피고자 하였다. 그리고 여성 배우들의 몸짓을 통해 드러나는 아시아의 젠더적 도시 의식을 포착하고자 하였다.

국내 저서·번역서

고지현. 『꿈과 깨어나기』. 유로서적, 2007.

김, 일레인·최정무 편저. 『위험한 여성 : 젠더와 한국의 민족주의』. 박은미 옮김. 삼인, 2005.

너스바움, 마사. 『혐오와 수치심』. 조계원 옮김. 민음사, 2015.

도앤, 메리 앤. 「12장, 영화와 가면놀이 : 여성 관객을 이론화하며」. 『여성의 몸, 어떻게 읽을 것인가?』. 케티 콘보이·나디아 메디나 외 지음. 고경하·김경식 외 옮김. 한울, 2001.

디드로, 드니. 『살롱』. 백찬욱 옮김, 지식을만드는지식(지만지), 2014.

렐프, 에드워드. 『장소와 장소상실』. 김덕현·김현주·심승희 옮김. 논형, 2016.

루카치, 게오르그. 『소설의 이론』. 반성완 옮김. 심설당, 1995.

문순욱. 『군사주의에 갇힌 근대 : 국민 만들기 시민되기 성의 정치』. 이현정 옮김. 도서출판 또 하나의 문화, 2007.

바쟁, 앙드레. 『영화란 무엇인가』. 박상규 옮김. 사문난적, 2013.

바트키, 샌드라 리. 「10장 푸코, 여성성, 가부장적 권력의 근대화」. 『여성의 몸, 어떻게 읽을 것인가?』. 케티 콘보이·나디아 메디나 외 지음. 고경하·김경식 외 옮김. 한울, 2001, 206~239쪽.

벅모스, 수잔. 『발터 벤야민과 아케이드 프로젝트』. 김정아 옮김. 문학동네, 2004.

벤야민, 발터. 『기술복제시대의 예술작품 / 사진의 작은 역사 외』. 최성만 옮김. 길, 2007.

_____. 『일방통행로 / 사유이미지』. 김영옥·윤미애·최성만 옮김. 길, 2007.

_____. 『역사의 개념에 대하여 / 폭력비판을 위하여 / 초현실주의 외』. 최성만 옮김. 길, 2008.

_____. 『보들레르의 몇 가지 모티프에 관하여 외』. 김영옥·황현산 옮김. 길, 2010.

_____. 『독일 비애극의 원천』. 최성만·김유동 옮김. 한길사, 2009.

보들레르, 샤를. 『악의 꽃』. 윤영애 옮김. 문학과 지성사, 2021.

브룩스, 피터. 『멜로드라마적 상상력』. 이승희·이혜령·최승연 옮김. 소명출판, 2013.

싱어, 벤. 『멜로드라마와 모더니티』. 이위정 옮김. 문학동네, 2001.

아감벤, 조르조. 『목적 없는 수단』. 김상운·양창렬 옮김. 난장, 2009.

아리스토텔레스. 『니코마코스 윤리학』. 강상진·김재홍·이창우 옮김. 길, 2014.

아스만, 알라이다. 『기억의 공간: 문화적 기억의 형식과 변천』. 변학수·채연숙 옮김. 그린비, 2011.

엘킨, 로런. 『도시를 걷는 여자들: 도시에서 거닐고 전복하고 창조한 여성 예술가들을 만나다』. 홍한별 옮김. 반비, 2020.

오제, 마르크. 『비장소: 초근대성의 인류학 입문』. 이상길·이윤영 옮김. 아카넷, 2017.

월터스, 수잔나 D. 『이미지와 현실 사이의 여성들: 여성주의 문화 이론을 향해』. 김현미 외 옮김. 도서출판 또 하나의 문화, 1999.

임계순. 『중국의 여의주 홍콩』. 한국경제신문사, 1997.

칸트, 임마누엘. 『판단력 비판』. 백종현 옮김. 아카넷, 2009.

콘보이, 케티·나디아 메디나 외. 『여성의 몸, 어떻게 읽을 것인가?』. 고경하·김경식 외 옮김. 한울, 2001.

쿤, 아네트. 『이미지의 힘: 영상과 섹슈얼리티』. 이형식 옮김. 동문선, 2001.

펠스키, 리타. 『근대성과 페미니즘: 페미니즘으로 다시 읽는 근대』. 김영찬·심진경 옮김. 거름, 1998.

국내 논문·인터넷 자료

김정욱. 「『중경삼림(重慶森林)』을 관독(觀讀)하는 어떤 한 장의 지도」. 『중국인문과학』 67, 2017, 525~548쪽.

김진우. 「목장에서 칸까지, 일본의 라이징 스타 카라타 에리카」. 『씨네21』. 2018년 5월 9일 수정. 2023년 8월 20일 접속. http://www.cine21.com/news/view/?mag_id=90089.

김태희. 「앙드레 바쟁의 '영화적 사실성'」. 『Trans-』 3, 2017, 87~107쪽.

남승석. 「지옥화(1958)에서 나타난 영화적 지도그리기: 지형학에서 위상학으로의 변위가 가지는 공간적 함축」. 『문화연구』 6권/1호, 2018, 3~70쪽.

_____. 「2010년대 한국장르영화에 나타난 감정의 영화적 지도그리기: 〈건축학개론〉(2012)의 집에 대한 (빈)공간을 중심으로」. 『영화연구』 82호, 2019, 85~139쪽.

_____. 「〈비무장지대〉(1965)에서 나타난 빈 공간의 걷기를 통한 감정의 영화적 지도그리기」. 『영화연구』 84호, 2020, 141~195쪽.

_____. 「일본 에코시네마의 도시산보녀: 〈아사코〉에서 영화도시를 걷는 여인의 수행적 감수성」. 『아시아영화연구』 14권 1호, 2021, 147~199쪽.

_____. 「〈벌새〉, 1994년 서울과 폐허의 풍경」. 『한국영상학회논문집』 20권 2호, 2022, 25~41쪽.

_____. 「'전지현 효과' 개념 제안을 위한 몸짓에 대한 고찰」. 『문화와융합』 45권 7호. 2023, 879~892쪽.

박현용. 「낭만적 아이러니 개념의 현재적 의미 – 프리드리히 슐레겔의 이론을 중심으로」. 『獨逸文學』, 92집, 2004, 169~188쪽.

백인경. 『에리카 피셔-리히터의 퍼포먼스 이론 연구 – 수행적인 것의 미학을 중심으로』. 석사학위논문. 서울대학교, 2014.

오승은. 「(2014). 악순환의 고리?: 발칸 유럽, 이슬람 그리고 오리엔탈리즘」. 『세계 역사와 문화 연구』, 30, 163~181쪽.

신상철. 「18세기 프랑스 미술에서 고전 취향의 부활과 위베르 로베르(Hubert Robert)의 폐허(ruines) 미학」. 『미술사학』 28호, 2014, 7~36쪽.

신혜경. 「드가의 윤락가 모노타입 근대적 플라뇌르와 여성 누드」. 『미학』 70집, 2012, 75~111쪽.

손영주. 「현대 도시와 두 겹의 응시 : 버지니아 울프의 "거대한 눈"」. 『안과밖』 34권, 2013, 33~65쪽.

이석구. 「홍콩반환 이후의 예술 영화와 범속성의 정치학」. 『아시아영화연구』 14권 1호, 2021, 35~64쪽.

이윤영. 「사유하는 영화」. 『철학연구』 136집, 2015, 77~90쪽.

_____. 「미켈란젤로 안토니오니의 〈일식〉과 '죽은 시간'의 모험」. 『영화연구』 44호, 2010, 227~250쪽.

임춘성. 「홍콩 영화에 재현된 홍콩인의 정체성과 동남아인의 타자성」. 『중국현대문학』 (33), 2005, 157~190쪽.

조희원. 「"현대적 삶의 화가", 마네(E. Manet) : 보들레르의 현대회화론을 중심으로」. 『미학』 77집, 2014, 141~172쪽.

_____. 「보들레르와 모더니티(modernité) 개념」. 『미학』 68집, 2011, 239~267쪽.

_____. 「보들레르의 예술가 주체(sujet-artiste) 개념과 상상력(imagination)」. 『미학』 63집, 2010, 143~174쪽.

허원. 「나르시시즘적 나레이터 : 『아들과 연인』의 구조적 아이러니」. 『영학논집』, 28호, 154~168쪽.

외국어 단행본

Abbas, M. Ackbar. *Hong Kong : Culture and the Politics of Disappearance*. Minneapolis : University of Minnesota Press, 2008.

Augé, Marc. *Non-Places : Introduction to an Anthropology of Supermodernity*. Translated by John Howe. London and New York : Verso, 1997. [마르크 오제·이상길, 『비

장소』, 이상길·이윤영 옮김, 아카넷, 2017.]

Aumont, Jacques (sous la direction de). *L'Invention de la figure humaine : le cinéma : l'humain et l'inhumain*. Paris : Cinémathèque française, 1995.

Baudelaire, Charles. *Selected Poems*. Harmondsworth : Penguin, 1975.

Baecque, Antoine de. Chevallier, Philippe. (dir.). *Dictionnaire de la pensée du cinéma, avant-propos par Antoine de Baecque et Philippe Chevallier*. Paris : Presses Universitaires de France, 《Quadrige》, 2012.

Bean, Jennifer M. and Negra, Diane. (eds). *A Feminist Reader in Early Cinema*. Durham : Duke University Press, 2002.

Benjamin, Walter. "On Some Motifs in Baudelaire." *Illuminations*. Translated by Harry Zohn. New York : Schocken, 1969, pp. 155~200.

＿＿＿. *Charles Baudelaire : A Lyric Poet in the Era of High Capitalism*. London : New Left Books, 1973.

＿＿＿. *The Arcades Project*. Translated by Eiland, H. and McLaughlin. K. Cambridge, Mass. and London : Harvard University Press, 1999.

＿＿＿. *The Origin of German Tragic Drama*. Translated by George Steiner and John Osbourne. Verso, 2003.

Benjamin, Walter and Alexander Gelley. *Benjamin's passages : dreaming, awakening*. New York : Fordham University Press, 2014.

Bordwell, David. *Figures Traced in Light: On Cinematic Staging*. Berkeley : University of California Press, 2005.

Braun, Marta. *Picturing Time : The work of Etienne-Jules Marey (1830-1904)*. Chicago, IL : The University of Chicago Press, 1992

Brooks, Peter. *The Melodramatic Imagination : Balzac, Henry James, Melodrama, and the Mode of Excess*. New Haven and London : Yale University Press, 1995. [피터 브룩스, 『멜로드라마적 상상력 : 발자크 헨리 제임스 멜로드라마 그리고 과잉의 양식』, 이승희·이혜령·최승연 옮김, 소명출판, 2013.]

Brown, Evrick and Timothy Shortell. (eds.) *Walking in Cities : Quotidian Mobility as Urban Theory, Method and Practice*. Philadelphia : Temple University Press, 2016.

Bruno, Giuliana. *Atlas Of Emotion : Journeys in Art, Architecture, and Film*, New York : Verso, 2002.

＿＿＿. "Motion and Emotion : Film and The Urban Fabric". In *Cities in Transition : the moving image and the modern metropolis*. London : Wallflower Press, 2008.

Brunsdon, Charlotte. "5. Towards a History of Empty Spaces". In Richard Koeck and Les Roberts. *The City and the Moving Image : Urban Projections*. Palgrave Macmillan, 2010.

Burch, Noel. *Praxis du cinema*. Paris : Gallimard, 1969. [노엘 버치, 『영화의 실천』, 이윤영 옮김, 아카넷, 2013.]

Butler, Judith. *Gender Trouble : Feminism and the Subversion of Identity*. New York : Routleldge, 1990. [주디스 버틀러, 『젠더 트러블 : 페미니즘과 정체성의 전복』, 조현준 옮김, 문학동네, 2008.]

Calvino, Italo. *Invisible Cities*. Translated by William Weaver. New York : Harcourt, Brace and Company, 1974. [이탈로 칼비노, 『보이지 않는 도시들』, 이현경 옮김, 민음사, 2007.]

Chateaubriand, F. R. de. *Le Génie du christianisme ou Beautés de la religion chrétienne*, 1802. Paris : Gallimard, 1978.

Chatman, Seymour. *Antonioni or the Surface of the World*. University of California Press, Berkeley, 1985.

Clarke, David B. (Ed.). *The Cinematic City*. London and New York : Routledge, 1997.

Classen, Constance. *The Color of Angels : Cosmology, Gender, and the Aesthetic Imagination*. Routledge, 2002.

Clegg, Brian. *The Man Who Stopped Time : The illuminating story of Eadweard Muybridge : Pioneer photographer, father of the motion picture, murderer*. Washington, DC : Joseph Henry Press, 2007.

Conley, Tom. *Cartographic Cinema*. Minneapolis : University of Minnesota Press, 2007

Cook, Pam. *Screening the Past, Memory and Nostalgia Cinema*, London and New York : Routledge Press. 2005.

Dalí, Salvador and Haakon M. Chevalier (trans.). *The Secret Life of Salvador Dalí*, Dover Publications, 1993.

De La Tourette, Gilles. *Études cliniques et physiologiques sur la marche*. Paris : Bureaux de progrès, 1886.

Eisner, Lotte H. *The Haunted Screen : Expressionism in the German Cinema and the Influence of Max Reinhardt*. Berkeley, CA : University of California Press, 2008.

Féibien, André. *Conférences de l'cadémie Royale de Peinture et de Sculpture pendant l'année 1667*, 1669, réédition, Genèe, 1970.

Friedberg, Anne. *Window Shopping : Cinema and the Postmodern*, Berkeley : University of California Press, 1993.

Freud, Sigmund. *Delusions and Dreams in Jensen's Gradiva*. SE, Vol. 9, Horgarth Press, London, 1907[1906].

Galt, Rosalind. *Redrawing the Map : The New European Cinema*. Columbia University Press, 2006.

Gleber, Anne. *The Art of Taking a Walk : Flanerie, Literature and Film in Weimar culture*. Princeton : Princeton University Press, 1999.

Haraway, Donna. "A Manifesto for Cyborgs : Science, Technology, and Socialist Feminism in the 1980s." *Feminism/Postmodernism*. Edited by Linda J. Nicholson. NY : Routledge, 1990.

Helms, Elissa. *Innocence and Victimhood : Gender, Nation, and Women's Activism in Postwar Bosnia-Herzegovina*. Madison : University of Wisconsin Press, 2013.

Henley, Nancy. *Body Politics : Power, Sex, and Nonverbal Communication*. Englewood Cliffs, N. J.; Prentice-Hall, 1977.

Hochschild, Arlie. *The Managed Heart : The Commercialization of Human Feeling*. Berkeley : University of California Press, 1983.

Horkheimer, Max and Theodor Adorno. *Dialectic of Enlightenment : Philosophical Fragments*. Translated by E. Jephcott. Edited by G. Schmid Noerr. Stanford, CA : Stanford University Press, 2002. [막스 호르크하이머·테오도르 W. 아도르노, 『계몽의 변증법 : 철학적 단상』, 문학과지성사, 2001.]

Ince, Kate. *Georges Franju*. Manchester and New York : Manchester University Press, Jacques Aumont, 2005.

Kaes, Anton. *From Hitler to Heimat : The Return of History as Film*. Cambridge, MA : Harvard University Press. 1992.

Kaplan, E. Ann. *Women and Film : Both Sides of the Camera*. London and New York : Routledge. 1983.

Lacan, Jacques. *Le Séminaire de Jacques Lacan III*. Editions du Seuil: Paris, 1981.

Landsberg, Alison. *Prosthetic Memory : Transformation of American Remembrance in the Age of Mass Culture*. New York : Columbia University Press, 2004.

Mitry, Jean. *The Aesthetics and Psychology of the Cinema*. Translated by Christopher King. London : Athlone Press, 1998.

Moxey, Kaith. *Visual Time, the Image in History*. Durham and London : Duke University Press, 2013.

Mulvey, Laura. "Notes on Sirk and Melodrama." In *Visual and Other Pleasures. Language, Discourse, Society*. London : Palgrave Macmillan, 1989.

Musser, Charles. "The Travel Genre in 1903~04 : Moving Toward Fictional Narrative." In *Early Cinema*. Edited by Thomas Elsaesser. London : British Film Institute, 1990.

Nuvolati, Giampaolo. "Chapter 2 : The Flâneur : A Way of Walking, Exploring and Interpreting the City." In *Walking in the European City : Quotidian Mobility and Urban Ethnography*. Edited by Timothy Shortell and Evrick Brown. Farnham : Ashgate, 2014, pp. 21~40.

_____. "The Flaneur and the City : Oject and Subject of Sociological Analysis." In *Sociology, Aesthetics and the City*. Edited by Vincenzo Mele. Pisa : Pisa University Press, 2011, pp. 143~162.

Orr, John. *Contemporary Cinema*. Edinburgh : Edinburgh University Press, 1998.

Pollock, Griselda. *Vision and Difference : Femininity, Feminism and the Histories of Art*. London and New York : Routledge, 1988.

Prodger, Phillip. *Time Stands Still : Muybridge and the Instantaneous Photography Movement*. Oxford : Oxford University Press, 2003.

Robinson, Arthur H. *Elements of Cartography*. New York : Wiley, ed. 6. 1960.

Russell, Catherine. "Parallax Historiography : The Flaneuse as Cyberfeminist." In *A Feminist Reader in Early Cinema*. Edited by Jennifer M. Bean and Diane Negra. Durham : Duke University Press, 2002, pp. 552~70.

Stuckey, G. Andrew. *Metacinema in Contemporary Chinese Film*. Hong Kong University Press, 2018.

Tester, Keith. *The Flâneur*. London; New York : Routledge, 2014.

Virilio, Paul. *Lost Dimension*. Translated by Daniel Moshenberg. New York : Semiotext(e), 1991.

Westphal, Bertrand. *Geocriticism : Real and Fictional Spaces*. Translated by Robert T. Tally Jr. New York : Palgrave, 2011.

Wilson, Elizabeth. *The Contradictions of Culture : Cities, Culture, Women*. London : SAGE Publications Ltd, 2001.

Wolff, Janet. *Feminine Sentences : Essays on Women and Culture*. Berkeley : University of California Press, 1990.

Wood, D. *The Power of Maps*. New York : Guilford Press, 1992.

_____. *Rethinking the Power of Maps*. New York : Guilford Press, 2010.

Wright, Elizabeth. *Psychoanalytic Criticism : Theory in Practice*. Londong and New York: Methuen, 1984. [엘리자베드 라이트, 『정신분석비평』, 권택영 옮김, 문예출판사, 1997.]

Zhen, Zhang. "An Amorous History of the Silver Screen : The Actress as Vernacular

Embodiement in Early Chinese." In Jennifer M. Bean and Diane Negra. *A Feminist Reader in Early Cinema*. Durham & London : Duke University Press, 2002.

외국어 논문 · 인터넷 자료

杉本穂高.「現代の日常を描くのに震災に触れないのは不自然」. *huffingtonpost*. 2018년 8월 31일 수정. 2023년 8월 22일 접속. https://www.huffingtonpost.jp/entry/movie-20180831_jp_5c5aae25e4b0cd19aa9466e4.

Bakić-Hayden, Milica. "Nesting Orientalisms : The Case of Former Yugoslavia." *Slavic Review*. vol. 54. no. 4. 1995, pp. 917~931.

BBC News. "Tiananmen Square protest death toll 'was 10,000'." 〈BBC〉. 2017년 12월 23일 수정. 2023년 8월 20일 접속. https://www.bbc.com/news/world-asia-china-42465516.

Blake, Randolph and Maggie Shiffrar. "Perception of human motion." *Annual Review of Psychology*. 58. 2007, pp. 47~3.

Blake, R. and M. Shiffrar. "Perception of human motion." *Annual Review of Psychology*. 58. 2007, pp. 47~3.

Braddock, Alan C. "Ecocritical Art History." *American Art*. 23.2. 2009, pp.24~28.

Bruno, Giuliana. "Site-seeing, Architecture and the Moving Image." *Wide Angle*. 19.4. 1997, pp. 8~24.

Buck-Morss, Susan. "The Flaneur, the Sandwichmanand the Whore : The Politics of Loitering." *New German Critique*. No. 39. 1986, pp. 99~140.

Carter, Linda and Sabina Sarah. "Gradiva : three women 'splendid in walking'." *Journal of Analytical Psychology*. Vol. 65. No. 2. 2020, pp. 431~439.

Castro, Teresa. "Cinema's Mapping Impulse Questioning Visual Culture." *The Cartographic Journal*. Vol. 46. No. 1. 2009, pp. 9~15.

Friedberg, Anne. "Les Flâneurs Du Mal(l) : Cinema and the Postmodern Condition." *PMLA* 106. no. 3. 1991, pp. 419~31.

Gunning, Tom. "Urban Spaces in Early Silent Film." *Arbejdspapir*. no. 17. 1995, pp. 1~27.

Jensenius, Alexander Refsum. "Some Video Abstraction Techniques for Displaying Body Movement in Analysis and Performance." *Leonardo* Vol. 46. No. 1. 2013, pp. 53~60.

Kirk, Jens, Jørgen Riber Christensen, and D. Rainsford. "The Romantic Walk And Beyond." *Academic Quarter*. Volume 18. Spring 2019, pp. 3~17

Koch, Gertrud. "Why Women Go to the Movies." *Jump. Cut* 27. Translated by Silberman. Marc. 1982, pp. 51~53.

Lotringer, Sylvère. "The Fiction of Analysis." Translated by Daniel Moshenberg. *Semiotext(e) AntiOedipus* 2(3). , 1977, 173~189.

Mulvey, Laura. "Visual Pleasure and Narrative Cinema." *Screen* 16. no. 4. 1975, pp. 6~18.

Neale, Steven. "Melodrama and Tears." *Screen* 27, no.6. 1986, pp. 16~9.

Nuvolati, Giampaolo. *Between puer and flâeur. Journal of Theories and Research in Education* 12, 1. 2017, pp. 149~163.

Petro, Patrice. "Feminism and Film History." *Camera Obscura* 22. 1990, pp. 8~27.

"Shigeo Gocho : Self and Others." 〈josef chladek : on photos and books〉. 2023년 8월 20일 접속. https://josefchladek.com/book/shigeo_gocho_-_self_and_others.

Werner, James V. "The Detective Gaze : Edgar A. Poe, the Flaneur, and the Physiognomy of Crime." *ATQ : 19th century American literature and culture*, vol. 15. no. 1. 2001.

Wolff, Janet. "The Invisible Flâneuse. Women and the Literature of Modernity." *Theory, Culture & Society*. Vol. 2. Issues 3. 1985, pp. 37~46.

Wood, Denis. "Pleasure in the Idea : The Atlas as Narrative Form." *Cartographica*. Vol. 24(1). 1987, pp. 24~46.

Woynarsk, Lisa Christine. *Towards an Ecological Performance Aesthetic for the Bio-Urban : A Non-Anthropocentric Theory*. Ph.D Dissertation. University of London, 2015.

Young, Iris. "Throwing Like a Girl : A Phenomenology of Feminine Body Comportment, Motility, and Spatiality." *Human Studies* 3, 1980, pp. 137~56.

:: 그림 목록과 출처

그림 1. △ Édouard Manet, ⟨Le Déjeuner sur l'herbe⟩(풀밭 위의 점심식사), 1863 ▽ Mary Cassatt, ⟨Breakfast in Bed⟩[침대 위의 아침식사], 1897.

그림 2. This image is adapted from "File:Gradiva-p1030638.jpg" and "File:Gradiva-p1030641.jpg" by Rama used under CC BY-SA 2.0 FR. This image is licensed under CC BY-SA 4.0 International by Galmuri Press. ◁ https://commons.wikimedia.org/wiki/File:Gradiva-p1030638.jpg ▷ https://commons.wikimedia.org/wiki/File:Gradiva-p1030641.jpg.

그림 3. Louis Daguerre, ⟨Boulevard du Temple⟩(텡플 대로), 1838.

그림 4. Eadweard Muybridge, ⟨Nude Woman Descending Stairs⟩(계단을 내려가는 여자), 1887.

그림 5. Etienne-Jules Maret, ⟨Walking Man⟩(걷는 남자), chronophotography, 1884.

그림 6. Louis Le Prince, ⟨Roundhay Garden Scene⟩(라운드헤이 정원 장면), 1888.

그림 7. ◁ Marcel Duchamp, ⟨Nude Descending a Staircase (No. 2)⟩(계단을 내려오는 누드 No.2), 1912 ▷ Umberto Boccioni, ⟨Unique Forms of Continuity in Space⟩(공간에서 연속성의 한 형태), 1913.

그림 8. Walther Ruttmann, ⟨Berlin : Die Sinfonie der Grosstadt⟩(베를린 : 대도시 교향곡), 1927.

그림 9. 費穆, ⟨小城之春⟩(작은 마을의 봄, Spring in a Small Town), 文華影業公司, 1948.

그림 10. 謝晉, ⟨芙蓉鎮⟩(부용진, Hibiscus Town), 1987.

그림 11. ◁ 成瀬 巳喜男, ⟨女が階段を上る時⟩(여자가 계단을 오를 때, When A Woman Ascends The Stairs), 東宝株式会社, 1960 ▷ 이만희, ⟨귀로⟩, 세기상사주식회사, 1967.

그림 12. 곽재용, ⟨엽기적인 그녀⟩, 신씨네, 2001.

그림 13. 전지현 삼성 마이젯 광고 (1999년).

그림 14. 곽재용, ⟨엽기적인 그녀⟩, 신씨네, 2001.

그림 15. 王家衛, ⟨花樣年華⟩(화양연화, In The Mood For Love), Block 2 Pictures Inc./Jet Tone Production Co. /Paradis Films, 2000.

그림 16. 王家衛, 〈花樣年華〉(화양연화, In The Mood For Love), Block 2 Pictures Inc./Jet Tone Production Co./Paradis Films, 2000.

그림 17. 王家衛, 〈花樣年華〉(화양연화, In The Mood For Love), Block 2 Pictures Inc./Jet Tone Production Co./Paradis Films, 2000.

그림 18. 王家衛, 〈花樣年華〉(화양연화, In The Mood For Love), Block 2 Pictures Inc./ Jet Tone Production Co./Paradis Films, 2000.

그림 19. Андрей Арсéньевич Таркóвский, 〈Ностальгия〉(노스텔지아, Nostalghia), Opera Film Produzione/Radiotelevisione Italiana/Sovinfilm, 1983.

그림 20. 侯孝贤, 〈千禧曼波〉(밀레니엄 맘보, Millennium Mambo), 3H Productions/ Orly Films/Paradis Films Sinomovie, 2001.

그림 21. 侯孝贤, 〈千禧曼波〉(밀레니엄 맘보, Millennium Mambo), 3H Productions/ Orly Films/Paradis Films Sinomovie, 2001.

그림 22. Pierre-Auguste Renoir, 〈Le Déjeuner des canotiers〉(선상의 점심파티), 1881.

그림 23. 娄烨, 〈頤和園〉(여름궁전, Summer Palace), ㈜유레카 픽쳐스, 2006.

그림 24. Édouard Manet, 〈Un bar aux Folies Bergère〉(폴리 베르제르의 술집), 1882.

그림 25. 娄烨, 〈頤和園〉(여름궁전, Summer Palace), ㈜유레카 픽쳐스, 2006.

그림 26. ◁ 濱口 竜介, 〈寝ても覚めても〉(아사코, Asako I & II), Nagoya Broadcasting Bitters End, 2017 ▷ Caspar David Friedrich, 〈Der Wanderer über dem Nebelmeer〉(안개바다 위의 방랑자), 1818.

그림 27. 濱口 竜介, 〈寝ても覚めても〉(아사코, Asako I & II), Nagoya Broadcasting/ Bitters End, 2017.

그림 28. △ 濱口 竜介, 〈寝ても覚めても〉(아사코, Asako I & II), Nagoya Broadcasting/ Bitters End, 2017 ▽ 黒澤明, 〈八月の狂詩曲〉(8월의 광시곡, Rhapsody in August), Shochiku Kinema Kenkyu-jo/Kurosawa Production Co./Feature Film Enterprise II, 1991.

ㄱ

가렐, 필립(Garrel, Philippe) 222
가타리, 피에르-펠릭스(Guattari, Pierre-
　Félix) 49, 50
강수연 100
게린, 호세 루이스(Guerín, José Luis)
　75
고마츠 나나(小松菜奈) 225
고쉬, 리브(Gauche, Rive) 67
곽재용 16, 102, 109, 114, 115
궁리(巩俐) 143, 195
글레버, 앙케(Gleber, Anke) 69, 71
기어, 리차드(Gere, Richard) 251
김다미 94, 96
김민희 102
김새론 101
김아중 101
김옥빈 94, 96, 101, 102
김용 91
김용옥 101
김지수 101
김태리 102
김향기 101
김혜자 101

ㄴ

나가사와 마사미(長澤 まさみ) 225

나루세 미키오(成瀬巳喜男) 80
나문희 101, 102
나카시마 미카(中島美嘉) 225
나카타니 미키(中谷 美紀) 225
놀란, 크리스토퍼(Nolan, Christopher)
　75
누볼라티, 지암파오로(Nuvolati, Giam-
　paolo) 37

ㄷ

다나카 기누요(田中絹代) 224
다카미네 히데코(高峰 秀子) 81, 224
뒤샹, 마르셀(Duchamp, Marcel) 66~68
들라크루아, 외젠(Delacroix, Eugène)
　74
들뢰즈, 질(Deleuze, Gilles) 49, 50
디트리히, 마를렌느(Detrich, Marlene)
　121

ㄹ

라이트, 엘리자베스(Wrltght, Elizabeth)
　47
로렌스, D.H.(Lawrence, D.H.) 48
로메르, 에릭(Rohmer, Éric) 232
로브-그리에, 알랭(Robbe-Grillet, Alain)
　74

로셀리니, 로베르토(Rossellini, Roberto) 216

로우예 17, 192, 193, 199

로크, 존(Locke, John) 74

로트랭제, 실베르(Lotringer, Sylvère) 45, 50

루트만, 발터(Ruttmann, Walter) 69, 71

르노와르, 피에르 오귀스트(Renoir, Pierre-Auguste) 208

르 프랭스, 루이 에매 오구스탱(Le Prince, Louis Aimé Augustin) 61, 62

르 프랭스, 아돌프(Le Prince, Adolphe) 62, 63

ㅁ

마네, 에두아르(Manet, Édouard) 24, 25, 26, 213

마레, 에티엔-쥘(Marey, Étienne-Jules) 57~61, 66, 67, 151

마사순(馬思純) 196, 258

마송, 앙드레(Masson, Andre) 67

마에다 아츠코(前田 敦子) 225

마이브리지, 에드워드(Muybridge, Eadweard James) 57~59, 61, 63, 66, 67, 151

마카베예프, 두샹(Makavejev, Dusan) 221

맑스, 칼(Marx, Karl) 221, 242

맬릭, 테렌스(Malick, Terrence) 232

모리조, 베르트(Morisot, Berthe) 26

모토라 세리나(モトーラ世理奈) 225

무르나우, 프리드리히 빌헬름(Murnau, Friedrich Wilhelm) 77

문숙 100

문예봉 100

문정숙 81, 82, 100

문희 100

미나미노 요코(南野 陽子) 95, 103

ㅂ

바르다, 아녜스(Agnès, Varda) 74

바트키, 산드라(Bartky, Sandra) 83~85

박지후 102

배두나 101

배수지 101

버틀러, 주디스(Butler, Judith) 83, 84

벅모스, 수전(Buck-Morss, Susan) 72

베르톨루치, 베르나르도(Bertolucci, Bernardo) 222

벤야민, 발터(Benjamin, Walter) 9, 30, 31, 32, 34, 35, 52, 74, 233

보들레르, 샤를(Baudelaire, Charles) 21, 27, 30, 32~34, 52

보치오니, 옴베르토(Boccioni, Umberto) 66~68

브레통, 앙드레(Breton, André) 67

브루노, 줄리아나(Bruno, Giuliana) 55, 200, 201

ㅅ

샤리고, 알린(Charigot, Aline) 208

서기(舒淇) 13, 94, 97, 168~170, 173, 174, 255

셰익스피어, 윌리엄(Shakespeare, William) 232

스즈키 안(鈴木杏) 225
시바사키 도모카(柴崎友香) 225
신은경 94, 101, 103

ㅇ

아감벤, 조르조(Agamben, Giorgio) 6,
  7, 56, 57, 64, 65
아라공, 루이(Aragon, Louis) 34, 35
아야세 하루카(綾瀬はるか) 225
아오이 유우(あおいゆう) 224, 225
알베르타치, 조르지오(Albertazzi, Gior-
  gio) 73
양자경 92, 93, 95, 103, 143, 257
양자산(楊子珊) 196
에반스, 폴(Evans, Paul) 210
엘킨, 로런(Elkin, Lauren) 40
염복순 100
영, 아이리스(Yong, Iris) 84
옌센, 빌헬름(Jensen, Wilhelm) 12, 43,
  46, 47, 50
오몽, 자크(Aumont, Jacques) 57
오선영 100
오시마 나기사(大島渚) 221
오카다 마리코(岡田茉莉子) 224
왕가위 16, 79, 92, 143, 144, 147~149,
  151, 154, 163, 166, 167, 176
울프, 버지니아(Woolf, Virginia) 38, 39,
  42
울프, 자넷(Wolff, Janet) 21, 23, 24, 28,
  42
웡, 조슈아(Wong, Joshua) 261
윌슨, 엘리자베스(Wilson, Elizabeth)
  21, 23

유효경(刘晓庆) 195
이만희 80, 82
이시바시 시즈카(石橋静河) 225
이영애 94, 101
이영옥 100
이은심 100
이정현 100
이지은 102
이케와키 치즈루(池脇千鶴) 224
임경신 257
임청하 91~93, 95, 103

ㅈ

장만옥 13, 16, 92, 93, 97, 141, 143, 144,
  150, 151, 255
장쯔이(章子怡) 92~95, 143, 195
저우신(周迅) 196
전도연 101, 102
전지현 13, 16, 94, 95, 97, 99~102, 112,
  113, 117~123, 131, 255
정소동(程小東) 91
정유미 102
조우정 257
주동우(周冬雨) 196, 256, 257
주윤발 93

ㅊ

최은희 100
춘자 100
츠카사 요코(司葉子) 224

ㅋ

카라스코, 레이몽드(Carasco, Ray-
    monde) 73
카라테 에리카(唐田えりか) 223
카사트, 메리(Cassatt, Mary) 24~27
카호(印東) 225
쿤, 아네트(Kuhn, Annette) 83, 85, 86

ㅌ

타카미네 히데코(高峰秀子) 81, 183
투레트, 질 드 라(Tourette, Gilles de la)
    56, 57
트뤼포, 프랑수아(Truffaut, François)
    206

ㅍ

파슨스, 데보라(Parsons, Deborah) 21,
    23, 28, 30, 31, 38~40, 42
판빙빙(范冰冰) 196
페이무(費穆) 77, 78
펠리니, 페데리코(Fellini, Federico) 245
포만, 밀로스(Forman, Miloš) 212
포우, 에드거 앨런(Poe, Edgar Allan)
    29, 33, 39, 75, 207
폴락, 그리셀다(Pollock, Griselda) 21,
    23, 24, 26~28, 42
푸코, 미셸(Foucault, Michel) 83, 84
프리드리히, 카스파 다비드(Friedrich,
    Caspar David) 242

ㅎ

하람두(何藍逗) 196
하마구치 류스케(濱口竜介) 17, 223,
    225
하마베 미나미(浜辺 美波) 225
하시모토 아이(橋本 愛) 225
하이데거, 마르틴(Heidegger, Martin)
    242
한가인 101
한소희 102
허우 샤오시엔(侯孝賢) 17, 177, 181, 182
헵번, 캐서린(Hepburn, Katharine) 121
히가시데 마사히로(東出昌大) 223
히로세 스즈(広瀬 すず) 225
히로스에 료코(広末涼子) 225

ㄱ

간신(2015) 101

갈증(渴き, 2014) 225

감각의 제국(愛のコリーダ, 1976) 221

건축학개론(2012) 101, 258, 259, 263~
266

검우광우(Reign Of Assassins, 劍雨江
湖, 2010) 95

겨울이야기(Conte D'hiver, A Tale of
Winter, 1992) 232

고래사냥(1984) 100

고령가 소년 살인 사건(牯嶺街少年殺人
事件, 1991) 169, 262

고양이를 부탁해(2001) 101

공포분자(恐怖分子, 1986) 169, 183

귀로(歸路, 1967) 80~82, 100

그대 안의 블루(1992) 100

그라디바가 당신을 부른다(C'est Gradi-
va Qui Vous Appelle, 2006) 74

그라디바 스케치(Gradiva Sketch, 1978)
73

그럼 안녕 여름 햇살(さらば夏の光,
1968) 224

그 시절 우리가 좋아했던 소녀(那些年,
我們一起追的女孩, 2011) 169

금발 소녀의 사랑(The Loves Of A
Blonde, 1965) 212

금발의 비너스(Blonde Venus, 1932)
121

길거리의 천사(馬路天使, Street Angel,
1937) 195

길복순(2023) 102

꽃잎(1996) 100

ㄴ

나나(ナナ, 2005) 225

나는 내일 어제의 너와 만난다(ぼくは明
日昨日のきみとデートする, 2016) 225

나의 소녀시대(我的少女時代) 169, 261,
262

나의 아저씨(2018) 102

나의 청춘은 너의 것(2019) 170

남국재견(南國再見, 1996) 171, 180,
182, 184

남색대문(藍色大門, 2002) 169

남자는 괴로워(男はつらいよ) 183

내 여자친구를 소개합니다(2004) 122

너를 만난 여름(最好的我们, 2019) 196

너의 새는 노래할 수 있어(きみの鳥はうた
える, 2018) 225

너의 췌장을 먹고 싶어(君の膵臓をたべ
たい, 2017) 225

넘버3(1997) 136

노스텔지아(Nostalghia, 1983) 158, 159

눈길(2015) 101

ㄷ

단신남녀2(單身男女2, 2014) 143
담배연기 속에 피는 사랑(志明與春嬌, 2010) 143
더 글로리(2022) 102
데이지(2006) 118, 119
도둑들(2012) 95, 101, 119, 122
도마단(刀馬旦, 1986) 92
도시 생활의 풍경(都市風光, 1935) 194
도신2(God of Gamblers' Return, 賭神 2, 1994) 95
도쿄의 밤하늘은 항상 짙은 블루(夜空はいつでも最高密度の青色だ, The Tokyo Night Sky Is Always the Densest Shade of Blue, 2017) 225
동방불패(東方不敗, 1992) 91~93, 95
동방삼협(The Heroic Trio, 東方三俠, 1993) 95
동사서독(Ashes Of Time, 東邪西毒, 1995) 92, 95, 143, 149
동탁적니(My Old Classmate, 同桌的妳, 2014) 196, 257, 259, 261, 265
두리얀 두리얀(榴槤飄飄, 2000) 143
땡큐마담(The Inspector Wears Skirts, 霸王花, 1988) 95
떠돌이개(郊遊, 2013) 169

ㄹ

라쇼몽(羅生門, Rashomon, 1950) 251
레지던트 이블(Resident Evil, 2002) 121

로스트 인 베이징(Lost in Beijing, 迷失北京, 2007) 196
리틀 포레스트 : 겨울과 봄(リトル・フォレスト : 冬と春, 2015) 225
리틀 포레스트 : 여름과 가을(リトル・フォレスト 夏・秋, 2014) 225
릴리 슈슈의 모든 것(リリイ・シュシュのすべて, 2001) 224

ㅁ

마녀(2020) 94, 96
마이네임(2021) 102
마이 블루베리 나이츠(My Blueberry Nights, 2007) 144
말할 수 없는 비밀(不能說的秘密, 2007) 169
먼 훗날 우리(後來的我們, 2018) 196, 256~259
멋진 하루(2008) 101
몽상가들(The Dreamers, 2003) 222
무대 위의 두 자매(舞臺姐妹, 1964) 195
무방비도시(Open City, 1945) 216
미녀는 괴로워(2006) 101
미몽(1936) 100
미인어(美人魚, 2016) 144
밀레니엄 맘보(千禧曼波, 2001) 14, 17, 168~170, 173~177, 179, 180~184, 189, 255, 258

ㅂ

바닷마을 다이어리(海街diary, 2015)

225

바람의 목소리(風の電話, 2020) 225

바보들의 행진(1975) 100, 122

박쥐(2009) 94, 96, 101

백발마녀전(白髮魔女傳, 1993) 92, 95

백인 추장(The White Sheik, 1952) 245

벌새(2018) 11, 102, 258, 263, 266

베를린 : 대도시 교향곡(Berlin-Symphony of a Metropolis, 1927) 69~71

베이비 길들이기(Bringing Up Baby, 1938) 121

별에서 온 그대(2013) 118, 119, 122

병태와 영자(1979) 122

복성고조(1985) 95

복수는 나의 것(2002) 101

부용진(Hibiscus Town, 芙蓉鎭, 1986) 8, 76, 79, 80, 195

블러드(2009) 94, 95, 119, 122

비밥 하이스쿨(ビー・バップ・ハイスクール, 1985) 262

ㅅ

산사나무 아래(山楂樹之戀, 2010) 196, 259

산쇼다유(山椒大夫, 1954) 224

삼포로 가는 길(1975) 100

샤이닝(The Shining, 1980) 240

선라이즈 : 두 사람의 노래 77

소년시절의 너(少年的你, 2019) 196, 257~259, 261

수상한 그녀(2014) 101

수쥬(Suzhou River, 蘇州河, 2000) 193, 196

스위트 무비(Sweet Movie, 1974) 221

스위트홈(2020) 102

스케반 형사(スケバン刑事, 1987) 95, 103

스트리트 파이터(1993) 95

시간이탈자(2016) 109

시월애(2000) 122

신용문객잔(新龍門客棧, 1992) 92

실바아의 도시에서(In the City of Sylvia, 2007) 75

싸이보그 그녀(2009) 109

쓰리 타임즈(Three Times, 2005) 169

ㅇ

아가씨(2016) 102

아바타 93

아비정전(阿飛正傳, 1990) 143, 144, 149, 160

아사코(寝ても覚めても, Asako I&II, 2018) 14, 17, 223~226, 229, 230, 232~234, 237, 239, 243, 246, 252, 255, 259, 266

아이 캔 스피크(2017) 102

악녀(2017) 94, 96, 102

안녕, 나의 소녀(帶我去月球, 2017) 169

안녕, 나의 소울메이트(七月與安生, 2016) 196, 257~259, 261, 264

암살(2015) 95, 101, 119, 122

애정만세(愛情萬歲, 1994) 17, 169, 180, 184~186, 188~191

언더월드(Under World, 2003) 121

더 모든 날 모든 순간(Everything Everywhere All at Once, 2023) 93, 95

여름궁전(2006) 14, 17, 192, 193,

196~202, 208, 210~212, 215, 220~222, 255~257, 266

여자가 계단을 오를 때(女が階段を上る時, 1960) 80, 81, 224

여자 정혜(2005) 101

여친남친(男朋友, 2012) 169

엽기적인 그녀(2001) 14, 16, 94, 95, 99~104, 106~109, 112, 113, 118, 119, 122~125, 129~131, 137~139, 255, 258

엽문외전(2018) 95

영웅(2002) 93, 95

영자의 전성시대(1975) 100

예스 마담 2(1986) 92

예스 마담 3(1987) 92

예스 마담(1985) 92

오하루의 일생(西鶴一代女, 1952) 224

와호장룡(臥虎藏龍, 2000) 92, 93, 95, 143

우리가 잃어버릴 청춘(致我们终将逝去的青春, 2013) 196, 257~259

원더우먼(Wonder Woman) 121

은하수의 두 별(银汉双星, 1931) 194

음식남녀(飮食男女, 1994) 169

의개운천(義蓋雲天, 1986) 143

이니시에이션 러브(イニシエーション・ラブ, 2016) 225

인생(人生, 1994) 8

일대종사(一代宗師, 2013) 93, 95, 143

ㅈ

자객 섭은낭(刺客聶隱娘, The Assassin, 2015) 94

자유부인(1956) 100

작은 마을의 봄(小城之春, Springtime In A Small Town, 1948) 16, 76~78, 151, 152, 160, 161, 163~166

장난스런 키스(2018) 169

장상사(長相思, An All-Consuming Love, 1946) 146, 195

제로 포커스(ゼロの焦点, 2009) 225

조제, 호랑이 그리고 물고기들(ジョゼと虎と魚たち, 2003) 224

조폭 마누라 94, 100~103

조폭 마누라2 94

조폭 마누라3 94

주말 연인(Weekend Lover, 週末情人, 1995) 193

죽여주는 여자(2016) 101

중경삼림(重慶森林, 1994) 92, 143, 148, 149

지난해 마리앙바드에서(Last Year at Marienbad, 1961) 73

지옥화(1958) 100

지하실의 멜로디(Melodie En Sous-Sol) 183

집으로 가는 길(我的父亲母亲, 1999) 195, 259

ㅊ

처녀들의 저녁식사(1998) 100

천국의 나날들(Days Of Heaven, 1978) 232

천수위의 낮과 밤(天水圍的日與夜, The Way We Are, 2008) 143

천장지구(天若有情, A Moment Of Romance, 1990) 262

첨밀밀(甛蜜蜜, 1996) 143
청설(Hear Me, 聽說, 2009) 169
초우(1966) 100
친니친니(安娜瑪德蓮娜 Anna Magda-
　lena, 1998) 143
친밀함(親密ㅎ, Intimacies, 2012) 223
친절한 금자씨(2005) 94, 101

ㅋ

카리스마(Charisma, カリスマ, 1999) 251
쿠로베의 태양(黒部の太陽, 1968) 183
킹덤 : 아신전(2021) 95, 102, 119

ㅌ

타락천사(墮落天使, 1995) 143, 149
트리 오브 라이프(The Tree of Life,
　2011) 232

ㅍ

파리에서의 마지막 탱고(Last Tango In
　Paris, 1972) 222
평범한 연인들(Les Amants réguliers,
　2005) 222
폴리스 마담(Angel, 天使行動, 1987) 95
푸른 바다의 전설(2016) 122
푸른 천사(Blue Angel, 1930) 121

ㅎ

하나 그리고 둘(A One and a Two, Yi Yi,
　2000) 169

하녀(1960) 100
해상화(Flowers of Shanghai, 海上花,
　1998) 180~182
해피 아워(ハッピーアワー, Happy Hour,
　2015) 223
해피엔드(1999) 100
해피 투게더(Happy Together, 1997)
　144, 149
허니와 클로버(ハチミツとクローバー,
　2006) 225
라운드헤이 정원 장면(Roundhay Gar-
　den Scene, 1888) 61, 62
혐오스런 마츠코의 일생(嫌われ松子の
　一生, 2006) 225
홍등(大红灯笼高高挂, 1991) 195
화양연화(花樣年華, 2000) 14, 16, 79,
　141~149, 151~155, 158~161, 163~166,
　176, 195, 255, 266
황무지(Badlands, 1973) 232
홀라 걸스(フラガール, 2006) 225
흐트러진 구름(乱れ雲, Scattered
　Clouds, 1967) 224
히로시마 내 사랑(Hiroshima, Mon
　Amour, 1959) 200, 201

기타

5시에서 7시까지의 클레오(Cléo de 5 à 7,
　1962) 74
007 네버 다이(Tomorrow Never Dies,
　1997) 92, 95
8월의 광시곡(八月の狂詩曲, 1991) 251
82년생 김지영(2019) 102
2046(2004) 143, 144, 163

W.R 유기체의 신비(WR: Mysteries of
the Organism, 1971) 221